现代图书馆资源管理与推广

杨 凡　杨宏丽　谢明明　著

中国纺织出版社

图书在版编目（CIP）数据

现代图书馆资源管理与推广 / 杨凡，杨宏丽，谢明明著. --北京：中国纺织出版社，2017.6（2025.5重印）

ISBN 978-7-5180-3793-3

Ⅰ.①现… Ⅱ.①杨… ②杨… ③谢… Ⅲ.①图书馆管理—研究 Ⅳ.①G251

中国版本图书馆CIP数据核字（2017）第166042号

责任编辑：汤　浩　　责任印制：储志伟

中国纺织出版社出版发行

地址：北京市朝阳区百子湾东里A407号楼　邮政编码：100124

销售电话：010—67004422　传真：010—87155801

http://www.c-textilep.com

中国纺织出版社天猫旗舰店

官方微博http://weibo.com/2119887771

河北晔盛亚印刷有限公司印刷　　各地新华书店经销

2017年6月第1版　2025年5月第2次印刷

开本：710×1000　1/16　印张：18.25

字数：320千字　定价：98.00元

前 言

图书馆，可以说是从古代的藏书楼一步一步发展为现代的样式，其功能也是随着社会的不断发展而不断地完善。现代的图书馆是获取、保存、提供利用文化知识以及各种信息的一个重要场所，对当今社会的发展起到了重要的作用。由于互联网和各种新兴技术不断的发展和广泛的应用，大数据出现了，大数据的出现看似意料之外，其实是社会发展的必然结果。大数据的出现，让数据逐渐成了一种非常重要的资源，这给各行各业都带来了或多或少的影响，图书馆自然也是不例外。为了满足大数据下社会的发展需求和用户的需求，图书馆不得不根据需求调整自己的服务手段、服务方式与服务内容，数据服务就是其中之一。因此，本文从大数据的视角出发，对图书馆的数据服务进行了相关探讨。

欧美等发达国家对图书馆数据服务开始探索的时间较早，从20世纪中期就开始相关的理论和实践探索。由于图书馆具备丰富的资源、较为完善的资源服务平台和丰富的信息资源管理和共享的经验，笔者认为图书馆开展数据服务是可行的，也是很有必要的。本文首先对国内外图书馆数据服务的相关文献进行了搜集、统计和分析，再结合理论研究对国内图书馆数据服务的需求现状和数据服务实践情况进行一系列调查。掌握相关需求状况和实践情况之后，结合大数据背景，对图书馆数据服务进行探讨，试图找出适合国内图书馆数据服务的模式，并对图书馆开展数据服务的保障工作进行相关研究。

目 录

CONTENTS

第一章

图书馆学的概述

第一节 图书馆学的研究对象

一、图书馆学研究对象的含义

研究对象是人们进行科学认识的客体。一般来说，科学工作者进行科学认识的外部世界都是科学研究的对象。由于自然界和人类社会具有复杂性，造成了科学研究对象具有丰富性：既有物质性的对象，也有精神性的对象；既有天然的对象，也有人造的对象。而对不同研究对象进行研究，就形成了一门门的学科。我们说，任何一门学科的内容都是由研究对象本身的客观规律所决定的，离开了作为认识客体的研究对象，科学研究就成了无源之水、无本之木。由此可见，任何一门科学部有其特定的研究对象，图书馆学也不例外。图书馆学作为一门科学，必然要对其研究对象的形态、性质、规律等做出客观的反映。那么，图书馆学的研究对象究竟是什么呢?

对这个问题的回答，无论是在图书馆界内还是在图书馆界外，许多人都会认为：图书馆学的研究对象是图书馆工作。这可能已经成了人们的一种普遍认识。事实上，从图书馆学诞生之日起，图书馆学的研究对象就一直是图书馆学研究者们长期争论的一个问题，而且这种争论从来就没有停止过。据一些研究者统计，目前国内外有关图书馆学研究对象的各种观点已达上百种之多，而且新的提法还在不断地出现。这表明，图书馆学的研究对象并非是一成不变的。造成这种状况的原因，一是因为图书馆学研究的复杂性和幼稚性，而研究者们却往往站在不同的角度、采用不同的方法来对这一现象加以认识，使得观察对象的范围出现了差异，从而直接导致了认识结果的差异。二是因为事物运动的变化性。随着人类文明的不断发展，图书馆也表现为不同的形态，特别是随着现代信息技术在图书馆中的应用，数字图书馆、虚拟图书馆相继出现，使得今天的图书馆更是呈现出与以前完全不同的形态。未来的图书馆还会进一步发展，人们对它的认识也必然会随着图书馆形态的变化而不断发展和变化。在图书馆学发展历史上，正是由于图书馆学研究对象的不断变化和人们对图书馆学研究对象认识的不断深入，才促使图书馆学理论不断发生新旧更替并逐渐完善。

显然，图书馆学研究对象这个看似简单的问题，实际上是图书馆学最复杂的理论问题之一。由于这个问题是图书馆学的元问题，是图书馆学理论研究的出发点，搞清这个问题，对于构建科学的图书馆学理论体系，推动图书馆学学科的发展具有重要的意义。

二、图书馆学研究对象的探讨过程

德国图书馆学家马丁·施莱廷格第一次使用了“图书馆学”这个名词，这一名词的出现及其随后提出的图书馆学理论体系，标志着现代图书馆学作为一门学科正式诞生。

在现代图书馆学的发展过程中，它的研究对象始终是国内外图书馆学家探讨、研究和关注的重要课题。在近两个世纪的学术探索中，所形成的种种学说是。图书馆学家们留下的孜孜不倦、不懈追求的足迹。这些学术思想在相互影响和借鉴中，一方面形成了中外各具特色的图书馆学理论流派，另一方面也逐渐实现了从图书馆现象的具体描述到理论抽象的飞跃。

国内外图书馆对于图书馆学研究对象的认识经历了以下几个阶段。

（一）第一阶段

第一阶段是图书馆现象与图书馆工作描述阶段。在这个阶段，研究者们认为图书馆学的研究对象是图书馆的具体工作方法或者是图书馆管理，他们着重从物质和技术层面来研究图书馆学，主要是对图书馆工作进行具体描述，还缺乏对图书馆学研究对象深层次的本质把握。其具体有以下一些代表性的观点。

1.“整理说”

“整理说”代表人物是施莱廷格。他在慕尼黑皇家图书馆任职期间，出版了《试用图书馆学教科书大全》一书。在该书中，施氏构建了他的图书馆学理论体系，对图书馆学、图书馆学研究对象、图书馆学内容结构等进行了阐述。他将图书馆学的研究内容确定为“符合图书馆的整理方面所必要的一切命题的总和”，并据此提出图书馆学研究对象是“图书整理”，核心是目录的编制。“整理说”最早为图书馆学设定了明确的研究对象，为图书馆学的建立做出了重要贡献。

2.“技术说”

1810年，德国图书馆学家艾伯特在一本名为《关于公共图书馆》的小册子中指出，把图书馆学内容局限于图书整理太过于狭窄，图书馆学应该是“图书馆员执行图书馆工作任务所需要的一切知识和技巧的总和”。1820年，他又出版了《图书馆员的教育》一书，强调“图书馆学研究图书馆工作中的实际技术”。艾氏的观点得到丹麦学者莫尔贝希的支持。莫尔贝希在《论公共图书馆》一书中，进一步阐释了艾伯特的观点并使之系统化，这就是后来西方图书馆学史中所称的“艾伯特莫尔贝希”体系。而美国图书馆学家麦威尔·杜威则是另一位“技术说”的代表人物。他在其所编制的《杜威十进分类法》第一版的导言中声明，他并不追求什么理论上的完整，而只是从实用的观点出发来解决实际问题。后来他更是公开宣称，“在图书馆学研究领域内，无论在任何问题上，哲学上理论的正确性部应让位给实际的应用”。

由此可见，在现代图书馆学发展的开始阶段，由于图书馆工作强调技术方法，使技术性、实践性较强的内容在图书馆学研究中占了主导地位，从而直接导致了图书馆学研究对象“技术说”的产生。后来，人们把这种学术思想称为“实用派图书馆学”。它为后世图书馆学研究重视应用研究的传统打下了基础。

3.“管理说”

英国的帕尼兹和爱德华兹是这一学说的早期代表人物。作为当时英国不列颠博物院图书馆馆长，帕尼兹提出，不列颠图书馆应当收藏世界上一切语种的有用的珍贵图书。他不仅要求增加藏书的数量，还特别强调要通过管理实现藏书结构的系统性和科学性。他重视图书的系统整理、妥善保管和充分利用，带动了图书馆员对图书馆管理的研究与实践。爱德华兹是英国曼彻斯特市公共图书馆的馆长，他在自己的管理岗位上积极推动图书馆采编、阅览、流通等工作，使该馆成为当时英国各地公共图书馆仿效的榜样。1859年，爱德华兹出版了《图书馆纪要》一书，其第二册《图书馆管理》对17−19世纪的图书馆管理经验进行了全面总结，是最早系统论述图书馆管理的专著。1887年，世界上第一所图书馆学校在美国成立，取名为“哥伦比亚学院图书馆管理学院”。该校的办学目的是“培养专业的图书馆管理人才”，故其课程偏重图书馆经营管理的内容。此外，美国圣路易斯公共图书馆馆长克伦登也明确提出，应运用企业管理的方法来管理图书馆。从此，图书馆管理的论著日益增多，现代管理学理论开始存图书馆中得到普遍应用。

而我国现代图书馆学发展初期（20世纪20～30年代）关于图书馆学研究对象问题的探讨主流的也是“管理说”。

“管理说”扩大了以往图书馆学的研究范畴，要求图书馆学不仅要关注图书整理及其技术方法，也要关注图书馆的经营和管理，这是符合图书馆工作实际的，也是符合社会发展要求的。“管理说”对于图书馆工作的规范化、科学化起到了直接的推动作用。

（二）第二阶段

第二阶段是对图书馆进行整体的宏观考察阶段。在这个阶段，研究者开始把图书馆视为整体系统，并置于社会大环境下去研究，侧重于考察图书馆的社会功能，代表性的观点如下。

1.“社会说”

美国著名图书馆学家、芝加哥大学图书馆学院教授巴特勒（Pierce Butler，1886—1953年）在1933年出版的《图书馆学引论》一书中提出了一个著名的观点：“图书是保存人类记忆的社会机制，而图书馆则是将人类记忆移植于现在人们意识中去的社会装置。”他把人类的读书现象与图书馆的本质联系起来考察，发现了社会知识是以图书为媒介，并通过人们的阅读行为进行传递交流这一规律。后来的一些研究者认为，巴特勒的《图书馆学引论》首次将图书馆与社会发展联系起来加以研究，是“图书馆学发展的真正的里程碑”，开拓了图书馆学研究的新领域。“社会说”对我国早期图书馆学研究也有很大影响，如1925年，杜定友在《图书馆通论》一书中提出：“图书馆的功用，就是社会上一切人的记忆，实际上就是社会上一切人的公共脑子。一个人不能完全地记着一切，而图书馆可记忆并解答一切。”这实际上是对巴特勒的观点进行了通俗的、符合中文表达的解释。

2.“要素说”

这是以中国图书馆学研究者为主提出的一种研究对象说。早在1929年，有学者就提出图书馆要素有三个：书籍、馆员与读者。1932年，杜定友也提出，图书馆有书、人、法三个要素，三要素之间的关系是“三位一体”，他并以书、人、法的方法解析图书馆事业发展的重点；1934年，刘国钧在《图书馆学要旨》一书中提出了图书、人员、设备和方法的“四要素说”，1957年他又进一步提出了图书馆的“五要素说”，即读者、图书、领导与干部、工作方法、建筑与设备，并明确提出：“图书馆学所研究的对象就是图书馆事业及其各个组成要素”。“要素说”表面上看是探讨图书馆这一社会现象的组成要素，但实际目的却是要探讨图书馆事业整体的发展机制，因此，这一观点对我国图书馆学研究的影响十分深远。

3.“知识社会学”

由德国的卡提出。他在1954年出版的《图书馆社会学》一书中认为，图书是客观精神的载体，图书馆则是客观精神得以传递的场所。图书馆是维持和继承社会精神不可缺少的社会机构，担负着把社会精神移入作为社会形象载体的社会成员的职能。它所采用的手段就是搜集、保存和传递社会精神客观化的图书。有了图书馆这样的社会机构，人类文化的创造和继承才有了可能。他认为，“客观精神”是知识社会学的研究对象，而知识社会学正是图书馆学的理论基础，因此，知识社会学也是图书馆学的研究对象。

在这个阶段，我国图书馆学界关于图书馆学研究对象的认识还出现了“矛盾说”和“规律说”等观点。“矛盾说”的主要代表人物是武汉大学的黄宗忠。他根据毛泽东《矛盾论》的论述，于1962年发表了《试论图书馆的藏与用》一文，提出“藏与用”是图书馆的特殊矛盾，图书馆学就是要研究这对特殊的矛盾。“矛盾说”试图通过分析图书馆的特殊矛盾来探寻图书馆的本质和规律。而“规律说”则是1981年北京大学、武汉大学图书馆学系合编的《图书馆学基础》一书出版后，在我国迅速流行并被广泛接受的一种观点。该书认为，“图书馆学是研究图书馆事业发生发展、组织形式以及它的工作规律的一门科学。”

总之，这个阶段对图书馆学研究对象的认识，已不再局限于对微观图书馆工作的具体描述，而是扩展到了对宏观图书馆事业的整体考察，尤其是对图书馆运作机制的探寻，以及对图书馆与社会联系的考察。

（三）第三阶段

第三阶段主要是将信息交流作为图书馆学的研究对象。这是由于20世纪50年代以后，科学技术飞速发展，文献数量急剧增加，“信息爆炸”成了人们有效利用文献信息的最大障碍。许多图书馆学研究者意识到，图书馆学的任务就是要尽可能消除这一障碍，促进社会知识信息的有效交流，以满足人们快速、准确获取有用信息的要求。因此，许多研究者都对信息交流给予了极大的关注，使得“交流说”应运而生。“交流说”代表人物首推美国的图书馆学家谢拉，他是这一学说的集大成者。他在1922年出版的《图书馆学教

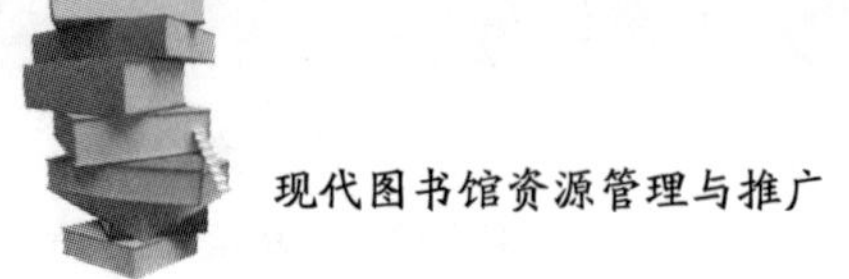

育基础》一书中明确指出，“交流是社会结构的黏合剂”，“图书馆是社会交流链中的一环”。他认为：“交流不仅对个人的个性十分重要，而且对社会结构、社会组织及其活动也是重要的，所以它成了图书馆学研究的中心内容。”他在1965年系统提出的“社会认识论”，其实质也是交流。

从20世纪80年代开始，我国的图书馆学者也开始提出了自己的“交流说”观点。这些观点大体上可分为“文献交流说”“知识交流说”“文献信息交流说”三种形式。

1.“文献交流说”

“文献交流说”代表人物是北京大学的周文骏，他在1983年发表的《概论图书馆学》一文中提出：文献“首先是一种情报交流的工具。图书馆利用文献进行工作，所以说图书馆工作发展的历史，基本上是利用文献这个情报交流工具进行情报交流工作的经验的结晶。”

2.“知识交流说”

“知识交流说”代表人物是华东师范大学的宓浩，1984年他在《知识的交流和交流的科学——关于图书馆学基础理论的建设》一文中指出，图书馆收集、存储、整理、组织、传递和利用知识信息的活动本质是人类知识交流。图书馆实质上是知识交流的工具，图书馆学应该研究知识的交流。

3.“文献信息交流说”

以南开大学图书馆学系等1986年集体编写的《图书馆学基础》为代表。该书认为，“文献信息交流是图书馆工作的出发点和归宿”，“图书馆学是研究图书馆进行文献信息交流的理论和方法的学科”。

“交流说”突破了从图书馆实体出发确定图书馆学研究对象的局限，着眼于对图书馆学研究对象的本质特征进行理论抽象，这对改变长期以来图书馆学研究的封闭思维，扩大图书馆学研究领域，推动图书馆学科向科学化发展起到了重要的作用。

（四）第四阶段

第四阶段开始将信息资源作为图书馆学的研究对象。20世纪90年代以后，以计算机技术和网络技术为核心的现代信息技术迅速发展，导致信息数量激增，人类生产、传递和利用信息的方式也发生了根本的变化。图书馆的工作对象由文献资源扩展为信息资源，因而，图书馆学将研究的注意力转向了信息资源。

美国图书馆学家在其所著的《图书馆服务导论》一书中，把图书馆定义为“是为利用而组织起来的信息集合”，并用了一章的篇幅专门论述图书馆资源（Library Resources）。这一思想启发了图书馆学研究对象“信息资源说”的产生。不久，我国图书馆学研究者也开始接受这一观点。如1999年2月，中国科学院文献情报中心的研究学者出版了《现代图书馆学理论》一书，该书明确提出：“图书馆学的研究对象是一种动态的信息资源体系。”他们的主要观点是：

①图书馆的实质是一种信息资源体系。

②信息资源体系是一个不断发展的有机体。

③图书馆学的研究对象是图书馆，而图书馆的实质是信息资源体系，故图书馆学研究对象是动态的信息资源体系。

“信息资源说”将图书馆视为动态的、有机的信息资源体系，力图揭示图书馆学研究对象的本质。它利用系统论的思想，将图书馆学的研究对象扩展到一个开放的信息资源领域。它使图书馆学研究立足于图书馆，但又不局限于图书馆，这对我们发展图书馆学具有重要的意义。

随着知识经济的兴起，知识日益成为重要的生产力要素。如何有效地组织、控制、传递、利用知识，已成为知识社会人们极为关注的问题。在这种背景下，一些研究者提出，图书馆活动的实质是知识组织，而图书馆则是对客观知识进行专门组织和控制的社会机构，因此，有必要从知识的角度来理解图书馆学。由此构成了图书馆学研究对象的“知识组织说”。应该说，

“知识组织说”顺应了知识经济时代对知识管理的要求，它对活动的本质及其社会作用做出了在新环境下的新的说明，有利于提高图书馆学的学术地位。但“知识组织”并不是图书馆活动的全部内容，如果将它作为图书馆学的研究对象，有可能会犯以偏概全的错误。

三、图书馆学的研究对象

从以上对图书馆学研究对象的认识过程看，人们之所以形成认识上的分歧，主要还是对图书馆学的研究对象应该是微观对象还是宏观对象意见不一致。

所谓微观对象，是指图书馆的各个组成要素，以及作为图书馆工作对象的知识、信息等；所谓宏观对象，则是指图书馆系统、图书馆事业、图书馆与社会的关系等。我们认为，图书馆学的研究对象应当包括微观对象和宏观对象两个方面。这是因为，任何宏观客体都是由许多微观客体共同组成的体系。宏观体系是整体，微观客体是组分。只有通过对微观组分的构成进行深入分析，才能全面了解作为整体的宏观体系；反过来，宏观客体的性质和功能并不等于它的微观组分性质和功能的简单叠加，尽管作为整体的宏观体系是由许多部分的微观客体所组成的，但它却具有各个部分本身不具有的整体性。因此，对图书馆的全面考察应该是微观和宏观相结合，它们共同构成了图书馆学的研究对象。

由此，我们可以概括出这样的看法：图书馆学的研究对象是图书馆事业及其相关因素。需要说明的是，图书馆学研究对象的内容、范围不是一成不变的，在不同的时代和不同的技术条件下，图书馆馆事业及其相关因素的组成是会有变化的。但无论怎样变化，它们仍可归属于图书馆事业及其相关因素，它既包含了宏观对象，也包含了微观对象。

将图书馆学研究对象确定为图书馆事业及其相关因素还出于以下一些考虑。

（一）图书馆学的研究对象必须与学科名称相一致

图书馆学必须研究图书馆事业，否则就不是图书馆学了。前述图书馆学研究对象的“交流说”“知识说”“信息资源说”等，可以看作是图书馆学的理论基础，但却不是图书馆学的全部，因为它们都没有充分揭示图书馆学的全部内容。而对知识、信息、交流的研究，其他学科也在进行，图书馆学研究的只是与图书馆相关的内容。因此，只有把对知识、信息、交流等问题的研究看成是图书馆学在微观上的深入，才有可能使它们进入图书馆学的视野，成为图书馆学的研究对象。

（二）图书馆事业是一个不断发展着的有机体

因而对图书馆事业的研究必须是开放的图书馆是人类社会的产物，是人类科学文化发展的必然结果，在其身上凝结了人类文明的多种因素和特质，因此，一切与图书馆及图书馆事业有关的因素，都可能成为图书馆学研究的对象。由此，图书馆学不仅要研究图书馆事业的过去，也要研究它的现在和未来；不仅要研究图书馆自身的结构和发展规律，也要研究它在社会信息交流系统和社会文化系统中的地位与作用；不仅要研究图书馆事业整体，也要研究它们的各个组成部分，包括对文献、信息、知识等的研究。只有这样，才能正确解释图书馆的社会功能及其作用机制；也只有这样，才便于扩大图书馆学的研究范围，促进图书馆学科的健康发展。

（三）图书馆学的研究对象是围绕图书馆这一专门的社会机构展开的

因而存在一些局限性。这和大多数其他学科不同，如数学的研究对象是现实世界中的空间形式和数量关系，化学的研究对象是物质的组成、结构、性质及其变化等等，其研究对象都是抽象的。在这种情况下，我们研究图书馆和图书馆活动就必须要研究与图书馆事业有关的因素，特别是要研究与图书馆的发生发展有密切关系的人类信息交流。只有这样，才能克服其研究对象自身的局限性。尽管图书馆学是研究图书馆这一专门机构的，但并不能据此否定其在整个科学体系中的地位。事实上，图书馆学在长期的发展中，已经形成了具有独特学术规范、专门概念体系和科学研究方法的一定的研究领域，这一点和其他各门学科是相同的。

（四）图书馆学的研究对象不能等同于图书馆学的任务

一般来说，研究对象是指一门学科所要研究的客体，而研究内容则是要通过对客体的研究，找出客体内部诸元素间的关系、客体与环境的关系，发现具有一般意义的客体的发展规律和运作机制。图书馆学的研究对象是图书馆事业及其相关因素，指的就是这种客体。通过对客体的研究揭示其内在本质，则是图书馆学的研究任务。可见二者是有所区别的。

第二节　图书馆学的内容结构

图书馆学是一门独立的学科，但从整个科学体系看，它却不是孤立存在的学科，它同其他学科之间有着各种各样的联系，它们相互依存，互相渗透，共同形成了一个科学的有机体系。通常我们把具有与图书馆较为密切的直接关联或间接关联的学科称为图书馆学的相关学科。图书馆学与其他学科的相关性，反映图书馆学与相关学科之间的内在联系，体现了图书馆学在整个科学体系中的地位。因此，考察图书馆学的相关学科及其与图书馆学的关系，有助于我们进一步了解图书馆学的学科性质、学科内容以及学科作用。根据相关学科与图书馆学联系的程度、层次和方式，图书馆学的相关学科可以被分为同族关系的学科、交叉关系的学科以及应用关系的学科。

一、同族关系的学科

同族关系是指相互之间存在着同源的关系。图书馆学与情报学、文献学、目录学、档案学等学科具有同族关系，因为它们都是研究有关文献信息管理和利用的学科，不仅研究对象、研究方法，而且研究目的也都非常接近，它们在产生和发展过程中有着共同的渊源。

我们知道，图书馆工作、情报工作、目录工作、档案工作的主要对象都是文献信息，只是它们各自的工作程序、工作方式、工作内容存在着程度上的不同，所管理的文献信息在具体对象上有所差异。如图书馆工作主要是对各种类型的文献进行搜集、整理、传递和提供使用，情报工作则着眼于对文献信息进行深层次的开发与服务，目录工作侧重对各种文献进行揭示，而档案工作则是以各种档案文献为工作对象，这就形成了这些工作各自的特点。但由于这些工作的性质和对象基本是相同的，都是文献信息工作，以文献信息工作为共同研究内容的图书馆学、情报学、目录学、档案学就必然存在密不可分的“血缘关系”，这些学科共同的理论基础都是关于文献信息的理论。文献信息是文献的内容信息与形式信息的统称，文献信息是社会信息系统的重要组成部分，是人脑信息经加工处理后物化的产物，文献信息交流是人类信息交流的重要形式。有关文献信息的理论，是指关于文献信息的生产、加工、整序、存储及传递使用的理论。以文献信息理论为共同理论基础的图书馆学、情报学、目录学、档案学就构成了文献信息学的几个分支学科。

此外，我们从图书馆学、目录学、情报学、档案学的产生情况也可以看到它们之间的“血缘关系”。最初的图书馆大多本身就是具有档案管理性质的机构，如我国河南安阳殷墟出土的甲骨卜辞，既是商代的典籍，也是当时的档案，而集中储存这些甲骨卜辞的窑穴，既是目前能够见到的最早的图书馆雏形，也是最早的档案馆的雏形。这种图书、档案收藏合一的现象正是早期图书馆工作和档案工作一体化的证明。显然，早期的图书馆学和档案学也是没有明确分开的。随着文献的增加，特别是社会化生产的文献大量增加，机构分离，使从事图书文献管理研究的图书馆学和从事档案文献管理研究的档案学各自有了自己的研究范畴。

目录学产生于对图书馆文献信息进行编目工作的实践，这使图书馆学与目录学具有天然的联系，目录学为图书馆学提供了方法，而图书馆学又为目录学开辟了新的研究领域，它们在研究内容上有大量的交叉、融合，因而目录学常常被看是图书馆学的辅助学科。

而产生于20世纪中叶的情报学，其直接源头也应该是图书馆学。因为情报机构是从图书馆分化出来的，所以情报工作只是图书馆工作的进一步深化和发展，它更加重视采用现代信息技术从事知识的发现和情报的分析研究。一直以来，图书馆学和情报学作为姐妹学科，关系极为密切，如高等学校的院系名称、专业期刊的名称等，图书馆学、情报学往往同时出现。随着情报学理论和方法的长足发展，反过来又促进了图书馆学的发展。特别是近年来，图书馆工作大量采用现代信息技术，开展信息、知识服务，使图书馆工作越来越情报化，即图书馆工作和情报工作出现了趋同的状况。目前，与此相应的图书馆学和情报学也在逐渐走向融合，可以预料，这两门学科最终有可能会合二为一。

当然，图书馆学与情报学的研究内容除了文献信息之外，还有一个重要的部分，就是用户（读者）的研究。用户、信息、传递几方面综合起来，就构成了一个信息交流的完整系统。对这个系统进行研究，同时也是信息科学领域中的一个重要组成部分。因此，图书馆学和情报学同时也是信息科学这一族里的重要成员。

文献学是一门具有悠久历史的学科，它是以文献及其发展规律为研究对象的一门科学。它的研究内容涉及文献的性质、特点、类型、功能、生产、分布、计量、发展以及文献的整理、开发等。文献学的直接研究对象是文献，而文献也是图书馆学的研究对象，因此，文献学与图书馆学之间不可避免地会存在交叉重复的研究，只是文献学的研究侧重在对文献本身，而图书馆学的研究往往要结合读者的需要，侧重于对文献的搜集、组织、检索，但二者的目的都是要为文献的有效管理和使用提供科学的方法，它们之间的关系非常紧密，有时甚至难分彼此。

总之，图书馆学、情报学、文献学、目录学、档案学之间的同族关系，表明了它们同一渊源的密切关联，各学科可以互相吸取学术营养，相互借鉴对方的研究方法、研究成果，在科学大家庭中互相促进，共同发展。

二、交叉关系的学科

交叉关系的形成不是因为研究对象相同，而是由于研究对象不同，并且这些不同的研究对象本身具有某种特殊的联系，才使得学科之间具有了交叉的关系。

图书馆学与教育学、社会学就突出地表现了学科之间的交叉关系。教育学是研究教育的本质、教育规律、教育行为、教育方法和教育制度的科学。尽管它与图书馆学起源不同，研究对象不同，学科之间也存在较大的差异，但从其研究目的看，它与图书馆学还是有一些相似的地方。教育学的对象是教育现象，而教育问题说到底仍是一个如何培养人的问题，其中一个重要的方面就是如何将人类创造的知识传承下来并发扬光大。这与图书馆学关注读者对知识的获取与吸收基本上是一致的。图书馆是知识的宝库，不仅教育学要研究如何利用图书馆以提高受教育者的学习能力，而且图书馆本身也具有教育的职能，它在人们自学中的作用，以及作为人们在知识社会中接受终身教育场所的地位，使它与教育学产生了非常密切的联系。由于教育学与图书馆学都致力于科学文化知识的传播、创造和发展，致力于提高全民族的科学、文化、道德素养，二者的理论在内容上就出现了交叉。这种不同类型学科之间的交叉，也使这两门学科在许多理论方法上可以互相借鉴。如图书馆学可以借鉴教育学中的学习理论，以更有效地指导读者阅读；教育学也可以借鉴图书馆学中的信息组织与检索方法，以提高学生掌握自主获取知识、构建合理知识结构的能力。

社会学是研究人类社会生活的一门社会科学，它的研究内容十分广泛，主要包括人与人之间的关系、行为问题和劳动、职业、人口、文化、婚姻、

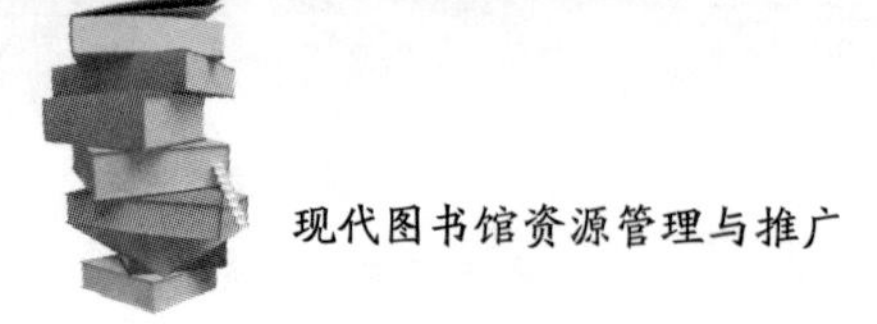

道德、犯罪、经济生活、社会阶级等问题。特别是对社会文化的研究，已经形成了专门的文化社会学。研究社会文化当然离不开研究图书馆。作为一种社会性很强的机构，图书馆在人类文化的发展中具有十分重要的作用，它不仅承担着保存人类文化遗产的职能，而且作为一种社会事业，还承担着传播先进文化、促进社会进步的职能。从这个意义上讲，图书馆学的研究目的与社会学的研究目的一样，都是为了促进社会的发展与进步。这样，图书馆学研究领域中的一些问题，如文献信息的社会需求满足问题、文献信息的交流与文献信息利用的普及性问题、图书馆的社会作用问题、信息交流过程中的社会问题等，都必然会与社会学研究产生内容上的交叉。随着人类社会的发展和图书馆职能的扩大，图书馆学与社会学的这种交叉将会越来越多地表现出来。

三、应用关系的学科

应用关系是指一门学科的理论和方法被应用于另一门学科之中，从而产生了新的边缘学科，推动了被应用学科的发展。与图书馆学有应用关系的学科很多，如心理学、管理学、经济学、信息科学等等。

心理学是研究人的心理现象及其规律的科学。在图书馆学研究中，读者是很重要的一个研究客体。为了能够对读者的需求及其满足方式有深入的了解，以便有针对性地开展服务，图书馆学研究必须大量应用心理学的原理和方法去探究读者的阅读心理活动及其规律、研究影响读者阅读心理的因素和读者获取文献信息的心理机制、研究提高读者阅读效率的方法等。这样，在将心理学应用到图书馆学研究中去以后，就产生了与读者阅读心理研究、读者需求心理研究等有关的图书馆学分支学科。管理是指对由人、事、物等组成的系统的运动、发展和变化进行有目的、有意识的控制的行为，管理学就是对管理活动进行研究，保证系统能够发挥最大效能的科学。图书馆作为人类社会一种特有的机构，如何对其进行管理，以保证图书馆活动能够最大限度地服务于社会，一直是图书馆学所关心的问题。从图书馆学的发展史看，对图书馆管理的研究也一直在图书馆学研究中占有很重要的地位。特别是到了现代，管理学成为一门独立的学科，使图书馆学中的管理研究有了科学的理论和方法的指导。由此，应用管理学原理和方法去研究图书馆管理活动的理论和方法便迅速发展起来，终于也成为图书馆学中一个独立的分支学科。

经济学是研究各种经济关系和经济活动规律的科学。经济现象是普遍存在于各行各业的一种社会现象。图书馆不仅要为社会的经济生活服务，同时，图书馆活动本身也是一种经济活动，也要讲求经济效益，力争以最小的成本获得最大的收益。从图书馆的社会作用看，可以利用经济学的原理和方法来衡量图书馆服务为经济建设创造了多少价值，节省了多少资金；从图书馆内部活动看，可以用经济学的原理和方法来进行图书馆经营，包括经济核算、配置资源、调动职工的积极性等。这种将经济学应用于图书馆学研究以后产生的一个新的图书馆学分支学科被称为图书馆经济学。

计算机科学、通信科学、网络技术等信息科学技术在图书馆中的应用更是对图书馆学的发展具有决定性的作用。信息科学技术不仅改变了图书馆的文献构成、技术装备、工作模式，甚至将要改变图书馆的存在形态。数字图书馆、虚拟图书馆等就是信息科学技术在图书馆应用后所形成的新的图书馆形态。今天的图书馆学，其科学技术含量超过了任何一个时代，许多信息技术专家参加图书馆学研究，不仅使图书馆学研究内容更加丰富，也使图书馆学研究队伍空前壮大。

除了以上介绍的一些与图书馆学具有直接关联的相关学科外，在科学体系中还有许多学科与图书馆学有着间接的关联。这些学科与图书馆学的联系虽然不像其他类型的学科那样紧密，与图书馆学不属于同一个部类，也不属于同一个层次，但它们却在为图书馆学提供一种思想或一种方法论的指导，它们与图书馆学的关系是一种指导与被指导的关系。这类学科主要有：哲学、数学以及信息论、控制论、系统论等系统科学。

综上所述，图书馆学所涉及的相关学科是很广泛的。这反映出图书馆学不仅是一个正在发展的学科，而且也是一个开放度很大的学科。一方面，图书馆学要广泛地吸收其他学科的营养来充实、完善自己；另一方面，图书馆学中的一些理论与方法也可以被应用到其他学科，如分类、主题方法、文献计量方法等被应用到网络资源组织、知识管理等领域。但实事求是地说，图书馆学的学科地位和作用至今还没有得到社会的普遍认同，在整个科学体系中，图书馆学还没有成为一门显学。这说明图书馆学还不够成熟，它对整个科学的贡献还比较小。因此，大力发展图书馆学，尽快使它立于科学之林，以适应现代科学和现代社会发展的需要，图书馆学研究者任重而道远。

第三节　图书馆学的学科性质

确定学科性质的依据科学是一种知识体系，是人们对客观世界的本质及其规律性的理性认识。在人们长期的认识过程中，随着知识的不断积累和丰富，认识能力的不断发展和提高，许多专门研究自然界和人类社会某一方面问题的科学相继产生，形成了一个个独立的学科。据统计，这些学科的数量目前已达4000多个。于是，如何认识各门学科在科学整体中的地位和作用，以及它们之间的相互关系又成了人们关心的问题。而要确定一门学科的学科性质，最根本的就是要进行科学的分类。也只有对科学体系进行分类，才便于我们从整体上去把握各门科学的特征，了解各门学科之间的内在联系，从而为学科的布局和发展提供理论依据。如何科学地、实用地分类是摆在人们面前的一项具有理论意义和实践意义的艰巨、复杂的研究课题。从科学发展史上看，自科学萌芽以来，人们就一直在探索科学的分类问题，产生过许多科学分类的思想。从总体看，人们对科学分类的探索大体上可分成三个阶段。

一、古典学科分类

第一阶段是古典的科学分类理论。如古希腊哲学家亚里士多德（Aristotle）就最早将人类知识划分成历史、文学、哲学三大部分，即他认为人类的知识有客观的、情感的、理智的三大部分，客观的知识是历史知识；情感的知识是文学；理智的知识是哲学。我国古代也有这种知识分类思想，如先秦的诸子百家，大体分为儒家、道家、墨家、名家、法家、纵横家、阴阳家、农家、小说家等。

二、科学分类方案

从欧洲文艺复兴开始一直到工业革命的兴起，由于科学技术获得了迅速的发展，使学科的分化在科学发展史上达到了一个新的高峰。为适应这种形势，许多学者纷纷提出了新的科学分类方案，可以说这是科学分类发展史上的第二个阶段。如英国的弗朗西斯·培根（F.bacon）按照人类自身的记忆能力（记忆、判断、抽象）把科学分为三大类，即

记忆性的科学——历史等；

想象性的科学——诗歌、艺术等；

判断性的科学——上帝的哲学、人的哲学、自然的哲学（自然科学）。

而以法国的圣西门（H.Saint Simon）、孔德（A.Comte）为代表的一批哲学家，则以各门科学的研究对象为依据进行科学的分类。他们把观察到的现象分为天文现象、物理现象、化学现象和生理现象，与此相对应的是研究这些现象的天文学、物理学、化学和生理学。他们认为，这些学科的排列顺序应当是从“简单的科学”到“复杂的科学”，即简单的科学——数学、天文学、物理学、化学生理学，复杂的科学——社会学。但是从科学分类理论方面来看，这个阶段最完整、最深刻的论述应该是革命导师恩格斯提出的。恩格斯以辩证唯物主义和历史唯物主义的世界观和方法论，批判地继承了历史上合理的科学分类思想，特别是黑格尔的科学分类思想，把所有物质的运

动形态分为机械的、物理的、化学的、生物的、社会的，并按照从低级到高级的顺序和发展阶段，把各门学科排列成一条自然的序列，即力学、物理学、化学、生物学、社会学等。恩格斯根据物质运动形态提出的科学分类主张是在辩证唯物论基础上形成的，对科学分类的研究具有指导意义。

三、科学的交叉

第三阶段是20世纪以后，在社会不断发展，人类不断进步的情况下，现代科学的面貌发生了翻天覆地的变化。一大批重要科学理论相继被提出，一大批新学科也相继产生。与此同时，在科学指导下，技术革命也获得了很大发展，并间接推动社会发展，呈现出自然科学、技术科学、社会科学、思维科学相互交叉、互相促进的新局面。这一时期，科学的发展打破了过去以分化为主导的局面，同时向着分化与综合方向发展。一方面学科越分越细，另一方面学科又越来越综合，彼此之间互相渗透，联系密切，使现代科学日趋整体化，学科之间的传统界限越来越模糊。这使得科学分类的任务更加艰巨，分类的结果也带有更大的模糊性。而关于科学分类的思想和学说也呈现出前所未有的繁荣景象，人们采用不同的标准，提出了许多不同的分类体系。但就目前国际上所见到的各种分类体系而言，多数还是五个门类，即自然科学、农业科学、医药科学、工程技术科学、人文与社会科学，如联合国教科文组织科学技术统计指南采用的分类。日本文部省采用的分类也类似，只是它将人文科学、社会科学分设成两个门类。当然，也有少数分类打破了传统五大门类的框架，重新设置新门类，例如，德国政府为研究与开发活动制定的学科分类，将基础理论学科和与该理论相关的技术合为一类，如理工科学就包括物理及工程技术等；再如美国科学研究中常用的学科分类，则设有生命科学、心理学、物质科学、环境科学、数学与计算机科学、工程科学、社会科学七大门类。

改革开放以来，我国对科学分类的研究也空前活跃，提出了许多新的思想，其中最有代表性的是钱学森的分类思想。我们知道，进行科学分类需要有分类的标准，而历史上人们采用最多的一直是研究对象或研究领域这个标准。按这种标准划分的结果是，每门学科都是研究客观世界的某一部分，而各门学科之所以不同则是因为它们的研究对象不一样。钱学森认为这样的划分标准是不对的。他从系统的整体性观点出发，提出现代科学技术是一个整体，不是分割的。这种整体性表现在各门科学的研究对象都是一个，即客观世界，这是它们的共性，故不能成为分类的标准。各门学科之间的“不同之处仅在于观察问题、研究问题的侧面，侧重点不一样”。因此，他认为应当按照研究客观世界的着眼点或角度来进行科学分类。根据这个标准，他将现代科学分成十大类，即自然科学、社会科学、数学科学、思维科学、系统科学、人体科学、地理科学、军事科学、行为科学和文艺理论。其中，自然科学用的角度是物质运动；社会科学用的角度是人类社会的发展运动；数学科学用的角度是质和量的对立统一；系统科学用的角度是系统或整体与局部的统一；思维科学用的角度是人认识客观世界的过程；人体科学用的角度是人体在整个宇宙环境中的发展和运动；军事科学用的角度是集团之间的矛盾与斗争；行为科学用的角度是与社会的相互作用下个人行为的规律；文艺理论用的角度是美感等。

此外，也有一些研究者从科学体系的结构出发，将学科分为分支学科、边缘学科、综合学科、横向学科四大类；还有人从认识论角度，将学科分为边界学科、中介学科、交叉学科、综合学科、横断学科等。目前我国为进行科学规划和各种统计而制订的有关科学分类的国家标准，采用的是国际上多数国家和国际组织的方法，即将科学划分为自然科学、农业科学、医药科学、工程与技术科学、人文与社会科学五大门类。从上面的介绍可以看出，科学分类的问题是一个十分复杂的问题，不仅分类体系本身要随着时代的发展而动态变化，而且即使是在同一时代，由于认识的角度不同，采用的标准不同，分类体系也不会相同。当然，科学分类除了要反映科学发展的内在规律外，在当前被广泛用作科学统计、科学规划、学科教育的划分工具，这就使科学分类必然带有一定的人为色彩。因此，某一门学科，特别是处在不断发展中的学科，究竟应该归属于哪一门类，可能会是动态变化的，它将随着人们认识的发展而不断深化。

图书馆学就是这样一门正处于不断发展变化中的学科，它的学科性质和归类问题人们至今还没有取得一致的意见，这种现象是正常的。但我们必须认识到，搞清图书馆学的学科性质对于确定图书馆学的研究规范、研究内容和研究方法等具有重要意义，因而，我们应当通过讨论，尽可能减少在这个问题的不确定性。

图书馆学学科性质是什么？这是图书馆学界长期以来一直在思考和争论的问题。这个问题既是图书馆学基础理论的问题，又是对图书馆工作实践起着指导作用的根本性的认识问题。我国关于图书馆学学科性质的讨论从20世纪50年代起就一直成为图书馆学研究中的一个热点，到80年代达到高潮。其原因主要是当时图书馆学发展水平不高，图书馆学作为一门科学还没有成为社会的共识。因此，研究者们力求通过对图书馆学学科性质的探讨，确立图书馆学在整个科学体系中的地位。

事物的性质是事物本身所固有的，它不以人的意志为转移。人们对事物性质的认识往往需要一个从不知到知，从肤浅到深刻的变化过程。对于图书馆学学科性质的认识亦如此。了解图书馆学学科性质的认识过程，有助于我们加深对图书馆学这门学科的认识。

（一）图书馆学学科性质五种认识

1.图书馆学属于社会科学

这种观点在我国图书馆界长期占有主导地位。尤其是1981年由北京大学、武汉大学图书馆学系合编的《图书馆学基础》一书，把这一观点系统化，明确提出：

（1）划分一门学科性质的主要依据是该门学科研究对象的属性

图书馆学研究对象无论表述为图书馆、图书馆活动、图书馆事业，还是表述为文献信息活动，它们均是社会现象。而以社会现象为研究对象的学科应该属于社会科学。

（2）尽管图书馆学研究受当代科学综合化发展趋势的影响，渗入了许多自然科学、交叉科学的理论与方法，但只要研究对象未有本质改变，学科性质也不会变。由于当时的客观原因，《图书馆学基础》在20世纪80年代具有一定的权威性，因此这种观点也被我国图书馆界广泛接受，并且至今还在产生着影响。

2.图书馆学是一门综合科学

这种观点在我国图书馆界也有较大影响。其主要代表人物是武汉大学的黄宗忠。他在正式出版的《图书馆学导论》一书中提出，图书馆学是一门综合性科学。其理由是：

（1）当代科学呈综合发展趋势，交叉学科、横断学科不断出现；哲学和数学方法正被广泛应用于其他学科；自然科学、技术科学、社会科学正相互融合。在这种情况下，图书馆学不可能不受其影响。

（2）图书馆学研究对象存在着内在的多样性与复杂性，如图书馆构成的复杂性、图书馆性质与功能的多样性、图书馆学理论基础的群体性、图书馆学方法的整体性等。

（3）图书馆学体系结构不断发展、扩张，已融进了大量横断学科、交叉学科、技术科学，并形成了许多新的分支学科。因此，“今天的图书馆学正在走向多学科结合的综合化道路，成为一门既具有应用科学、社会科学性质，又具有自然科学性质的综合性科学”。

3.图书馆学是一门应用科学

这种观点又有三种不同的表述：

（1）图书馆学是应用技术科学，如文献信息分类、文献信息检索等本身都是技术，而新技术手段在图书馆中的，广泛应用更加强了图书馆学的应用技术性。

（2）图书馆学是综合性应用科学，因为图书馆是一个综合体，图书馆学研究了一切知识，运用了多种技术手段，故从学科基本属性上看，图书馆学是一门综合的应用科学或综合性的社会工程科学。

（3）图书馆学是应用社会科学，因为尽管从总体上说图书馆学属于社会科学，但社会科学包含许多实践性较强的应用分支，如法律科学、财经科学等等。因此，一门隶属于社会科学的学科还应根据自身特点进一步细分，而图书馆学具有强烈的实践性、应用性等特征，其方法与技术的含量较大，所以应属于应用社会科学。

4.图书馆学是一门管理科学

这种观点把对客观知识的组织、控制、选择和传递过程看成是一个管理过程，认为社会对知识的搜集、整理、控制、传播和利用已经形成了一个庞大的管理系统，因此，以知识管理为研究对象的图书馆学是一门管理科学。而在实际的教学、科研管理工作中，图书馆学也更多地被划入了管理科学。如国家自然科学基金委员会将图书馆学归入了管理科学，国务院学位委员会、国家教育委员会制订的《授予博士、硕士学位和培养研究生的学科专业目录》及原国家教委修订的《高等学校本科专业设置目录》将图书馆学划归到“管理学”门类之下。这使“图书馆学是一门管理科学”的观点在近年来得到了广泛的认同。

5.图书馆学是一门信息科学

这种观点产生于信息科学开始成为显学的20世纪80年代初期。随着信息科学迅速成为各国的研究重点和研究热点，我国一些图书馆学研究者也提出，图书馆学研究的是人类的知识通信现象，而知识是信息的一个子域，这就决定了图书馆学，应该属于信息科学这一门类。在信息技术的不断介入下，图书馆学最终将会发展成信息科学的一个分支学科。

北京大学图书馆学情报学系改名为信息管理系，提出信息科学是一级学科，信息管理是二级学科，认为将图书馆学、情报学、编辑学等关系密切的学科集中在“信息管理”名下进行整合，既能保持它们的独立性，又能使它们通用的原理与方法得以提升。

以上认识都有其合理的方面，但或多或少也都还存在不足。我们认为，现代社会，随着学科之间的交叉渗透，其发展越来越显示出综合化的趋势，而对于一门正在发展的学科而言，当然不能将它的性质限定于某一点上。图书馆学作为一门发展中的学科，对其学科性质的认识也应该是一个发展的过程。

在科学发展史上，一些古老的学科越发展，分支越多，就像一棵大树，先有树干，后长枝叶；而一些新兴的学科则恰恰相反，它们像一座金字塔，先有塔基，然后才有项部。对于前者，他们的学科性质比较容易确定，各分支学科的性质原则上与它们自己的母学科性质相一致；而后者学科性质的确定却比较复杂，在这个“塔”的顶部尚未出现以前，先出现的塔基部分具有多种选择，它可能属于这个塔顶，也可能归属那个塔尖，关键是看它长期的发展趋势。这就带有一定的预见性，难以获得定论。随着人们认识的不断深化，即使是现在做出的结论，将来也可能改变。

四、图书馆学的特性

（一）图书馆学是一门具有多重属性的学科，但在现阶段却带有较明显的社会科学的特性

（1）从图书馆学研究对象的角度看，目前倾向性的意见还是图书馆和图书馆事业。即使是对信息、知识、交流、传播的研究，也都是以与图书馆事业相关的内容为限的，图书馆学的知识积累也主要集中在这一方面。无论时代怎样进步，技术怎样发展，图书馆和图书馆事业终究都是人类社会的一种现象。而社会科学正是研究社会现象的科学，图书馆现象作为社会现象之一，对其进行研究的图书馆学在原则上当然应该归属于社会科学的范畴。

（2）从图书馆这一事物的运动形式看，在没有新的科学分类理论出现之前，还只能归入社会的运动形式之中。因而，围绕图书馆和图书馆事业进

行研究的图书馆学的学科性质也只能是社会科学。

（3）从图书馆学研究方法的角度看，图书馆学在现阶段应用最多的还是社会科学的研究方法。尽管自然科学和其他学科的研究方法正越来越多地被应用到图书馆学研究领域，但却主要是在应用技术方面，而在构建图书馆学理论体系方面，自然科学及其他科学的研究方法的应用仍是局部的、零散的，远没有占据决定性的、主导的地位。一门学科的研究方法能够在一定程度上反映该学科与其他学科的关联，因此可以说，图书馆学的学科性质在现阶段属于社会科学是符合客观实际的。

（二）图书馆学具有应用科学的性质

图书馆学从整体上说是由基础理论和应用技术两个部分组成的，由于图书馆学实践性很强，它必须研究图书馆工作的各种方法和技术，以推动图书馆事业的发展，对应用技术的研究就必然在图书馆学研究中占有十分重要的地位。而基础理论研究则对应用技术研究具有指导意义，它同样不能离开图书馆工作实践而单独存在。特别是当今科学技术的迅速发展，大量的新技术、新方法在图书馆中得到了应用，数字图书馆、虚拟图书馆相继出现，技术更是成了推动图书馆事业发展的重要力量。这不仅促使图书馆学更加关注应用技术的研究，同时也为图书馆学基础理论研究提供了新的研究视野和研究方法。我们很容易发现，在网络技术、计算机技术等的影响下，图书馆学的概念、体系结构，甚至学术规范都在发生着变化。这些足以表明图书馆学是一门实践性很强的学科，是一门致用的学科，它要为图书馆应用各种新技术创造条件，为图书馆事业的发展指引方向，因此，图书馆学又具有应用科学的性质。

（三）图书馆学具有管理科学的性质

图书馆是文献信息资源的管理机构，实质上是会对知识、信息进行管理的机构。作为人类社会产生的一种专门机构，图书馆需要对信息资源实施科学有效的管理，以满足社会对知识、信息的需求。图书馆对信息资源的管理过程，就是对知识、信息进行组织、控制和选择传递的过程，要通过管理达到有效地管理知识、合理地调配知识资源并服务于社会的目的。图书馆学研究图书馆和图书馆事业，就必须研究信息资源管理，这样，图书馆学就带有管理科学的性质。

（四）正在发展中的科学

其未来的性质有可能是综合性科学。所谓综合性学科就是运用多种学科理论和方法对复杂客体进行综合研究的学科。图书馆学在最初形成之时，由于其研究对象局限于图书馆工作，研究内容偏重于技术方法，其学科性质基本上属于应用科学的范围。随着社会的发展和科技的进步，图书馆学开始越来越多地关注图书馆事业发展的宏观问题，特别注意图书馆和社会的关系，研究内容也增加了理论的成分，因而，其学科性质逐渐演变成了社会科学。现在人类社会已经进入了信息时代，信息技术改变了人类记录信息的方式和传递信息的手段，进而促使传统图书馆向数字图书馆演变。

这些变化使得图书馆在信息服务的过程中，技术含量达到了前所未有的程度，使得现代图书馆学的研究对象这个本来就复杂的客体变得更加复杂化了。面对如此复杂的研究客体，仅仅依靠某一门学科的理论和方法是远远不能解释研究对象所表现出来的各种现象，找到解决研究对象复杂问题的办法的。它必须借助社会科学、自然科学、技术科学的相关学科理论和方法，对图书馆学的研究对象进行综合研究。这样，图书馆学的学科性质就必然向着综合性科学的方向发展。

需要指出的是，我们在讨论图书馆学的学科性质时，必须注意图书馆学所处的时代及其社会、技术环境。我们说图书馆学的性质属于社会科学，是就现阶段而言的；我们说图书馆学可能会发展成一门综合性科学，是就未来的发展而言的，其结论带有一定的相对性。

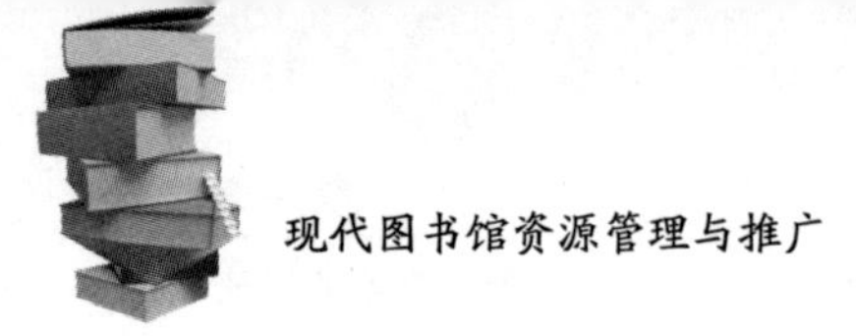

第四节 图书馆学的研究方法

科学研究的方法是指人们在科学研究活动中，为认识各种事物而采用的思路、途径、手段和程序等，它贯穿于整个科学研究活动的始终。现代科学的发展已经告诉我们，科学成果的取得，主要得益于科学方法的采用。研究方法在科学研究活动中的作用越来越明显，以至于人们把研究方法称为科学的灵魂。任何一门学科都有它的研究方法体系。研究方法是人类长期进行科学实践的结晶，它随着人们对客观世界认识和实践的不断深化而充实、丰富、提高。而每当科学发展到一个新的阶段，总会产生新的方法与之相适应，从而推进科学研究的进一步发展。图书馆学也不例外。但在过去很长一段时间，图书馆学的研究方法并没有引起人们的注意，直到20世纪五六十年代，国外才有人开始专门讨论这个问题，而我国图书馆界则是在20世纪80年代后才开始关注图书馆学研究方法的。现在，由于科学研究方法的重要性已普遍为人们所认识，人们又开始对图书馆学的各种研究方法进行分析、比较、评价、综合等专门研究，使图书馆学方法论逐渐兴起，并成为图书馆学重要的组成部分。

研究方法与工作方法不同。工作方法是指一般的操作技术和处理实际事务的技巧；而研究方法则是指一般的思维方式，即从理性思考的角度解决抽象问题的手段和途径等。目前，我国图书馆工作方法已经比较成熟，形成了自己的特色，并经常被其他学科的工作所借鉴及应用，但图书馆学研究方法却由于学科体系不成熟，还没有建立起一套科学的方法论体系，不仅使图书馆学本身的研究水平偏低，也很少被其他学科的研究所借鉴和使用。因此，大力开展对图书馆学研究方法的研究，对于提高图书馆学的研究水平、加快图书馆学的发展具有重要的意义。一般来说，任何一门学科的方法论都可以分为三个层次：哲学方法、一般研究方法、专门研究方法。哲学方法是一切科学研究方法论的基础，是对研究对象总的看法。它对各种科学研究及其各种研究方法具有普遍的指导意义，能够为各门学科提供认识问题的方法。

一般研究方法是指可以被许多学科共同使用的研究方法，具体如数学方法、系统论方法、观察法、实验方法、调查方法、逻辑方法等。专门研究方法则是指各学科为研究其特定对象而采用的特殊方法，具有较强的针对性和专用性，如在自然科学研究中，不同学科使用的不同实验方法等。

图书馆学的研究方法也包括了这三个层次。

一、图书馆学研究中的哲学方法

哲学是关于世界观的学说，哲学的根本问题是思维与存在、精神与物质的关系问题，因此，它也是最高层次的理性思维，是对自然知识和社会知识高度抽象的概括和总结。马克思主义哲学是当今最科学的哲学，是人类认识世界和改造世界的有力武器。

图书馆学研究中的哲学方法，主要是指马克思主义的辩证唯物主义和历史唯物主义方法在图书馆学研究中的应用。马克思主义哲学方法应用到图书馆学研究之后，为图书馆学研究提供了唯物主义物质第一性的一元论的世界观、用联系和发展的眼光去看问题的方法和在实践基础上去认识和改造世界的观点，使图书馆学研究有了实事求是、对立统一、透过现象看本质以及理论与实践相结合的基本原则。多年来，我国图书馆学研究运用哲学的方法已经取得了一些成果。例如，在对图书馆学研究对象的探讨中，通过分析图书馆特有的矛盾，提出了“矛盾说”；通过对图书馆学本质的探讨，提出了“规律说”。这两种观点在世界范围的图书馆学研究领域中，有着鲜明的中国特色，显示了中国图书馆学研究者的开拓精神。

但是，在图书馆学研究中应用哲学方法也曾出现过一些偏差，如对哲学方法的表面化和哲学概念的机械应用、盲目照搬和生搬硬套，甚至用哲学的一般规律来替代专门科学研究等，因此，我们应当以马克思主义哲学方法来指导图书馆学研究，而不能用哲学来取代图书馆学研究。应当把马克思主义哲学中的基本观点诸如物质观、意识观、运动观、时空观、矛盾观、质量观、否定观等作为我们从事图书馆学研究时必须遵循的基本准则。而当前哲学方法在图书馆学中的应用，主要是用哲学方法去探讨图书馆学科中的一些最基本的问题，如图书馆学的核心概念、研究对象、范式特征、学科结构以及学科宗旨等，以求对这些最基本的问题做出科学的解释。只有这些最基本的问题解决了，图书馆学研究才能够得到健康的发展。

当然，在世界哲学史上曾经产生过的一些哲学流派，如现象学、分析学、符号学、阐释学、实证学派等，也是人类精神文化成果的重要组成部分。图书馆学研究者也应当了解这些哲学成果，并借鉴其中的合理成分以指导自己的图书馆学研究。

二、图书馆学研究的一般科学方法

一般科学方法是对大多数学科都适用的科学研究方法，它对推动图书馆学研究也有着重要的作用。目前图书馆学研究中经常使用的一般科学方法主要有：观察实验法、逻辑方法、系统方法、数学方法等。

（一）观察实验法

观察是人们为了了解事物产生的基本现象，从而认识事物的本质和规律，利用感官或仪器，有目的、有计划地搜集与研究对象有关的材料的方法。在科学研究中，它一直是一种既简便、又有效的研究方法。在高科技发展的今天，观察法由于借助于各种新技术装备和手段的支持，更成了科学研究中的一种基本方法。在图书馆学的研究中，观察法的应用也非常普遍。例如，美国的图书馆学家特鲁斯威尔利用观察法，发现了读者对图书馆藏书利用的“二八率”，即图书馆读者80%的借阅需求集中在20%的藏书上，而图书馆80%的藏书仅仅是为满足读者20%的偶然需求而存在的。这一定律因此成为进行图书馆藏书建设，分工协调的理论依据之一。显然，观察法能够对观察对象获取在自然状态下的真实信息，便于总结规律。但要使观察有效、准确，必须注意观察的全面性、客观性，切忌先入为主、以偏概全。

实验方法是模拟和再现研究客体所处的环境或状态，在可控制的条件下，由研究者有目的地对某种变量给予改变，并使其对其他变量产生影响，再观察其受影响结果的一种科学研究方法。它不仅是获得精确、典型、完整的研究结果的一种手段，也可以作为检验科学真理的一种基本方法。实验方法不仅被广泛用在自然科学研究中，现在也越来越多地被用在社会科学的研究中。从本质上讲，实验方法是一种实证的方法，通过实验获得可靠的数据和结论，因此，它对各门学科都具有方法论的意义。而图书馆学作为一门实践性、技术性很强的学科，实验方法的应用对其研究活动更是有着特殊的意义。例如，一位研究生在研究大学生信息素质对图书馆利用的影响时，采用实验的方法，有意识地对一组刚入学的大学生进行了文献检索方法的培训，结果发现，受过培训的学生比没有受过培训的学生利用图书馆的积极性更高，获取的文献信息也更多，由此他得出了令人信服的研究结论：信息素质的高低与对图书馆利用的程度成正比。特别是在当今信息技术迅速发展的背景下，对各种新设备、新技术在图书馆中的应用采取实验的方法，有选择地引进和推广，往往会取得更好的效果。

（二）逻辑方法

逻辑方法主要指归纳法和演绎法。所谓归纳法是从个别事实中总结出一般结论的思维方法，而演绎法则是从一般原理中推出个别结论的思维方法。我们知道，归纳和演绎是理论思维中最一般的方法，也是人们探求真理最一般的过程，即“由特殊到一般，又由一般到特殊”，循环往复，不断前进。通常情况下，归纳和演绎在一个认识过程中是不可分离的。

但作为研究方法，归纳法和演绎法却各自具有不同的作用。在图书馆学研究中，这两种方法一直被大量使用着，是图书馆学研究者比较熟悉和习惯使用的方法。面对复杂的图书馆及图书馆活动，人们一直在努力寻求把个别现象、经验等上升为一般性结论或理论，这就需要用归纳法。

例如对图书馆性质、职能等问题的认识，目前大都是采用归纳法来产生结论。而演绎法在图书馆学研究中通常用在引进相关学科的理论和方法时，用相关学科比较成熟的一般原理去推导出图书馆学的个别结论，或者是用哲学的一般原理去推导出图书馆学研究的个别原则和规范。例如图书馆读者心理研究或图书馆管理研究，都需要从心理学一般原理或管理学一般原理中去推导符合图书馆实际的个别结论。

（三）系统方法

系统方法是把研究对象作为一个系统来加以认识的方法，即以系统有机联系的整体为出发点，从整体与部分之间、整体与外部环境之间的相互联系、相互作用、相互制约的关系中对研究对象进行全面考察，从而在普遍联系中把握其本质规律。系统方法要求运用完整性、集中化、层级结构、逻辑同构、信息、控制、自组织、协同等概念，找出适用于一切综合系统或子系统的模式、原则和规律。目前，系统方法已发展成为包括一般系统论、控制论、信息论、集合论、图论、对策论、博弈论等理论和方法在内的一个体系。

系统方法具有区别于传统科学研究方法的特征。传统科学方法常常对研究对象进行分解，并逐一对分解后的各个部分进行考察；然后再将各部分研究的结果综合起来，就得到了对研究对象总的认识。然而，这种将研究对象“化整为零”的方法存在着严重的不足，即忽视了整体中各部分之间的相互联系，以为研究对象的整体性能就是其各分解部分性能的总和。而系统方法坚持系统整体的功能大于各组成部分功能之和的观点，强调把研究对象看成一个整体，以联系的眼光重点考察研究对象的组成部分及其结构是怎样影响其整体功能的，并通过系统内外各种关系的分析，达到科学认识的目的。

在图书馆学研究中，系统方法的应用经历了一个从不自觉到自觉的过程。人们早期对图书馆的认识就包含了系统的思想，如印度的图书馆学家提出的“图书馆是一个生长着的有机体”，就是把图书馆看成了一个系统。可见系统方法对图书馆学的发展起到了很大的作用。到了现代，人们开始自觉地应用系统方法来分析和研究图书馆活动中出现的各种问题，开始把图书馆作为整个社会信息交流系统中的一个子系统来加以考察，不仅考察图书馆与其他各组成要素之间的关系，也考察图书馆与社会政治、经济、文化诸方面的关系以及图书馆活动的社会效果等，获得了更多的关于图书馆本质的认识。

（四）数学方法

数学方法是运用数学所提供的概念、处理方式和技巧，对所要研究的对象进行定量分析、描述、推导和计算，从量的关系上认识事物的一种科学方法。它是在暂时撇开研究对象所具有的一些具体特征的情况下，利用数学工具，单纯从量的关系这一角度对研究对象进行考察，并以抽象的数学形式表示出研究对象的数量关系。数学方法具有高度的抽象性、严密的逻辑性、应用的普适性和表述的准确性，因而在许多科学研究领域被普遍使用。数学方法不仅为科学研究提供了定量分析与精确计算的工具，也为研究过程和研究结论提供了简洁的形式化表述语言。正因为如此，马克思认为，科学只有成功地运用数学时，才算达到了真正完善的地步。显然，一门学科如果不能用数学方法精辟地加以描述，就不可能成为精确的科学。图书馆学研究历来离不开数学方法，图书馆统计分析方法作为图书馆学研究的专门方法，就是运用数学方法的明证。此外，布拉德福文献分布定律、普赖斯文献增长指数定律等，也都是用数学形式表述的图书馆学研究成果。现在，数学方法已越来越多地在图书馆学研究中被采刚，不仅文献计量、引文分析、调查统计等继续需要应用数学方法，而且数学方法还被运用到了建立图书馆活动的模型以及探寻图书馆运行机制等方面。随着计算机在图书馆应用的增加，数学方法还将进一步普及，图书馆学研究必将向着定量化、精确化的方向迈进。

三、图书馆学研究的专门方法

专门方法是指在某一学科研究中所采用的与之相适应的特定的科学方法，它是该学科独自具有的。一门学科只要产生并且生存发展，就必然会产生自己独特的专门科学方法。因此，有无专门科学方法已成为衡量该学科发展是否成熟的重要标志之一。图书馆学也有自己独特的专门方法，但这些方法还在发展中，许多方法尚未定型，还需要研究者进一步去总结，并使之得到完善。一般认为，图书馆学研究的专门方法主要有：

（一）图书馆统计法

这是由数学方法在图书馆学研究中的具体应用而产生的一种带有图书馆学的特点的专门方法。尽管它也是一般统计方法在图书馆学研究中的应用，但由于图书馆统计有着与一般统计所不同的诸多特点，所以，人们习惯将图书馆统计法当作图书馆学研究的专门方法。通过图书馆统计，不仅可以获得图书馆活动中精确、典型、完整的数据，而且可以反映图书馆活动的规律及其内在联系。图书馆统计法通常被人们用在对图书馆文献资源建设、信息服务以及读者研究等方面。例如文献的半衰期，就是通过对读者利用某一学科文献的统计，计算出的在该学科全部被利用的文献中较新的一半距今发表的时间。

这个数据对于图书馆进行文献资源布局、开展藏书剔除工作有着特别重要的意义。类似的例子还有很多。随着图书馆自动化集成管理系统被广泛采用，使得图书馆统计更加方便和快捷，这必将促进图书馆统计法在图书馆学研究中的进一步应用。

（二）读者（用户）调查法

调查方法是科学研究、特别是社会科学研究经常使用的一种研究方法。它是在常态环境下，通过对被调查对象的询问，获取所需事实材料，再对获取的材料加以分析，最后得出某种结论的科学方法。图书馆学研究中根据一般调查方法的基本原理和程序产生的读者（用户）调查法，是图书馆学研究的专门方法之一。它包括实地调查法（面谈法）和书面调查法（问卷法）两种形式。读者调查法是图书馆了解读者、研究读者最有效的一种方法。

例如，随着数字图书馆的出现，网上阅读成为一种新的文献利用方式。一些人因此提出，在网络环境下，读者将更多地依赖网上资源，图书馆可以减少对文献的收藏。那么，这种观点对不对？北京大学信息管理系一位研究生对此作了一次读者调查，结果发现，读者最需要的图书馆服务，排在第一位的仍然是书刊的外借阅览。这就提示图书馆，目前仍然要全力做好文献资源建设工作，以保障读者的借阅需求。从这个例了可以看出，有些推理并不一定符合实际，而应用读者调查法，用实际调查的数据来说明问题可能会更准确、更有效。值得一提的是，随着网络的日益普及，利用网络进行读者调查，将使调查更加方便、快速、减少成本，还可以利用统计软件进行数据的自动分析，这也将进一步促进图书馆学研究更加广泛地应用读者调查法。

（三）移植法

科学方法的相互渗透、相互转移的一个表现形式就是科学方法在不同学科的移植，这种移植不仅推动了学科自身的发展，而且往往能够产生新的边缘学科。图书馆学，由于其诞生的历史较短，一些比较成熟的学科的理论和方法就经常被图书馆学研究者借鉴、移植到图书馆学中来。将这些理论与方法同图书馆学的具体情况相结合，就形成了图书馆学研究中的专门方法。移植法包括科学概念、原理、方法以及技术手段等的移植。目前，移植法被较多地用在普通图书馆学研究中，它对于图书馆学的体系结构、研究方法等的研究有积极的作用。此外，在应用图书馆学研究中，移植法也有特殊的作用。

（四）比较法

比较法即在一定的条件下，对相同事物的不同方面或同一性质事物的不同种类，通过比较而找出它们的共同点或差异点，以深入认识事物本质的一种科学研究方法。比较法在图书馆学研究中具有重要的作用，因而对其应

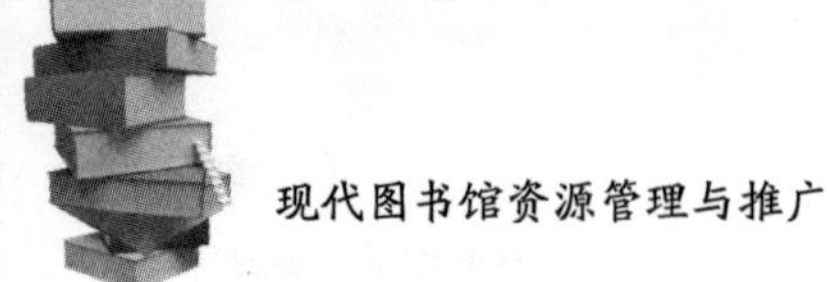

用也是比较普遍的，尤其是在专门图书馆学和比较图书馆学研究中应用得最多。比较法作为确定客观对象共同点和差异点的基本方法，是逻辑加工的初步方法。一般来说，认识事物是从区分开始，要区分就要有比较，有比较才能有鉴别。用比较法对两个国家、两个地区的图书馆事业进行分析，对同一国家不同类型图书馆进行分析，对不同时代的图书馆进行分析，可以找出不同国家、不同地区、不同类型、不同时代的图书馆之间所存在的同一性和差异性，认识各自的特点和活动规律，为发展图书馆事业提供依据。

综上所述，图书馆学的研究方法问题是一个理论性和实用性都很强的问题。现有的一些方法，各有其长处和不足，在什么情况下采用什么方法，不能一概而论。而由于图书馆学研究对象具有复杂性，综合采用多种研究方法可能会取得更好的效果。随着科学研究的发展，科学方法也会不断发展。图书馆学研究要随着图书馆学的发展，不断加强方法论的研究。而图书馆学研究方法的日臻完善，反过来又会推动图书馆学研究进一步走向深入。

第二章

现代图书馆与互联网

随着互联网（Internet）的飞速发展，互联网上的信息资源呈爆炸性增长，早期的Internet主要提供电子邮件（E-mail）、远程登录（Telnet）和文件传输（FTP）的功能，20世纪90年代初期出现WWW服务之后，使得Internet提供的服务向多元化发展。例如，获取信息，如新闻、消息、科研和教育资料等；娱乐和休闲，如联机游戏、度假指南、网上书刊等；网上购物，网上交易，如网络银行业务，股票业务等；网上交流，如专题讨论组，聊天室等。

WWW技术现在已经发展到可以进行几乎所有的互联网服务，包括收发电子邮件、上下载文件、查看新闻组、参与BBS讨论等，已成为互联网上发展得最为蓬勃的部分。需注意的是，互联网不等于WWW，互联网除了包括WWW外，还包括FFP、BBS等其他部分。事实上，利用网络形式出版和发行电子信息源的尝试，在最近几十年来从未停止过。随着Internet的兴起，特别是WWW的迅速发展，为网上信息交流提供了前所未有的动力和发展空间。如果说，18世纪以后的两次工业革命，曾经改写了人类社会的发展轨迹，而今天信息技术的发展，已经不亚于两次工业革命的伟大时代，人类也因此进入了一个崭新的信息时代。

第一节　网络信息资源的类型与特点

一、网络信息资源的类型和特点网络信息资源的含义

网络的信息包容量极大，几乎包含所有类型的信息资源。美国的计算机联机图书馆中心（Online Computer Library Center，简称OCLC）互联网资源计划小组曾将互联网加以分析，根据其分析结果显示，互联网的资源内容

五花八门，从电子图书、电子期刊到非正式的个人信件都有，除传统资源以外，还包括电子论坛、引文、公告、文献、草稿、手册、推荐信、会议录、提案、指南、气象资料、学报等数十种不同类型的资源，那么，什么是网络信息资源呢?

作为一个新的专业用语，尽管“网络信息资源”已经频繁出现，但其还没有成为一个专业术语，因此现在对它还没有一个权威性的统一定义。从字面上讲，网络信息资源一般可以被理解为“通过计算机网络可以利用的各种信息资源的总和”。这个概念实际上是随着互联网的普及而导致的网络信息资源的开发和利用的社会需要这样一个特定的背景下产生的，因此，华东师范大学信息学系的黄纯元认为它实际上是指：“通过互联网可以利用的各种信息资源”。

除了互联网以外，还有许多其他类型的网络，而这些网络上的信息资源，应当也属于网络信息资源组织的范畴之内，故将网络信息资源界定为“通过计算机网络可以利用的各种信息资源的总和”，这一概念比较能完整地说明此概念的外延。

确切地讲网络信息资源并非包含所有“投放”到互联网上的信息，而只是指其中能满足人们信息需求的那一部分。

人们通过互联网可以利用的网络信息资源是多种多样的。实际上，所有重要的人类活动的信息都已包含在内。哈里哈恩（Harley）编撰的《全球Internet网地址簿》，包含了成千上万个单独的项目，并分成了160余种不同类别，这些类别依字母顺序列出，包括农业、动物和宠物、考古、建筑、艺术、天文学、航空学、电子公告板系统、生物学、收藏、连环画、密码、经济、教育、流行与服饰、钥匙与锁等，不一而足。

互联网上信息资源包罗万象，除有大量的文本信息外，还有超文本信息、多媒体信息等。

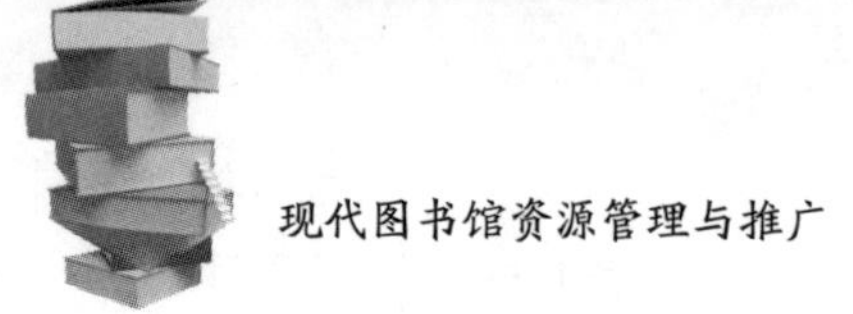

（一）网络信息资源的分类

网络信息资源按照时效性和文件组织方式进行分类。

1.网络数据库

各类网络数据库是联机存取信息资源的主体。目前，很多网络数据库都已经连入Internet，用户通过远程登录或万维网进行付费检索，如著名的Dialog、SIN、UMI、Silver Planter、CARL Home Page、Obscene、Gale等国际网络数据库系统，如在网上可以查到UN Cover数据库收录的18 000种有关自然科学和社会科学方面的期刊；而有的著名数据库亦在网上设置网页，并提供一定时间的免费检索，如Meddling Eli Village美国专利OPAL—VS等。

2.联机馆藏书目数据库

在互联网中，图书馆目录发展为OPAC（Online Public Access Catalog，即联机公共目录检索系统），使用时人们通过目标图书馆目录的URL（即Uniform Resource Locator，统一联网地址），即可以在自己的网络终端查询世界各地的大学图书馆、公共图书馆、专业图书馆的馆藏，完全冲破了以往利用图书馆的时空限制。

目前，有6000多个电子图书馆可以提供联机馆藏书目数据库，包括著名的美国国会图书馆联机目录（Library of Congress Online Catalog）、大英图书馆联机目录（British Library Catalog）、OCLC的联机联合目录World Cat数据库在内的600余所著名公共图书馆、大学图书馆及上海市文献资源共建共享协作网联合目录在内4000余个学术机构的馆藏读书数据库，通过网络对外提供服务。

3.电子图书

Internet上的电子图书越来越多，电子图书涉及的领域也越来越广泛，包括文学、艺术、科学、人文等各个领域。一些大型国内出版商，如博库、书生之家、超星图书馆、Arabia电子图书等都提供有大量的电子图书，用户通过在线浏览，可以很方便地进行阅读。国外的如Project Gutenberg最大的全文文献收藏站点之一，可用FTP方式在伊里诺大学、北卡罗来纳大学几个站点浏览旧文献；Open Book Systems（OBS）不但可以检索图书目录，而且还可以看书的全文；Online Texts（Internet Public Library）有3 700种图书，虽然不是最大的，但是收藏的质量非常出色。

4.电子期刊

网络上的电子期刊在数量上多于电子书籍，与印刷型期刊相比，电子期刊具有出版成本低、周期短，便于作者与读者之间相互交流等优点。

许多期刊出版商在出版印刷型期刊的同时，也纷纷在网上抢滩设点。英文电子期刊如《时间》（Times）、《自然》（Nature）、《科学在线》（Science Online）等都有其网络电子版；中文电子期刊如中国学术期刊、万方系统电子期刊、维普电子期刊、台湾电子期刊等；网上免费电子期刊如斯坦福大学High Wire出版社的电子期刊和美国国家航空和宇航局电子期刊网站等。

5.电子报纸

近年来，网络电子报纸也迅速增加。根据1996年5月的资料，Yahoo网址上的主题指南列举了世界上60多个国家不同语种的报纸1 500种。在我国有统一刊号的报纸2 149种，截至2017年1月1日，我国已有上万家报纸在互联网上建立了网站或网页，约占纸质报纸的50%，其中很多报纸免费向用户提供。

6.软件娱乐游戏类

目前，互联网上有多种网站提供软件免费下载、互动游戏、MP3音乐等娱乐类信息，人们在闲暇之余可以尽情地享受互联网带给人们的惊喜。如：华军软件园可提供免费下载软件；多来咪中文网为人们提供许多游戏软件、flash动画等娱乐休闲节目。

7.教育培训类信息

网上有电脑乐园、轻松英语、远程教育网、幼儿教育等培训类知识。如洪恩在线、101远程教育网都是很不错的教育培训类网站。

8.动态信息

如政府机构发出的消息、政策法规、会议消息、论文集、课题申请、研究成果、项目进展报告、产品目录、出版目录、广告等。

9.其他信息

电子邮件、BBS公告板、网页、新闻组、用户组、FTP信息资源、Telnet信息资源、USENET / Newsgroup信息资源、LISTEN / Mailing List信息资源、Gopher信息资源、WAILS信息资源等。

（二）网络信息资源的特点

网络信息资源作为一种新的信息存在形式，既有与传统文献信息类似的属性特征，如广泛性、识别性、传递性和再生性等，还具有如下新的特点。

1.不受时空限制，是一种开放性的信息资源

网络信息资源不受时空限制，可以实现跨时空、跨行业的传播。加拿大著名的传播学家麦克卢汉就预言：通过电子传播媒介的整合，地球将逐渐“部族化”，世界将变成一个村落。30年后，这一预言应验了。现在的人们，无论身在何处，通过一个电脑、一个调制解调器和一条电话线就能遍访全球，与世界各地上的各种机构、各种人进行联系。

2.数量增长迅速、内容丰富、种类繁多

随着Internet的飞速发展，互联网上的信息资源呈爆炸性增长。较高的增长率表明我国网络信息资源的发展势头十分强劲。互联网已经成为当代信息存储与传播的主要媒介之一，也是一个巨大的信息资源库，从我们对网络信息资源类型的阐述中可以看出，其内容包罗万象，种类多种多样。覆盖了不同学科、不同领域、不同地域、不同语言的信息资源。

3.结构复杂、分布广泛、形式多样

网络信息资源本身无统一的标准和规范，网络信息呈全球化分布结构，信息资源分别存储在不同国家、不同地区的服务器上，不同的服务器采取不同的操作系统及数据结构，字符界面、图形界面、菜单方式、超文本式、处

理方式等并不相同。网络信息资源在形式上，包括了文本、图像、声音、软件、数据库等，堪称多媒体、多语种、多类型信息的混合体。

4.以多媒体为内容特征

计算机硬件的发展，图像处理与压缩技术、多媒体技术的应用，网络传输速率的提高等诸多原因，使得Internet上的信息资源，具有了图、文、声并茂的特征，集报刊、广播和电视的优势于一体。网络媒体的信息传播真正做到了动静结合、声像皆备。

5.以网络为传播媒体，存储介质发生转换

传统意义上的信息源是指存储信息的载体，如纸张、报纸杂志等。而在网络时代，Internet上的信息是以“比特”的形式存储在全球大大小小的主机上，并通过现代计算机网和通信网进行传播。读者面对的是计算机屏幕上显示的来自Internet服务器上的各种信息。信息源由纸张上的文字变成磁介质上的电磁信号或光介质上的光波信息号，从模拟信号变为数字信息，使信息的存储、传递和查询更加方便。

6.网络信息的动态性和信息的高速传播性

在互联网上，信息地址、信息连接、信息内容处于经常性的变动之中，信息资源的更迭、消亡无法预测；互联网具有传播信息量大、形式多样、方便快捷、全球覆盖、自由和交互的特点。随着计算机软件的更新与性能的日益提高，用户逐渐具有了更多的主动性。人们借助互联网可以在家办公、学习、购物、阅读新闻、聊天、发电子邮件、打国际长途电话、在线影视欣赏……足不出户即可以漫游世界，与世界各地的人们交流思想，极大地丰富了人们的生活。

7.信息资源的无序性和信息价值的差异性

在互联网上，由于信息发布具有很大的自由度和随意性，缺乏必要的过滤、质量控制和管理机制，正式出版物与非正式出版物交织在一起，学术信息、商业信息以及个人信息混为一体，信息质量良莠不齐，泥沙俱下，既有商业、学术和各种实用信息，也不乏色情、暴力内容；既有国际水平的研究成果，也有难登大雅之堂的涂鸦之作和虚假信息。为用户选择、利用网络信息资源带来了不便。

在网络环境下，信息资源在其数量的巨大、分布和传播范围的广泛、信息内涵的扩大、信息类型的多样以及信息传递的快速等方面，都超出了传统的或称非网络化信息资源管理方式和技术手段所能覆盖的范围。网络环境为信息资源管理制造了空前复杂的环境，只有把技术、经济，人文手段有机结合起来，对网络信息资源进行管理，才能带来真正有序的信息空间，实现信息资源效用最大化。

网络信息服务信息时代的来临为人类社会提供了飞速发展的机遇，信息作为一种资源，已经成为上至一个国家或地区，下至普通百姓都不可缺少的需求。如今，风靡全球的国际互联网络不仅缩短了人们之间的时间、空间距离，而且影响着人们的生活方式，并将最终改变人们传播和获取信息的方式。

在数字化、网络化的21世纪，图书馆大力发展网络信息服务将是大势所趋。从20世纪90年代初开始，Internet进入了全盛的发展时期。到目前为止，Internet已经遍及世界180余个国家和地区，连接20多万个计算机网络，拥有2300余万台计算机和1.96亿用户，成为世界上最大的计算机网络。Internet发展时至今日，已不仅仅应用于军事、科教领域，它已变成一个巨大的商业贸易网、文化娱乐网、出版发行网、广告网和新闻网。Internet不但可以提供丰富的文字信息，而且还能提供生动的图形、图像、动画和音频、视频等多媒体信息，凭借着这些极其海量的信息资源，国际互联网堪称全球的信息超级市场。随着世界经济和科学技术水平的提高，网络信息传输日益朝着方便、安全、快捷和廉价的方向发展，而这正是信息用户所希望和要求的。这就意味着网络信息服务将在信息服务市场中超过传统的信息服务，占有绝对的优势。

网络信息服务的概念，信息服务是一项新兴产业，根据其发展历史，可以划分为传统信息服务和现代信息服务。传统的信息服务包括图书资料、报纸杂志、新闻广播、电影电视、音像视听和印刷出版等；现代信息服务一般是指以计算机为核心所进行的信息处理服务和以数据库形式提供的信息服务。现代信息服务也可称为电子信息服务，包括电子数据处理、交换、查询、传输、数据库联机服务、信息系统集成服务等。

网络信息服务是现代信息服务的高级形式，它是现代信息服务机构通过国际互联网络所进行的一切与信息有关的服务活动的总称，其中包括传统信息服务在网络上的应用和拓展。主要是指在网络上从事的信息获取、存储、处理、传递及提供利用等服务工作。

网络信息服务，主要是指在计算机网络即互联网上开展的信息服务。而且图书馆所要进行的网络信息服务，也主要是依托于计算机国际互联网。从网络信息资源开发利用的角度将网络信息服务界定为：针对用户的信息需求，以现代信息技术为手段，依托计算机通信网络，向用户提供原始信息以及经加工整理的有效信息、知识与智能的活动。

二、现代图书馆网络信息服务类型

网络信息服务，是图书馆通过国际互联网络向用户提供各种各样的服务。是图书馆通过网络提供给用户的信息服务类型，换句话说，也是用户通过互联网所能使用的图书馆信息服务的类型.

（一）服务类型

1.WWW服务

World Wide Web简称WWW或Web，中文称万维网，它是世界范围的信息网络。WWW采用超文本（Hypertext）、超媒体（Hypermedia）技术，集网上文字、图像、声音、动画等多媒体信息为一体，以直观的图形界面向用户提供网络信息。WWW代表着互联网信息资源的主流，是互联网的宠儿。利用Web浏览器，通过超级链接（hype dink）和统一资源定位器（Uniform

Resource Locator—URL）可以方便地从一个服务器跳到另一个服务器，从一个文件跳到另一个文件，从一个网页跳到另一个网页，简单、快速地浏览、查找并获取遍布全球的WWW信息资源。而且利用Web浏览器还可以轻松地访问Usenet、FTP、Gopher、WAIST等许多其他类型的网络资源。因此，WWW信息资源是互联网上最主要、最常见、最为广泛的信息服务类型，也是当前各类图书馆网络信息服务的主要类型。

图书馆WWW类型的信息服务，目前主要的形式有：检索查询（包括在线书目查询、期刊目次查询、文献检索、数据库检索、用户状况查询、国际联机检索、光盘检索等）、在线图书馆、网上教学、网络导航、交互信息（图书馆公告、图书馆人才招聘广告、网上问卷调查、读者留言、常见问题（FAQ）解答以及传统信息服务的Web形式（馆藏查询、预约、续借、新书通报和新书评介）和定题服务、参考咨询、原文传递等。

2.在线流通服务

OPAC即在线公共查询目录。用户通过网络，可在任何地方对提供OPAC服务的文献信息机构的文献信息进行远程检索，有WWW和TELNET两种方式。在馆藏检索的基础上，还可以通过联机的方式办理预约、借阅、续借等手续，实现馆藏的流通服务。

3.文献传递服务

网络的出现向用户提供了一种快速、便捷、高效、廉价的现代通信手段。当用户需要索取文献信息时，只需向图书馆发一封电子邮件就可获得相应的服务。图书馆接收到电子请求后，将各种文献信息以数字形式通过网络传递给用户。网络信息传递不但可实现一对一通信，也可以进行一对多的传递。传递的内容不再局限于物理馆藏中所收藏的文献资料，也并不限于传统的馆际共享的文献资料，全球网络资源中的各类信息都将成为传递的内容。

4.检索查询服务

随着人们信息素养的不断提高，信息检索技能有了很大的进步，但是网络信息资源纷繁复杂，信息流量巨大并且流速不断加快，这给人们查检信息带来了一定的困难。因而需要有经验的图书馆工作人员提供专门的检索服务。如为用户开展各类数据库系统的信息检索，通过本部门内部光盘局域网为信息用户提供光盘数据库检索服务等。

5.在线图书馆服务

有许多图书馆已购买了电子书刊，另外互联网上也有许多免费的电子书刊供读者阅读。读者可以安坐家中享受图书馆或互联网带给自己的乐趣，领略到不同书刊的风采。

6.网上教学服务

现代图书馆要想得到更大的发展，吸引更多的用户利用其网络信息资源，就必须开展各种形式的读者教育和培训，让读者了解、认识图书馆所能提供的各种信息服务，同时向用户介绍网络数据库、检索系统、检索工具的使用方法，检索网络信息资源的途径以及选择、评价网络信息资源的常用手段，以增强读者的信息意识，培养读者的信息素养。也可开设网上课堂，电子教程下载、在线讲座和热点问题讨论等网络化的培训服务。

7.远程咨询服务

远程咨询将成为网络时代图书馆一项重要的服务内容。采用这种服务方式，工作人员可以与读者在网上互相交流，通过网络为读者提供咨询、信息反馈等。目前已有不少部门开始提供这项服务。如杭州图书馆开通的远程咨询服务，内容包括馆藏书目查询、文献参考咨询、古文献咨询及旅游、城建、科技等方面的信息服务，由馆内十位工作人员组成“版主”，用户只需直接将问题发“帖子”给“版主”，24小时之内就可得到答复。

8.网络导航服务

由专门机构利用网上现有搜索引擎，把与某一主题相关的站点进行集中，然后把这些资源分布情况提供给读者，指引读者检索。按照这种思想建立起来的信息服务系统就是专业信息资源导航库或指引库。专业信息资源导航库或指引库是较深层次的对网络资源搜索并有序化组织的信息产品。

国家科技图书文献中心的网络信息导航为用户提供国内外主要科技机构和科技信息机构的网站介绍及导航，广泛搜集、整理了有代表性的研究机构、大学、学会、协会以及公司的网站资源，并对这些网站进行了有组织的揭示，目的在于帮助用户从总体上把握各学科领域科技机构和科技信息机构的发展现状、资源特色和获取途径。

在这些服务的基础上，图书馆还应该开拓新的WWW服务项目。比如Web检索（包括检索Web网址和图书馆网站内部的检索）、虚拟展馆、主页空间提供、多媒体资源以及软件下载、主页制作等服务。主页空间提供，是目前很多著名专业网站的免费服务项目，比较成功的有网易信息港263。这是吸引用户、保持一个稳固的用户群的有效方式，图书馆完全有实力开展好这项服务。多媒体资源服务，主要是指音频、视频资源的介绍、在线收听音频或者视频点播以及下载服务；图书馆不必像其他专门进行多媒体服务的网站一样，去大量地收集音乐和影视资源，而是可以收藏和提供有特色的多媒体资源服务，比如科教片、纪录片、历史片等，如上海图书馆的戏曲资源和伟人之声等。软件下载，也要有图书馆的特色，主要是各种与学习、科研等有关的工具型软件。其他的新型WWW服务形式还有很多，这需要我们在实践中去不断地拓展。

9.FTP服务

FTP（File Transfer Protocol，文件传输协议）是Internet上使用非常广泛的一种通信协议。它是由支持Internet文件传输的各种规则所组成的集合，这些规则使Internet用户可以把文件从一个主机复制到另一个主机上，因而为用户提供了极大的方便和收益。和其他Internet服务一样，也是采用客户服务器方式。在Internet成千上万的主机中存储着无以计数的文件，这些文件包含了各种各样的信息、数据和软件。人们只要知道特定信息资源的主机地址，就可以用匿名FFP登录获取所需的信息资料。图书馆在网络信息服务中开通NP

服务，是方便读者也方便自己管理的很好类型。图书馆的系统可以要求用户将Email地址作为口令，这样便能更好地对访问进行跟踪。主机可以只允许远程用户下载（download）文件，而不允许上载（upload）文件。另外，FTP主机还可采用其他一些保护措施以保护自己。

10.Email服务

Email（Electronic Mail，电子邮件）是Internet上的另外一种重要的信息服务方式。它为世界各地的Internet用户提供了一种极为快速、简单和经济的通信方法。与常规信函相比，Email非常迅速，而且Email使用非常方便，即时性特别强。与电话相比，Email的使用是非常经济的，传输几乎是免费的。正是由于这些优点，Internet上数以亿计的用户都有自己的Email地址，Email成为目前利用率最高的Internet应用。

图书馆既然要广泛地开展网络信息服务，开通Email服务是理所当然的一项举措。但图书馆不能像其他的网站一样，提供免费Email账号，因为这样既无必要，也不经济。所以，图书馆要开通的是收费Email服务，用户每年或一次性地缴纳一定的费用，就可以拥有图书馆专门为他提供的电子邮箱。用户还可以通过这个邮箱接受图书馆的电子期刊、电子文献和各类信息等。

11.网络论坛

网络论坛是一种最丰富，最自由、最具开放性的网络信息资源。它是互联网上最受欢迎的信息交流形式，主要包括：新闻组（Usenet）、电子论坛（Mailing List）、电子公告（BBS）、专题讨论组（discussion Group）等。

12.新闻组（Usenet）

新闻组（Usenet Newsgroups）是一个巨大的信息集合，它按类别细分成许多小组，每个小组集中了对某类信息感兴趣的人们，大家在一起互相交流、讨论共同关心的话题，在此既可以向人请教，也可以解答他人的问题。当遇到困难要寻求帮助时，只要在相关的小组中发布求援信息，就会有热心的高手为你排忧解难。

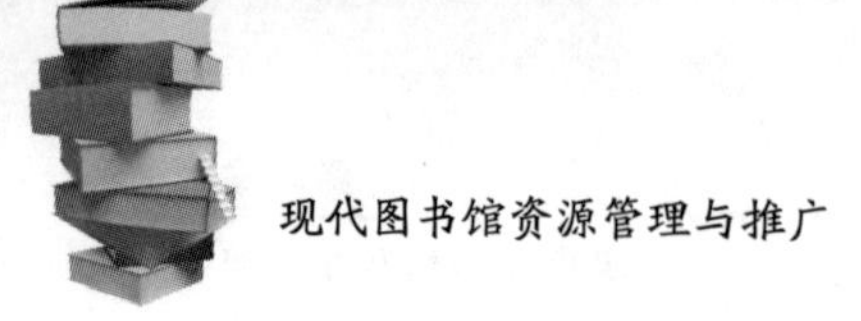

13.电子论坛

电子论坛（Mailing List）是一组成员的Email地址，又称电子邮件列表或电子邮件群。利用电子论坛，许多兴趣相同的人可以进行互相交流。一旦加入了某个电子论坛，就可以收到邮件群的其他成员发送的信息，也可以向该论坛发送信息，再由Listener将邮件转发给组内的其他成员。

新闻组与电子论坛的区别：新闻组的用户是主动地从新闻服务器上读取信息，参与讨论；而电子论坛的用户是被动地从邮箱中接收电子邮件。另外，新闻组要使用新闻阅读器来读取新闻邮件和发布新闻；电子论坛可用任何一种电子邮件程序来阅读新闻邮件和发送邮件。

14.电子公告（BBS）

电子公告（Bulletin Board Service—BBS）用于发布通知和消息，提供多种信息服务，诸如发布气象信息、公益服务信息、校园信息i法律咨询、商业信息等。在互联网上既有免费的公共BBS站，也有收费的商业性BBS站；既有面向本地用户服务的，也有面向全世界用户服务的。在BBS站上，用户拥有个人账号，既可以浏览他人发布的信息，也可以公布自己的信息；既可以向别人提出问题，也可以解答他人的提问；还可以参加BBS站的在线讨论。总之，BBS站的功能十分强大。

各种网络论坛的功能相似，其本质就是电子邮件功能的进一步扩展，它使人们能够更便捷地进行多向交流。在这里可以与世界各地的相关领域的专家、学者直接交流讨论，开阔眼界，更新知识，求教问题，发表见解，这是研究人员获取学术信息的一个重要渠道。

15.其他类型服务

除了上面四种Internet上应用最为广泛的服务类型外，不同图书馆还可以根据自己的实力以及用户的需求，提供诸如Gopher、WAILS、Archie、Whops、Newsgroup、Usenet、Finger等类型的服务。

三、现代图书馆网络信息服务模式

信息高速公路的出现，网络信息资源的出现，彻底摧毁了“田园式”的传统图书馆模式，也给图书馆的自下而上发展空间带来了新的契机。在知识经济时代，社会生产对知识的需求越来越强烈，传统的图书馆服务方式受到严重冲击，促使传统的机制、运作在发生根本性的变化，与此同时，新型服务模式的雏形也已出现。图书馆服务工作从满足书刊代阅的文献需求为主，转移到以满足知识信息需求为主、以知识开发服务为主要功能的模式。网络环境下图书馆服务形成了新模式。

（一）信息服务模式

1.开放型服务模式

图书馆开始突破围墙，跳出固定场所，主动接触社会，摆脱了传统文献处理的限制，在信息的采集、加工、组织、服务方面，面向网络环境，以新的方式组织、控制、选择、传播信息建立了辐射型的开放服务系统。例如，国家图书馆利用网络环境和设施，扩大读者范围和领域，在电子阅览室开展各项网络信息服务，每天上网浏览图书的读者已达50万～60万人次，是每天来馆读书的读者的几十倍。

2.有偿服务与无偿服务相结合

在市场经济条件下，图书馆为了更好地为社会服务，满足读者的信息需求，在完成公益性服务的同时，开展各种类型的有偿信息服务，已经得到社会和读者的认可。这样做不仅可以弥补国家投资的不足，也可以促使图书馆有自我生存的自身发展能力。

3.主动型服务

面对社会的信息需求，图书馆的服务已经开始走出图书馆，面向社会、面向需求、上门服务。在做好阵地服务的同时，图书馆员主动与用户联系，了解需求，采用新的服务方式，主动为读者服务。例如，国家图书馆、上海图书馆、广东中山图书馆的剪报中心，主动与大中型企业联系，了解信息需求，编辑专题剪报，提供信息服务，收到较好社会效益和经济效益。清华大学图书馆，聘用专业人员为学科馆员，提高信息资源建设和信息服务质量，主动为教学科研服务。

4.针对型服务

随着社会的发展，信息社会的建立，图书馆开始冲破传统服务模式，紧密地配合社会需求，提供特色服务，有针对性的服务，不断提高读者的满意率。例如，国家图书馆强化为政府立法决策服务，在近几年的“两会”期间，二十四小时全方位服务。近期与国家机关和各部委图书馆联系，提供各种信息服务，主动提供政策法规方面的专题咨询服务。上海图书馆主动向政府机关定期提供城市建设、市场发展等宏观决策性信息。浙江图书馆针对本省的经济发展，主动为大型企业服务，提供信息咨询服务。

5.多样型服务

现代图书馆以用户为中心，需要什么就提供什么，摆脱传统的服务方式，摒弃单个、重复、被动、琐碎的手工服务。把服务模式从“单纯服务型”转变把服务推向市场，开展信息的深加工，如代查、代检索、代翻译、代办手续、代复制、联机检索、光盘检索、联机目录查询、网上专题信息服务等。提供信息资源的范围和载体更广泛。图书馆从文献资料的收藏者和提供者，转变为信息产品的生产者、开发者和提供者。例如，天津图书馆、东城区图书馆实行的会员制借阅方式，国家图书馆为政府机关、重点大学送信息上门等。

6.知识密集型劳动

信息社会需要信息的深层次加工，图书馆开始从以文献单元的加工，深入到以知识单元为主的加工，图书馆的服务工作已经从借借还还的服务，转移到多层次信息咨询服务，有更多的工作人员从事信息的组织，直接参与市场，成为信息技术的中介，在信息服务的每一个环节增加智力投入。产生了新型的图书馆信息服务人员，被称为“网上信息员”、“网上导航员”、

“网上冲浪员”。例如，国家图书馆的信息服务人员在网上提供各种类型的文献信息，为各种专业网络公司提供专题信息。信息服务人员已经从简单的劳动，转向智力型劳动。

7.产业型服务机构

随着市场经济的发展，原有的公共图书馆、专业图书馆、学校图书馆等机构从单纯公益型向以公益型为主、经营型为辅的服务机构转变。新型的信息服务机构中，以生产和经营信息产品为主，出现以经营型为主的服务机构。例如，中国科技信息所的万方数据公司、深圳图书馆集成软件公司等。

（二）网络信息服务的特点

网络环境的形成和发展，使图书馆的信息服务增添了网络这种形式。与传统的图书馆信息服务相比，网络信息服务在信息资源的形式、信息载体、信息服务方式和服务对象等几个方面都发生了根本性的变化：信息资源由印刷型变成了电子型；信息载体由纸张变成了各种磁性介质；传统的信息服务是在规定时间内的“人—人”方式，而在网络环境下则是24小时全天候的“人—机”方式；服务的对象由原来的固定范围扩大到了所有的互联网用户。

（三）图书馆网络的特性

1.时间上的及时性

无论是信息的检索、请求和获取，网络信息服务都实现了传统信息服务所不能相比的快捷和及时。用户的信息需求可以在最短的时间里得到最大的满足，比如，用户想要马上查阅一篇文章或者文献，想要知道正在进行的一场比赛的赛况，想要了解正在召开的国际会议或谈判的进展，想要掌握股市行情等，都可以通过网络上的信息服务和实时报道来获得。因此，用户不必等到图书馆开馆或者证券交易所开市，不必再去等明天的报纸报道或者广播、电视里的整点新闻。

2.空间上的方便性

通过网络信息服务，用户可以在家里或者办公室随时获取自己需要的信息，而不必亲自跑到图书馆、书店或者报刊亭去查阅或者购买；同时还节省了检索和挑选过程中所要花费的时间。而且，在接受网络信息服务的时候，并不影响其他工作或者活动，比如打电话、听音乐甚至写报告等。

3.提高了信息资源的利用率和需求满足率

前面两项特点是相对于信息用户而言，对于服务的提供者来说，网络信息服务则提高了信息资源的利用率和需求满足率，扩大了信息服务面。因为网络信息资源绝大多数都不存在数量上的限制，而图书馆馆藏的书籍最多不过三四个副本，销售的图书、期刊和报纸都有脱销的情况，特别是那些正当热门和畅销的信息产品，更是可以使需要者“踏破铁鞋无觅处”。而网络上的信息，无论提供给多少用户，都不会有任何的减少。当然，这里还涉及版权和拷贝的问题，图书馆在做到信息服务合法化的同时，还要加强自身网络信息服务的安全控制。

4.促进了信息资源的共建与共享

在没有网络的情况下，信息资源的共建与共享是多么困难。对图书馆而言，不仅要耗费更多的人力、物力和资金，而且还要受交通、通信以及种种人为因素的制约。对读者和用户而言，则需要较长时间的耐心等待，或者不断奔波于不同的图书馆之间。在网络信息服务条件下，信息资源的共建与共享都迈上了新的台阶，各项建设项目都广泛地开展起来。从中国科学院、北京大学和清华大学三家图书馆的APT LIN、国家科委的“金图工程”，到教育部的CALIS，科技部的“国家科技信息资源网络服务系统”，都是在开展网络信息服务的基础上进行的，其最终目的也是为了加强网络信息服务。

四、网络信息服务的发展趋势

信息的无序性和用户需求的多样性将是未来图书馆不得不面对的主要问题。面对纷繁复杂的网络信息，图书馆的重心将转向为图书馆用户提供更完善的服务，更有针对性地满足用户的需求。

（一）个性化图书馆

信息用户的个体需求存在很大的差异，在张扬个性的现代社会，人们希望不再受限于标准化或“套餐式”的服务方式，而是可以随时组合各种不同的服务模式满足自己特定的需要。这就使网络信息服务必须个性化。

从一定程度上来说，个性化图书馆的核心就是个性化服务。个性化服务的开展是建立在充分掌握用户信息的基础之上的。个人图书馆集成了用户的所有信息，实际上是一个个人主页，主要分为两大功能模块：图书馆服务模块，个人信息模块。用户可以根据自己的需要，对两大功能模块进行操作，选择（删除）自己需要（不需要）的服务项目。

同时用户还可根据自己的喜好对页面显示的风格、色调进行选择，从而形成友好的个性化界面。

（二）交互式网上咨询系统

随着互联网的普及，图书馆接受咨询问题与解答咨询问题的方式从面对面的传统咨询方式扩展到网上的咨询服务。

网络咨询不外乎两种方式：一是提交表单方式。即用户将问题以电子表单的方式提交给图书馆工作人员，图书馆工作人员将问题的解答以电子邮件的方式发送到用户的邮箱中，从而完成一次咨询。这种方式的最大缺点就是时效性差，不一定能在第一时间内解决用户的问题。同时，用户不一定能在一次咨询过程中得到问题的完美答案，从而形成二次咨询、三次咨询，浪费用户的时间与精力。第二种方式就是实时咨询，即用户与图书馆工作员进行实时交流，解答问题。一般的模式是：用户向图书馆工作人员提出咨询请求，管理员接受用户的请求，双方通过即时通信软件或在聊天室内进行对话，直至解决用户的问题。如上海交通大学图书馆参考咨询部目前就采用了OICQ为校内外用户提供多样化服务。美国的OHIO和NOLC地区图书馆也采用下这类即时通信软件为用户提供服务。这种方式时效性好，但对图书馆工作人员的素质要求较高。

（三）最新信息通报

系统在特定的时间内为用户提供最新信息通报，如新书到馆、图书超期或者是用户需要的最新网络信息，以手机短信或Email的方式发给用户，从而达到节约用户时间的目的。

（四）集成化的信息服务

在信息爆炸的当今社会，那些单一的、零散的信息内容已经不再引起人们的关注，只有把诸多分散的信息资源最大限度地深层加工、归纳、整理，使之有序化、浓缩化、精细化、专业化，成为一个信息集合体，这样才能体现出信息的真正价值，才能真正符合信息用户的需求。除了对信息资源内容的集成化需求之外，信息用户对信息类型和信息媒体也存在多样化的需求，如对信息类型的需求已不仅仅局限于文字型信息，数值型、图像型、视频型、软件型等各类信息也都受到各种类型用户的青睐。因此，集成化将是现代图书馆提供信息服务的一种重要模式。

（五）丰富的服务内容

丰富的网络信息资源使现代图书馆拥有了越来越多新的服务内容，如网络信息的程序与咨询、网络信息的检索与传递、数据库的加工与网络产品的制作、用户网络知识教育与培训等。通过这些全新的服务内容，图书馆找到了自己新的生存空间。随着网络技术、计算机技术等高新技术的不断发展，信息服务的内容将发生更大的变化，将给现代图书馆带来更大的生机。

（六）网络化的服务方式

网络技术、计算机技术等高新技术的不断发展，使图书馆被动的服务方式显得不合时宜，网络信息的服务应是开放性的、电子化的。用户在任何地方，用任何一台电脑联上网络就可通过联系表单向服务部门表述自己的需求。同时服务费用的结算方式也将从传统的汇款、当面付款方式转变为在线直接支付。用户只需使用信用卡，通过网上银行就可完成交费过程。

网络信息资源的不断增长，现代图书馆的服务内容也日趋增加，服务方式也在不断改变。不论采用哪种服务方式，目的只有一个，尽可能多地为用户提供信息服务，尽可能多地节约用户的时间，实现图书馆资源与服务的最大价值，从而达到图书馆与用户的双赢。

第二节 网络信息服务的特点与趋势

现代图书馆是随着计算机技术和通信技术的应用，在实现文献资源共建共享的时代潮流中出现的，是信息时代的产物。它广泛采用计算机、数据库技术和网络通信等现代信息 技术，装备了大批声、光、视、像、计算机通信等信息设备，并应用现代化技术设备和手段及先进的管理方法，对文献信息资源进行存档、检索和传递，做到快速、便捷地为用户提供服务，从而使传统图书馆的手工文献加工和传递步入了计算机网络环境下的网络化信息服务因此，这就要求图书馆应根据网络化信息服务的特点，以用户为中心，来调整和转移工作重点，从而进一步进行一系列系统的网络化信息服务的创新。

由于全球网络化的迅速发展，特别是因特网的出现，图书馆开始在文献库和数据库的基础上向思想库发展，数字化的信息服务将是现代图书馆的主要潮流。

在我国经济振兴时期到来之时，图书馆则应担负起重要的责任。图书馆要向社会提供高质量、高效率、高信用的服务。使图书馆既是社会文化中心，更应是知识和信息资料的开发和传播中心。

一、数字化信息服务是社会变革的必然趋势

众所周知，读者服务一直是馆藏资料与读者之间的重要桥梁。“读者”

的概念，已经被时代赋予了全新的意义界定；“知识经济”的特征已经宣告了“数字化信息”的商业性价值；数字化信息服务的质量及其效率已经在客观上成为效益产生的竞争成败的唯一标准……这些发展趋势及其正在变动中的客观现实，迫使我们必须将坐等式的被动型“答问”，转变成主动提供信息资源的服务方式；将纯粹的公益性服务，分化成兼具公益性和商业性的有机结合，将网络性资源共享的绝对投入，转化为信息资源开发利用的有偿服务（如代查、代借、代复制、定向、定题、定期汇集、情报调研、科技查新、信息中介等等）。逐步将“数字化信息服务”纳入市场经济的良性循环之中。

目前，对于图书馆来讲，信息服务质量、信息服务速度为新的价值标准。如果我们不清醒地认识到这一发展趋势，死抱着传统观念不放，不及早在“信息服务”的质量和效率上做文章，那么，即使拥有再多的藏书量，“信息服务”的效率和质量低劣，那就不可避免地要在萎缩蜕化的恶性循环中走向消亡。21世纪图书馆的信息服务，将使数字化信息在馆内外、国内外流通，实现读者服务和办公自动化；另一方面使读者端坐馆内，可以及时获得全球性的情报信息和各种数据库中的最新资料。展望未来图书馆的发展趋向，就是要认真研究文献信息服务的新模式，针对图书馆事业步入21世纪有着重要的意义。

（一）数字化的信息服务的概念

数字化的信息服务就是对有高度价值的图像、文本、语音、音响、影像、影视、软件和科学数据等多媒体信息进行收集，进行规范性的加工，进行高质量保存和管理，实施知识增值，并提供在广域网上高速横向、跨库。取得连接的电子存取服务。同时，它还包括知识产权存取权限，数据安全管理等。

（二）数字化信息服务工作的特征

数字化信息服务工作是高层次的图书馆工作，它是以文献中的信息为工作对象，结合特定用户的需求，以信息开发为手段，对信息进行分析、综合、浓缩、转换与创新等一系列工作的总称。由于数字化信息资源的出现，21世纪文献信息服务将朝着网络化和现代化方向发展，这就要求我们在做好传统文献服务的同时尽快实现数字化，努力开展各种各样的网络信息服务。

1.在业务工作中实行网络化

这样可节约成本，减少人力，并能实现资源共享。通过网络开展大范围的联合编目，在参考咨询系统，允许读者联机访问并随时获得咨询服务。

2.把信息资源数字化

将馆藏文献资源、电子出版物、特色数据库等以数字化形式发布到网上，成为Internet信息网络资源的一部分。再则是把网络信息馆藏化。利用图书情报人员的自身专业的优势，掌握获取网络信息的方法，以此辨别和筛选网上信息，为读者当导航员。

3.在信息服务过程中要注意个性化

信息服务就是通过对底层的信息源加工、整理获取顶层的知识，针对不同的要求得出不同的知识。这就要求必须了解用户的信息要求，提供给用户的不仅仅是信息，而是从信息中提炼出的知识。

4.信息存储自由化

目前，计算机的网络化和网络通信技术的迅猛发展，已经为此奠定了基础，“在随心所欲的地点，随心所欲的时间，获得随心所欲的信息”已不是遥远的事了。预计未来的图书馆大概将成为网上信息服务中心，这也是图书馆发展的必然趋势。图书馆利用网上资源来服务于广大用户。

二、服务模式的转变

由传统的文献信息服务模式向数字化的信息服务模式转变。

由于电子出版物的大量涌现，图书馆的文献信息资源从单一的纸质载体向网络介质等为载体的新型载体文献信息资源与传统文献信息源相并存的模式发展。除了有明确载体的信息资源外，还有许多通过网络可以获得的“虚拟馆藏”。为此，图书馆传统意义上的藏书建设观念将从一个有限的物理实体转移到对网络乃至全球信息资源的收集开发和利用上来。图书馆这种馆藏模式的巨大变迁，必然导致数字化文献信息服务工作的革命性变化。同时图书馆的服务对象和用户需求都将发生很大的变化，服务内容、服务手段、服务方式也相应发生变化，这就要求我们在做好传统的文献信息服务的同时，努力开创各种各样的数字化信息服务，把信息数字化服务的工作纳入到今后一切工作的重要日程中来。

（一）数字化信息服务是一种深层次信息服务

随着信息技术和计算机技术的不断发展，以计算机技术为技术手段，以网络化和社会化为格局的工作体系，才是未来社会图书馆深层次服务的基本趋势。信息社会的用户可以通过信息网络查寻最新、最广、最准确的信息，掌握科技动态，创造新知识，从而推动社会更快进步。作为人类知识宝库和文献信息中心的图书馆，在信息经济的发展中将会起到举足轻重的作用。经济建设与发展有赖于教育和科技的进步，而教育与科技的进步又有赖于各种信息资源，各级、各类图书馆对知识的信息的收集、整理、加工和传播，能直接或间接地对教育和科技进步产生积极的影响。

图书馆的工作要随着社会的变化而变化。21世纪是数字化信息大发展的社会，图书馆开展文献信息服务，也将转变方式、方法。数字化信息服务则是它的服务方式。而方法则要求在开发信息新产品时应该以质取胜，创立信息新产品名牌，必须对用户需求进行调研，抓住信息消费者的需求，千方百计提高信息新产品的质量，增大信息的附加值，使信息新产品具备真实性、准确性、针对性、适用性和时效性。要创造文献信息新产品名牌，仅靠传统的文献综述以及一般信息资料的提供是不行的，图书馆必须对信息资料进行深加工，建设专题与特色文献数据库。由于图书馆收藏的文献数量庞大，任何一个图书馆都无力也没有必要将所有馆藏文献数字化。同时，为了减少网上信息的重复和避免撞车，与其他图书馆相同的文献就不必加工上网，以防止信息过载，给读者带来不便。当前，应在国家的宏观调控下，将研究级和特色化、地方化的专题文献转换为全文数据库，成为信息文化产品，供广大读者共用共享。作为高校图书馆更应发挥自身的优势，联合各院、系的专业力量，在资料室的协助下，建设有社会效益和文化保存价值的专题数据库。

（二）数字化信息服务是一种有序的知识服务

在信息社会中，各级、各类图书馆的工作都建立在全新的技术基础上，把应用电子计算机技术作为一项重要的信息程序和开发手段。由于图书馆工作现代化，图书馆的信息资源的共享和开发程序将会大幅度提高。目前，图书情报界正在进行的数字图书馆工程及大规模的数据库建设，都将使知识信息的有序化加强，传递速度加快，从而更好地服务于知识经济的发展。我国图书馆文献数据库与网络的快速建设，并同因特网联通对知识经济和社会发展将产生不可估量的影响。图书情报界为更好迎接新网络的到来，各馆必须十分重视网络数据库的开发的利用，尽快将本馆有特色的馆藏数字化，将其变成网上数据库，将馆藏文献变成网上竞争的重要资源。形成数字化信息资源，为全社会提供数字化信息资源，并用统一标准的方法进行有序化处理，这是一项非常大的工程，需要全社会各界的共同参与，包括计算机界、通信界、出版界、图书馆界、标准界、法律界等，群策群力，共同研究，为我国知识经济发展的需要提供专、深、精、准的信息。

首先要在工作流程上实行计算机化。为了给读者提供广、快、精、准的高效优质服务，图书馆对编目、流通、记者采访、期刊管理、参考咨询等日常业务工作要全部实行计算机化，以创造良好的内部与外部联机服务环境。例如，利用图书馆信息网络实行联合、集中、统一编目，可提高编目的及时性和准确性，避免重复劳动，共享编目成果。又如，查询实行计算机网络化和利用光盘后，读者只需十几秒钟即可阅读原文，需要时还可打印，大大节省查询时间。另外还可开展信息服务跟踪定题化服务，在网络上开展信息定题跟踪服务。选定重点研究课题，针对本馆读者需求，分课题、专业、可以读者代读代查，定期或根据需求随时将最新信息在网上传输给用户，自始至终提供定题跟踪服务；同时开展信息调研服务。主动参与科研项目，根据某些较大的课题进展情况，进行课题检索，提供有关资料、科技成果查新，国内外商情调研。有目的地深入调查、研究，开展特色服务，为有关信息用户提供特色服务。充分利用馆藏和网上优势，多提供综述、述评、研究报告等深层次的三次文献。如开展硕士、博士生导师课题跟踪服务，及时、准确、广泛地提供各种参考咨询，促进其多出成果、快出成果。

三、现代图书馆的基本模型

现代图书馆实现网络化信息服务是以新型信息载体和机读介质和多媒体介质及由计算机和信息网络组成的计算机系统为特征的现代化网络信息服务方式，它需要必要的条件支持，需要由综合各种系统的现代信息技术、网络基础设施和信息资源等构成。即由用户终端、数据库管理资源服务系统、网络通信系统、信息资源等四大部分组成，这里称之为现代图书馆的基本模型。

（一）用户终端

读者要通过用户终端，包括各种类型的个人计算机和工作站来使用图书馆的资源。因此必须具备友好的用户界面，屏幕设置清晰、明了、美现。用户访问资源时，可以使用命令语言或菜单等方式直接进行操作，易学易懂，使用方便。用户还可以通过终端，请求专家咨询和帮助服务。

（二）数据库管理和资源服务系统

该系统由办公自动化系统、联机目录系统、图书馆流通管理系统、磁盘信息存贮和检索系统、光盘数据库系统、全文数据库及传递系统、专家咨询帮助系统、连接外部信息系统等八个子系统构成。用户通过数据库管理和资源服务系统使用图书馆内外的信息资源，这是现代图书馆最关键的部分，几乎全部的业务活动都由该系统完成，其他包括信息存贮、处理、查询、检索、传送、流通以及日常事务处理等。

（三）图书情报网络通信系统

网络和通信系统是现代图书馆的重要基础，现代通信技术是情报信息传播的主要手段。它包括外部网和内部网两大部分，外部网指地区网、国家网、国际网、电子邮政等，内部网包括各种区域网、校园网和馆内终端等，用户通过图书馆的（通信服务器和单位较园）网络的工作站，与城市、地区、国家和国际的网络连接，还可以进行一般的业务通信，如电子邮政和访问所需的信息数据库。图书馆的有关专家将提供指导并起协调和咨询作用。

（四）信息资源

现代图书馆存在三种信息资源。

1.外部信息源

包括外界电子图书馆、信息中心、电子杂志中心和电子出版物数据库的源，各种联机书目数据库，如oar、run以及远程网数据库等。

2.本单位信息源

包括本单位收藏和开发的电子信息资源，本单位计算中心信息资源，下属单位升发的专门信息源，本单位提供给外部的信息服务如光盘、磁盘数据库等。

3.传统图书馆的印刷型材料

包括印刷型的图书、杂志、各种缩微资料、各种视听资料等。数据库管理和资源服务系统可以通过网络通信系统去访问内部资源，也可以不通过 网络系统，直接去访问内部信息源。

上述基本模型，概括起来说它是由信息输入输出、信息的控制与加工处理、信息的传输与信息源四大部分组成。

四、网络化信息服务的特点

伴随着现代信息技术和远程通信技术的快速发展，特别是国际互联网在全球的普及以及图书馆自动化和网络化的完善，人们将更多地通过网络进行信息交流、获取。现代图书馆将一改过去单一文献信息服务的传统模式，采用信息时代的网络化信息服务新模式，边行全球范围信息、资源的网上共享。网络化信息服务呈以下四个特点。

（一）信息服务的集成化

1.信息服务集成化的表现

（1）提供服务的网络化信息资源的全面性、丰富性：如CEUITC（中经网）能将国内外主要的信息机构和媒体的信息了如指掌，它所提供的经济信息包含了新闻、专家分析、统计数据、行情、供求、项目机会、新技术新产品、新政策等。

（2）能满足用户对信息类型和信息媒体多样化的需求：如，CHIHMNFO系统能提供包括文字型、数据值型、图像/视频型、音频型、软件型等各种数据库，数据库的载体也丰富多样，有联机通信型，网络 版CD-ROM，磁盘等。

2.信息服务的一体化

对于信息用户而言，最理想的服务是能够集咨询功能、文献检索功能和文献提供功能于一体。目前，这种一体化的信息服务即使在现代化的图书馆中也只能得到部分实现，但网络化的信息服务却把它作为普遍追求的一种服务模式。它包括提供最直观和最直接的全文信息浏览、数据文件下载、信息传递和专门信息咨询；还包括信息发送、网页制作、网络服务。对信息服务提供者而言，之所以能提供一体化的服务，除了技术实现外，还在于建立一体化的网络信息体系，其中包括覆盖面广的信息采集体系，高速运转的信息处理体系和层次丰富的市场营销体系

3.信息服务的社会化

信息服务产业化，一般认为，信息服务业是向社会提供信息、知识与智能的行业集合。用户信息需求的社会化，网络环境中信息交流日益广泛，特定部门和图书馆信息服务的传统模式愈来愈难以满足用户升放化的信息需求，致使用户从面向部门的信息需求向面向社会的信息需求模式转变。此

外，信息资源的网络组织和技术发展，提供了用户升放化信息需求的客观 环境，也加速了用户信息需求的社会化的进程。

4.信息服务的个人化

信息服务个人化与社会化并不矛盾，社会化是指服务领域的高度拓展，个人化是指用户服务的针对性，信息服务个人化是信息技术进一步发展的产物。数字化革命、多媒体网络革命实现了电脑、电视、电话三个终端设备的合一，而且还可实现电脑数据、电视信号、电话信号，即数据、文字、声音、图像与影视信号数字化，并通过网络来进行传输和处理，它以网站为信息发送中心，人们接收信息将如同接受电视节目，不同的是，它具有个人信息需求满足的新特点。

五、网络环境信息服务的创新

信息资源共享、信息服务的网络化已经是不可逆转的潮流。网络环境下实现了信息的分布式存取，使得人们可以不受地域的限制对全球范围的信息资源边行查找和利用。因此，信息资源的直接占有优势的重要性相对减弱，而获取和利用信息资源的能力显得越来越重要。传统的工作手段和服务方式不再能够满足用户需求，这对传统的图书情报服务提出了严峻的挑战。为适应这些变化，图书馆信息服务工作重点应转向以用户为中心的网络化信息资源的组织整理和信息的有效传播和利用上。为适应网络环境信息服务的需求，即针对网络环境信息服务工作的特点，及时进行调整和创新。

（一）系统技术构成的创新

1.先送的系统技术

以INVIP协议为网络通信协议，由网络服务器、通信设备、网络安全设备等组成，应用网间互联、路由、网络交换、网络管理、互联网技术、防火墙以及虚拟地心用网（VPM）等技术，包容现有网络应用支撑系统，支持上层应用软件的运行，建立起一个先送、安全、可靠、稳固、升放的网络应用平台。

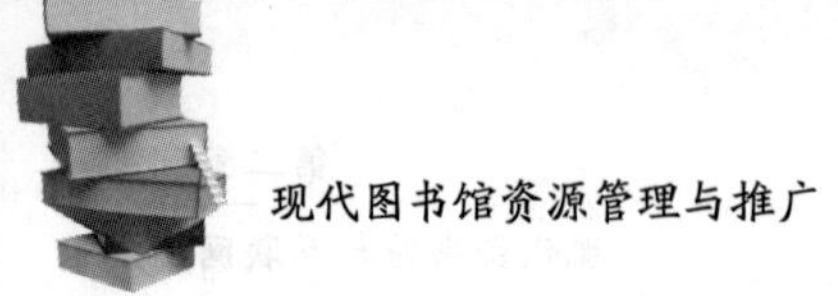

2.合理的系统结构

浏览器/WEB服务器模式实现了升发环境与应用环境的分离，方便了使用、培训以及软件安装和升级，使工作人员更好地组织信息，提供服务。因此，图书馆信息网络的最佳平台应采用浏览器/WKB服务器体系结构，并采用防火墙技术接入互联网。

3.技术创新

图书馆从传统的信息服务转化为利用现代通信技术进行网络信息服务本身就是技术创新。在网络环境下，信息资源升发和利用的技术创新主要体现在：建立数字图书馆，为网络提供高质量的信息；建立虚拟图书馆，实现全球范围的资源共享；提供集成化的信息检索界面，使用户足不出户，即可访问各种信息系统。

（二）管理模式的创新

信息技术在图书馆网络信息服务系统中的应用创新了管理观念、管理结构和管理方法。

1.管理观念的创新

信息服务系统的建立与使用导致图书馆管理观念的创新。比起图书馆流通、阅览等部门，网络信息服务更贴近市场，因此图书馆不能囿于计划经济的框架，要进行有益的探索和实践，增强竞争意识。图书馆本身强调社会效益，但图书馆也需要振兴，在增强社会效益的基础上，强调经济效益，增强自身的造血功能。传统的图书馆辐射功能较弱，而网络信息服务却可以通过网络将图书馆各部门展示给用户，向网上不断传送馆内数据与资源。

2.管理结构的创新

计算机、网络、互联网在信息服务中的应用必将导致管理结构上的创新。图书馆信息服务中心采用馆长直接挂帅并配专职干部和技术人员的方式进行管理，同时有关计算机及英语专业人才面向社会公开招聘，工作人员实行双向选择、 竞聘上岗，并不断加强工作人员业务素质培训，做到人尽其才、才尽其用，激励创新人才脱颖而出。

3.管理方法的创新

管理方法的创新是管理创新实现的根本保证。

现代信息技术不仅有力地改变了传统的商业模式，也孕育了一门新的第三产业——网上服务。图书馆已从文献的保存者、管理者变为信息资源的升发者和传播者，从而进入了信息市场。投入实行多元化，管理实行现代化，运行注入企业化经营行为。因此，图书馆必须迅速转换自己在社会上的角色，不仅是社会公益性的文化设施或某一系统的支撑机构，而且应成为国家经济建设、科技进步和社会发展的“加速器”。

（三）服务方式的创新

服务创新将成为21世纪图书馆创新中的重中之重。网络的创新加速了信息资源流动，推进了信息服务的创新。网络信息服务包括互联网网络服务、数据库检索、信息导航、网络阅览室、读者应用能力培训。

1.互联网网络信息服务

互联网是浩瀚的信息资源库，互联网为数据服务的全球化提供新的平台和界面。如dialog系统，在万维网上提供了检索界面，其41个文档的450多个数据中存储的信息就有40亿页；我国正在加速数据库上网工作，已有一大批通过CHI- XAINR（中国信息）上网。通过网络可获得原始文献、电子期刊、零次文献和零次情报，通过信息站获取动态信息加以开发利用服务于读者，并为读者提供网上的学术交流、电子邮 件等服务。

2.数据检索

利用本地信息资源升发建设有地方特色的、有权威性、 实用性、可靠性的数据库，在网上向人们提供以科技信息为主体，涵盖政治、文教、金融、经济、市场、社会、人文等方面内容的信息资源。此外，将图书采访编目、流通和书目查询、查新等传统业务网络化，建立标准格式的数据库、专题数据库，提供信息咨询服务、信息检索服务、情报调研服务和信息技术服务

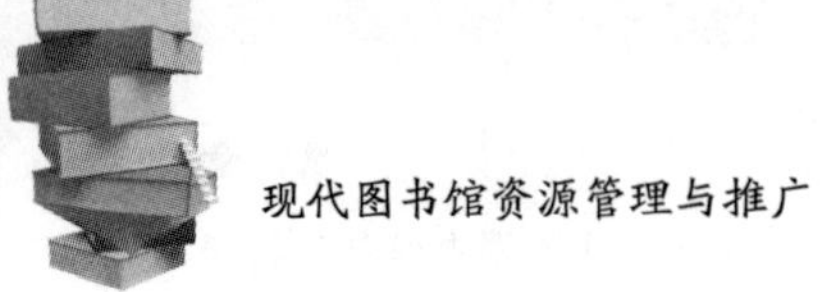

等，满足网络用户的需要。

3.网站导航

网上网站导航的目的是使上网者可以直接漫游到导航链接的互联网的各个角落，并正确引导读者上网检索。

4.网络阅览

向来馆用户提供多媒体阅读服务，包括提供场所和多媒体阅读设备，供用户阅读电子刊物、光盘数据库等。

六、世纪数字化信息服务将使馆员角色发生变化

面对21世纪文献信息服务工作的新特点，我们应该怎样做才能把图书馆信息服务引向深入，才能使图书馆更好地为社会的发展提供优质的全方位的信息服务呢?

（一）更新观念，强化服务意识

现代图书馆要为有关信息用户提供高层次的信息服务，图书馆工作人员必须更新观念，强化信息服务意识。图书馆工作人员只有多动脑筋，不断进取，开拓创新，才能充分发挥图书馆的信息职能，把信息服务引向深入，才能在竞争激烈的信息服务业中争得一席之地。

（二）提高馆员素质，开展信息服务承诺制

提高馆员素质，开展信息服务承诺制是提高图书馆信息服务质量的重要措施。当前，从事传统图书馆业务的馆员，其中有绝大多数不能胜任21世纪新数字化信息服务的要求。为此，要通过各种途径，有计划地培养和造就适应数字化信息服务工作人员队伍。数字化信息服务的工作人员首先要具有强烈的服务意识和敏锐的信息意识，能从用户的角度来分析、理解、满足其对信息服务的要求。应该成为信息专家，用先进的信息技术装备自己，努力提高知识水平和业务素质。要对用户实行服务承诺，向用户保证提供无重大遗漏，确保所提供的信息内容完整和对需求的充分满足。尽可能以最快的速度使用户获得所需的信息服务。向用户提供准确的信息，这是最基本的承诺。

（三）多元型人才

开展自我“充电”，做“一专多能”多元型人才。

数字化信息服务要求图书馆必须大量使用各种新技术，而各种新技术需要人来操纵。图书馆的工作人员必须及时学习和掌握这些新技术。只有具备了精湛的技术、精深的专业知识、相关的互补知识以及科学的研究方法，才能具有观察事物，处理信息，对信息的新颖度、专深度、准确度及信息量的大小做出准确的判断，从而选择加工信息，才能向读者提供最优化的、有针对性的、高效、快捷的信息服务，最大限度地满足读者的需求。

走向21世纪的图书馆，要实现数字化的信息服务功能，是摆在图书馆工作人员面前的一项光荣而繁重的任务，我们一定要搞好由传统的文献信息服务模式向数字化信息服务模式的转变，以崭新的姿态迎接新千年的挑战。

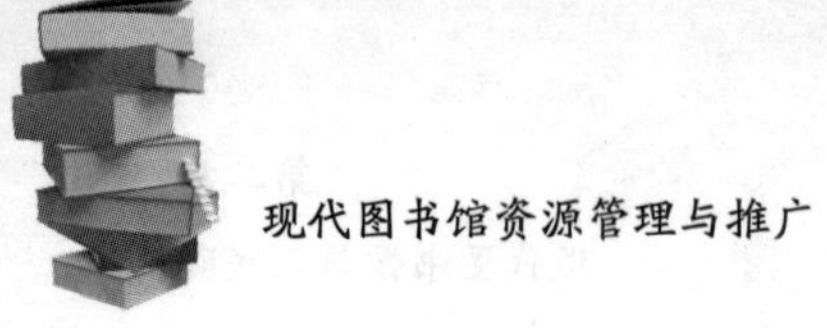

现代图书馆资源管理与推广

第三章

大数据与图书馆资源管理

第一节 大数据对于图书馆改革推动

云计算，物联网和社交网络等催生了惊人的数量，人类社会进入漏了大数据时代。大数据通常是指无法在一定时间内用常规软件工具对其内容进行抓取、管理和处理的海量的，多样化的非结构化数据集合。大数据被看作是下一个提高竞争力，生产力以及创造消费者盈余的技术前沿，“正在呼唤下一波社会化的浪潮”，“开启新的时代转型。改变市场与组织机构以及政府与公民关系的方法”，“是综合国力的重要组成部分”。对信息技术发展的敏感把握，不仅仅是图书馆人特有的组织形态、服务模式、管理方法以及相关领域已经或正在发生变革。

一、国内关于大数据推动图书馆变革的进展

在研究文献中，研究者一般对大数据的内涵，特征原理等基础理论知识进行大致形同的描述，在此不赘述。研究者认为大数据给图书馆带来前所未有的机遇和挑战。有学者提出，大数据给图书馆发展带来的机遇是：建立风险模型、用户流失以及价值分析、建立新型知识服务引擎、预测资源故障、建立更智能的资源智能组合方式、智能分析以及智能辅助决策等，同时带来了存储计算能力、数据分析能力、基础设施和人力资源等方面的挑战。还有学者认为，大数据有助于公共图书馆完善新的知识服务方式和拓展公共服务，但对数据存储能力、计算能力和隐私保护等提出挑战。还有学者提出数字图书馆建设中的数据存储、数据处理和数据分析的实施方案，以应对大数据对数字图书馆发发展的挑战。有相关学者总结了美国图书馆界应用大数据的经验。政府主导支持研发，非营利性机构积极利用开展公务活动，图书馆界积极加入开展合作。有学者认为，面对大数据发展，传统图书馆有着更艰巨的从数字化到数据化的深度信息化转型任务。图书馆要将数字化进行到底。内容、服务与管理都要全面数字化，在数字化的进程中同步考虑和兼顾数据化问题。要促进技术体系、人文情怀和服务理念等相互渗透和有机融合，从而构建图书馆大数据生态体系。

以上研究表明，大数据不仅是颠覆当今图书馆模式的技术、需求与机制的破坏性技术，更是一种推动图书馆变革的新思维新方法，它促使图书馆人展开图书馆学的想象力一种通过观察、感知与图书馆相联系的社会文化技术变迁来增进理性、把握图书馆发展趋势的独特心智品质，思考图书馆在大数据时代所处的历史方位、社会价值和未来发展。

二、大数据推动图书馆技术变革

大数据推动图书馆发展形态转变。对大数据时代图书馆形态转换的研究主要包括只会图书馆建设、下一代数字图书馆和新一代图书馆服务系统等。作为未来图书馆的新模式，智慧图书馆是以数字化、网络化、智能化的信息技术为基础，以互联网、高效、便利为主要特征，以绿色发展和数字惠民为本质追求的图书馆新形态。必须借助大数据完成数字图书馆数据库的重组再造以及管理和服务升级，图书馆将迎来充满智慧的数据管理、数据服务和数据创新的时代。整合移动技术、互联网技术、体感技术、人文数字技术和语义检索技术、数字挖掘等是智慧图书馆建设的主要技术。构建以人为本和以用户需求为主导、为读者提供个性化智慧阅读服务、实现资源和服务的高度融合的个性化智慧服务体系。

下一代数字图书馆是面向智能化、语义化、知识化、模块化和自助化发展的数字图书馆。主要体现在语义出版、数据知识组织、移动阅读和分析统计四种发展趋势。具有全媒体资源管理能力、完整的业务流程管理能力和全网资源发现能力的新一代图书馆服务系统已经崭露头角，进而，互联网让人类知识成为一体的大数据，而关联技术使人们能够借助信息技术发现知识，从而赋予图书情报工作从事者真正的知识服务的能力。不管是下一代数字图书馆还是新一代图书馆服务系统，我认为都需要借助大数据对非结构化海量数据进行业务流程再造和平台开发，提供对资源发现服务。

综上所述，大数据正在推动图书馆形态转变，使得图书馆不仅作为实体形态、管理载体和既有服务模式的存在，而且面向大数据时代实现华丽转身和更替，关注数据本身，关注数据关联中的知识和智慧。这与大成智慧相互契合，大成智慧的核心就是将所需要的古今中外的知识、信息、数据予以检索、激活和调用，大数据时代图书馆提供大成智慧。

三、大数据推动图书馆服务模式创新

大数据为图书馆服务的发展注入新的活力与动力。图书馆数据处理方式、服务的策略、方式和实现的路径均发生改变，利用大数据技术去挖掘、识别、组织与分析用户诉求是图书馆的服务模式创新的必由之路。我们围绕图书馆信息服务特别是科研信息服务、知识服务和其他服务模式创新等内容开展研究。

在信息服务特别是科研信息服务创新方面，图书馆信息服务创新应该着眼于收集、存储相关数据，学习大数据思维。数据密集型科学用户的信息需求催生了嵌入科学研究过程的信息服务模式，它以专业的信息服务人员为基础，构建具有强大资源整合能力、海量信息分析能力、大数据挖掘能力和多维度的信息可视化能力的集成平台，以科研用户需求环境和需求趋势为导向。是面向用户发现问题、分析问题、解决问题和提供解决问题决策的信息展示、交互、推送的服务模式。如整合集成大科学数据，实现科学数据共享与互操作性，构造基于科学数据的、开放协同的科学研究新模式。探索实现科学数据共享的四种模式即国家政策驱动、部门之间交换、企业发展带动以及国际组织参与模式。规范化数据参考与引用行为重要性日益凸显，大数据时代来临以及数据密集型模式推动孕育出知识计量学这一新学科。

在知识服务创新研究方面，将适应大数据处理需求的新型知识服务模式定义为大数据知识服务，它是为适应信息服务业智慧化、协作化、绿色化、视觉化和泛在化的发展趋势而衍生的一种基于网络的、用于解决大数据多维处理的信息服务新模式。大数据知识服务平台设计的关键技术有大数据管理与处理技术、智能识别、传感与适配技术、全生命周期管理技术、终端交互技术、虚拟化接入技术以及平台标准规范、质量评价体和交换模型等。对大数据进行数据清洗是知识服务创新的有效途径，由此建立了包括准备、检测、定位、修正和验证五个步骤的数据清洗框架模型。目前，已经构建了涵盖知识来源与过滤层、知识存储层、知识表示与标引层、知识处理与挖掘层、知识检索与反馈层的图书馆大数据知识服务引擎体系。运用大数据技术手段将资源整合，知识发现、信息推送融为一体的知识发现体系，实现知识价值再造。

在其他服务模式方面，通过数据信息资源整合、移动服务门户智慧化、全功能的个性化服务展示、一站式的全面功能检索和用户增值体验推动图书馆移动服务创新，构建一个面向多用户、基于主动服务的面向大数据的信息移动推荐服务模型，形成面向大数据的信息移动推荐服务的体系构架，建立基于大数据的合作模式数字参考咨询服务的知识整合研究框架。大数据为图书馆知识咨询带来了数据资源、分析技术、思想方法和合作渠道等机遇。

以上研究表明，大数据背景下的图书馆服务模式创新是研究的焦点，既涉及服务模式创新的一般理念，又初步探索了服务模式的内涵、模型、框架、关键技术和实现路径。集中体现了大数据推动图书馆变革的主要领域。

四、大数据推动图书馆管理方式转变

图书馆应用大数据过程中面临着管理方式转变，我们围绕大数据生态系统、数据管理以及用户管理等问题进行了研究。围绕大数据管理的各类新技术不断出现和进化形成了大数据管理的生态系统，进而提出了融合大数据获取、存储、组织、分析以及决策五个阶段的图书馆的软硬件一体优化集成的大数据综合分析解决方案，由此提出了基于非关系型数据库的中间件模型的数据集成方案，用于推动数字图书馆充分利用海量的异构数据进行知识挖掘、为用户提供决策支持等。根据图书馆的非结构化数据来源、格式、主体、流向四个因素构建了非结构化大数据管理模式。可以通过赋予四个因素不同的权重，利用因素评价矩阵，对各类大数据的优劣进行综合评价。通过对海量的检索日志文件进行数据挖掘以及关联分析，寻找用户检索过程中暴露的研究热点、词频分布规律，检索相关度等，可以获得用户检索行为的高价值度以及价值数据挖掘的可操作性，从而构建了一个获取电子文献的有效因子数学模型，对大数据环境中的图书馆主动服务质量进行管理。

大数据背景下图书馆维护信息平等和隐私保护是研究的一个热点。将大数据时代信息不平等定义为数据不平等，认为其实质是信息控制权利的不平等，提出公共图书馆通过发展公共图书馆制度、倡导社会责任与社会包容和提供公共智慧服务等消除不平等。大数据环境下的数据挖掘、商业智能、追溯集成等技术给个人信息保护立法，监管技术行业自我保护等带来了巨大挑战，在图书馆提供个性化服务过程中，用户隐私可能被侵犯。知晓读者的详细背景而又严格控制传播范围，坚定地维护用户个人的隐私权，这就需要新时代的图书馆员具备更高层次的职业道德和专业素养。

上述研究表明，与大数据带来的巨大机遇相比，大数据推动管理方式转变是复杂的。面对新的信息生态系统、管理对象以及维护信息平等和隐私保护等新问题，研究者密切关注大数据技术发展进展，在管理变革的基础理论、可行性论证、标准制定等方面积极探索并初步提出对策性建议。

五、研究结果与建议

通过对以上研究的概述可以看出，关于大数据推动图书馆变革的研究发展迅速并取得一定成果，但仍属于起步阶段，而且存在以下问题。

（一）理论研究有待进一步深入

对图书馆在大数据背景下变革的方向缺乏实际内容的支撑，研究还处在对大数据的引入介绍阶段、结合图书馆实践系统论证的相对少。一些研究将大量数据理论与图书馆理论拼接，逻辑性实用性较差。一些研究以大数据的面目出现，但是纵观全文其思维方式以及提出的图书馆变革方案上停留在前大数据阶段上，研究提出的方案可操作性有待在实践中进一步检验与修正。

（二）研究方法有待改进

研究的视野有待拓展，缺乏对国际性发展成果的研究借鉴，实证性研究匮乏，热衷于用大数据基本理论直接套解图书馆的组织结构，缺乏实践检验，缺乏多学科交叉、多角度透视的立体式、整体性研究规划。

（三）研究力量分散，缺乏协作引导

研究分布分散，基本上处于单兵作战状态，没有形成研究集群，刊发期刊主要集中一些核心期刊，很多专业期刊处于集体失语状态。学术对话匮乏，研究者大多处于自说自话状态，专业协会和学术组织的引导作用有待进一步加强。

技术很少能够独自驱动伟大变革，数字技术的有效应用需要组织协调、政策改革、技术创新与保护人的和社会的价值观之间的紧密结合与良性互动，这对进一步推动大数据时代图书馆变革提供了重要启示。

加强基础理论研究，重塑图书馆的想象力，不但要厘清大数据的概念、起源、基本概念、类型、特点，以及与现有信息技术模式的区别，更要研究大数据与图书馆发展的融合性，研究大数据与图书馆之间的亲和关系，使得图书馆应用大数据符合社会、文化、技术和图书馆自身发展的逻辑，科研主管部门、图书馆情报联合机构、图书馆机构要支持、引导和开展相关研究。

探索图书馆应用大数据的服务和管理体系。积极倡导并促成新的政府政策、管理标准、行业规范或组织文化的形成和出台，牢牢把握图书馆在大数据生态系统中的话语权和主动权，在大数据技术的关键领域进行政策制定、科研投入与发展转型，根据图书馆所处的大数据环境的构建融入人力资本、技术应用和需求满足相适应的图书馆服务模式。积极推动图书馆管理体制和业务流程变革，使之与部署大数据技术带来的图书馆机构与流程、人力资源数量与结构、质量检测与控制手段等变化适应，积极推动商业化技术的去商业化，图书馆要积极引入大数据技术在商业领域中的成功经验为我所用，同时坚守公益服务本质，积极建立维护大数据时代的信息公平制度，消除大数据不平等，保护隐私权和数据安全。

建立符合大数据技术应用的人力资源体系。大数据技术需要新的人力资源体系与之相适应。数据科学家、大数据算法师、数据图书馆员和智慧图书馆员等新角色呼之欲出。不管采用何种称呼，新角色肯定要准确把握大数据的范畴、价值、状态，具备集成化的数据资源获取、存储、组织、分析和决策的综合解决方案的能力。

第二节 大数据推进图书馆应用

关于大数据的定义目前尚未统一。部分业界专家认为，“大数据通常用来形容一个公司创造的大量非结构化和半结构化数据。”

“价值”是我们关注的核心，因为大数据的战略意义不在于掌握多少数据，而在于对这些有意义的数据进行专业化处理。在图书馆，用户行为智能预测、读者数据分析、知识服务技术等将是波及的第一战场。然而，目前我国绝大多数图书馆的大数据技术尚未达到能充分发掘利用传统图书馆当下拥有的大数据内容的水平。那么，当下我国图书馆遇上大数据可能会带来哪些困惑呢?

一、大数据网络环境的适应问题

传统的数据处理方式对于这种动辄上亿甚至万亿条的非结构化的数据处理常常力不从心。大量化、多样化、快速变化的数据逐渐超出了现有的架构和基础设施的承载能力，从而导致大量的数据“被沉睡”，价值被埋没。因此大数据网络环境下，图书馆面临三个现实问题，即人才瓶颈、技术障碍和基础设施滞后。目前就我国图书馆实际，大部分都缺乏高层次人才。相对不断增长的数据而言，馆员能分析的数据比例在不断降低，对一些“可能是机会的数据”也没有清醒的认识，缺乏对数据的转换及处理能力。同时，传统图书馆的基础设施只能满足结构化的信息资源需求，对支持非结构化数据存储及分析的软硬件基础设施提出了更高要求。

麦肯锡在他的调查报告《大数据：创新、竞争和提高生产率的下一个新领域》中指出，全球有87.5%的数据未得到真正利用。其原因在于许多数据资源仅仅是简单汇聚而成，并没有形成真正的知识源。同样，大数据时代，图书馆一面面临着馆藏资源不断增长、大量的信息被“搁置”；另一面面临着用户对检索结果提出更高要求，图书馆资源重新被发现和管理的挑战。面对海量的文献资源，图书馆如何全面、快速地使读者获得有用信息，如何让用户按照他们自身的习惯检索以及研制用户精准的检索方式，如何将“拿进来、送出去”的馆藏资源打造成以用户服务为中心的“知识喷泉”，仍是文献资源整合中难解的课题。

（一）数字图书馆异构数据集成问题

传统数字图书馆的数据种类单一，以结构化数据为主；大数据时代，数字图书馆产生了海量的结构化、半结构化、非结构化数据，并且非结构化数据的比例越来越多。非结构化数据的增长使得数字图书馆的数据处理、储存技术、服务方式都将得以改变，而传统的关系型数据库的结构和机制不能很好地适应这种变化。据专家估计，到2020年全球将有三分之一的数据“无家可归”。如何将这些异构数据进行集成是数字图书馆急需解决的技术难题。

（二）用户流失问题

信息科技的发展打破了人们传统获取信息的方式，人们获取信息的途径不再局限于书本，移动终端如手机、平板电脑等成为近几年的热点，其采集及传播信息的速度令人瞠目结舌。海量数据共享，搜索引擎技术链接了几乎所有信息的索引服务，通用知识的获取周期减少到0.01秒。这种情况下，常常被偏见地标上“藏书楼”的图书馆，逐渐有了淡出人们视野的趋势，用户流失比较严重。

（三）读者隐私安全及价值质疑问题

我们都知道，图书馆若要给读者提供更优质的个性化服务，就不能不去跟踪、分析、挖掘用户阅读行为、阅读需求、阅读倾向等信息，从而不可避免地知晓了读者自身不为“外人”所知的信息。因此利用大数据的同时往往涉及读者隐私安全问题。此外，大数据作为一项前沿技术，对图书馆复杂数据的处理、基础设施、运行经费等都是不小的挑战。有人对图书馆是否适合引入大数据、大数据对图书馆有多大的帮助等产生了怀疑。正如数字图书馆、云计算的出现之初一样，图书馆运用大数据的尝试也不可避免地会遭到质疑。

我国图书馆应用及推进大数据的基本架构曾提出“新技术让图书馆服务更精彩”，同时也担忧：“如今信息科技的方便快捷让图书馆面临被边缘化的危险，传统图书馆将遭受服务价值与吸引力危机”。表面看有些矛盾，细究其实是辩证统一的，关键在于当新技术来临时我们如何去把握。我国图书馆要想成功地推进大数据就必须将“角色定位、服务转型、文化编织”这几个核心思想贯穿到具体工作中去，让人们关注更多的是图书馆的“服务职能”，而不仅仅是它的“空间场所”。这样大数据的核心价值（不在于储存了多少数据，而在于获取了多少有用的信息）在图书馆才能从真正意义上得以体现。基于此，笔者提出了我国图书馆应用及推进大数据的基本框架。

1.人才方面

大数据是一项前沿技术，需要懂技术又有跨学科背景的专业人才，操作难度大。目前，国内绝大多数图书馆都欠缺这方面的人才，既没有将非结构化数据进行处理及深度分析的技术，也没有将数据转换成知识的思想意识。

因此，大数据人才的挖掘与培养是目前亟须关注的领域。可从以下三方面入手。

（1）区别对待，有针对性地培养。充分发挥领导“知人善任”的才能，将本馆工作人员根据学科背景和工作能力进行分类排队，然后结合实际有针对性地培养。如，对云计算、物联网、移动互联网、大数据等专业知识有理论专长的，就从技术层面去加强；对信息科学、心理学、管理学等其他学科知识有一定了解的，从专业服务员的方向去发展等。

（2）交叉互补，“多能型”挖掘。即先将所有具备一定业务技能的馆员都按“多能型”人才进行培养。通过对有实践经验的弥补研究方法，懂研究方法的弥补专业知识的方式，最终挖掘出符合需要的人选。

（3）争取条件，引进人才。图书馆要重塑形象不断进取，以良好的内外环境和优质的待遇吸引人才，特别是大数据人才到图书馆来。

2.资源方面

英格丽德·帕伦特认为：“大数据对读者利用图书馆的行为与方式产生了巨大影响，用户通常使用搜索引擎学习、研究和工作。以英属哥伦比亚大学图书馆为例，每年对电子资源的点击量是700万次，而纸质书的借阅率已经从每年20万次下降到了8万次，用户对纸质印刷品和视听产品的需求越来越小。”如何在数字时代更好地发现及管理好图书馆资源是新时期面临的课题。

（1）纸质文献资源的整合图书馆系统。有海量的门禁数据、传感器数据、RFID数据及借还数据等。我们可通过借阅数据的类目排列得出图书的利用率来进行整合；也可采用RFID无线射频识别技术实现文献资源的跟踪分析，进而根据用户个性化需求来实现整合；还可利用传感器数据进行预测性分析得出读者最喜欢的、最需要的，或者哪种环境最适宜读者取阅的来实现整合……不管哪种方式，整合的结果就是将利用率高的受读者喜欢的、最需要的文献安排在方便取阅、位置好、光线好各种条件俱佳的楼层；将比较受用的利用率不高的安排到密集书库；将那些“无人问津”或者残缺不全的旧书进行打包剔旧。整合目的在于更贴近读者，满足读者的需求。

（2）电子信息资源的数字化。人们收到信息的方式正在发生巨大变化，“信息无处不在，5亿网页不过是一个按键的距离”。然而，传统图书馆尚在数字化转型，阅读数字化、服务数字化、管理信息化等虽已进行到不同程度，但“数字革命”远未成功。北京大学图书馆馆长认为，“图书馆信息资源的数字化不仅要将传统图书馆与数字图书馆结合起来，纸型资源与电子资源互补共存，而且要在资源数字化的基础上实现大数据的共享。”和论证中心的公共钥匙加密后发送至论证中心，论证中心收到后进行解密，确认用户合法身份并签名，签名后的数字证书被加密后传给用户，用户用该数字证书作为身份证明向图书馆申请使用相应服务，从而读者的隐私得到一定程度的保护。因此我们有理由相信：网络技术的发展虽带来了一些新的社会问题，但同样也会为保护隐私提供更先进的技术。未来图书馆在加强隐私自律时，也应加强网络基础设施建设及信息安全技术的开发应用，为保护读者隐私做出努力。

（3）数据的合并与清理解决。图书馆海量的数据资源中充斥着太多冗余数据。

一方面数据中心已经没有足够的空间来备份PT级的数据；另一方面给数据的存储、备份、传输等增加很大负荷，常常导致“宽带不宽”。为了解决数据取舍，节省空间，数据的合并与清理是一个不错的选择。在书目数据中进行数据的合并与清理就是对前系统漏判的重复书目数据记录进行合并。目的在于解决同一种书目记录重复问题、同书异号、异书同号问题，通过清理还可发现编目数据的错误。因此，书目数据的清理与合并是图书馆自动化编目工作的重要组成部分，也是书目数据库建设必须面对的问题之一。

其具体工作：对图书馆合并后的重复记录进行删除；对中央书目库中没有对应的馆藏条码号的记录进行删除；对出版年和责任者均重复的记录进行

合并；按书号排序，解决异书同号问题。当然也可将这一技术用于解决其他数据的取舍问题，这里就不一一列举。

3.服务方面

随着人们阅读方式的转变，图书馆传统的与用户分离的服务模式日渐不能适应用户新的发展需求，尤其在知识服务日渐成为图书馆未来服务趋势的情况下，图书馆需重新定位，服务必须转型，要树立“用户在哪里，服务就在哪里”的服务理念，学会有效利用现代信息技术去提升服务水平、拓展服务项目。实践表明，只有创新服务并将其延伸到具体实践中，图书馆才有生存的价值和旺盛的生命力。

（1）基于“个人门户”概念开展个性化信息推送服务。个人门户就是以独立个体为中心的互联网入口网站，它提供给用户能够选择个性化服务的路径，将各种价值的数据和互联网资源集成到一个信息管理平台，并以用户个性化的页面布局呈现出来。中国互联网服务商已经正式推出了个人门户概念，成为中国传统的网址导航领域服务创新过程中“第一个吃螃蟹的人”。然而，国外许多数字图书馆已经建立了自己的门户。根据美国研究图书馆学会的调查，许多研究型大学图书馆早已建立了自己的数字图书馆门户，其中包括哥伦比亚大学、加州大学圣地亚哥分校、康奈尔大学、麻省理工学院、华盛顿大学等。国内有条件的图书馆在近几年也纷纷开展了基于“门户”的个性化服务。如北京师范大学图书馆统一检索型数字图书馆门户、北航图书馆TRS搭建数字图书馆门户等。

实践证明，通过个人门户平台，图书馆能把最快最有价值的信息聚合起来，从而使用户不必再浪费时间做网上“冲浪”，不必再忍受信息爆炸和闪烁广告带来的烦恼，就能实现所有互联网信息的“一站式”阅读体验。高校图书馆作为以研究为基础，服务为主导的学术研究型图书馆，其“个人门户”式的信息推送服务就是基于读者行为习惯的组合式网页根据终端自适。具体来说，利用个人门户平台，图书馆可以开展图书预约通知、文献邮件传递、在线参考咨询等业务信息推送。如，有人习惯访问CNKI，主页就将CNKI的信息放在前面推荐给用户；图书馆还可根据读者曾经借过的图书，经过相似分析过滤后将本馆相近或同类的，

特别是新到的同类图书推荐给读者，此举非常人性化。又如，读者想借阅国外的书籍却多次未果，相当浪费时间。有了个人门户后就不用这样费事了，读者可先在系统进行预约，当其他读者还此书时在自助借还机上是还不了的，必须到总服务台人工归还，同时系统通过个人门户平台以温馨提示的方式告知读者该书已还至图书馆，请速到总台办理借书手续等。

（2）设立信息专员开展知识服务从学科馆员到信息专员。不仅仅是名称的变化，更是服务模式的转变。信息专员更强调“嵌入式”的知识服务，强调将学科馆员的服务与目标用户及其需求过程紧密结合。信息专员在合作项目中的具体工作有以下四项：一是协助和参与多种服务，包括为各用户定制相关数据信息、信息管理、电子资源试用等；二是协同嵌入服务，即与合作方在深度项目上进行协同。包括从事深度文献检索、经费支持下的协同、建立数字门户和用户专用研究间等；三是文献述评，即参与到研究的各大数据在我国图书馆的应用及推进研究演示文献信息检索与调整评价文献、合成与数据摘录等，并最终形成可检索的数据库；四是实践指南，除了提供文献支持外还为员工创建一个引文管理数据库，方便项目组成员使用。信息专员的设立好比是为科研团队打造的“信息专家”，能更好地为科研团队提供信息服务。

文献传递与快递服务这是将营销理论运用到图书馆的一项有偿服务。近几年来，馆际互借和文献传递是图书馆向读者提供的两种常规服务项目。馆际互借是“图书馆之间根据协定相互利用对方馆藏以满足本馆读者需求的文献外借方式”。而文献传递服务则“通常是指（图书馆）向其最终用户提供文献的一个完整过程，包括明确地表述和发出请求以及对文献的物理和电子提供过程的管理”。可见，文献传递是馆际互借服务的进一步发展与细化。

在美国，以收费为基础的文献提供服务最早于20世纪60年代在附属于学术研究机构的图书馆内开始出现，以后逐渐向其他类型的图书馆普及。据美国图书馆协会统计，设有该项服务的学术图书馆有192家，科研机构和特殊图书馆有92家，公共图书馆有77家。在国内，开展此项服务的图书馆也不少。以重庆理工大学图书馆（下称该馆）为例，该馆与重庆西南大学、重庆大学图书馆建立了馆际互借关系，该校科研人员可以通过该馆信息部向两家图书馆借阅图书或申请文献传递。此外，该馆已正式加入重庆市数字资源共享平台，使该校研究人员更容易从OCLC许多一流成员图书馆中获取信息，满足科研需求。随着大数据时代的来临，人们获取信息的方式越来越“终极”化，电子文献或许并不能满足所有人的要求。笔者以为未来图书馆有必要向物流快递学习，将文献传递服务“物化”并及时送到有特殊需要的人手中。这些人群主要是高级职员、残障人士或其他教师在教学中急用所提供的送还文献服务。有了这些服务，我们相信未来图书馆不是离您越来越远，而是越来越近。

嵌入式教学服务高校图书馆不仅是文献资源服务中心，还肩负着教育的职能。用户信息检索技术、获取知识的能力、信息评价和利用能力等直接影响利用图书馆的状况。如将信息素质教育“微化”嵌入教学课程中，能有效提高用户利用图书馆的基本素质、应用素质及综合素质，能进行信息的分析、评价和再利用，从而充分发挥了图书馆服务职能的附加值。

“纸云”融合的阅读推广服务当下虽然纸质图书借阅量连年下降，电子资源检索量和下载量日益增加，但纸质阅读的个性化深度阅读需求依然强烈。数据显示，约74.4%的小学生和老人更倾向于纸质阅读，其余有13.2%的人喜欢在线阅读，有9%的人倾向手机阅读，还有约4%的人喜欢下载来阅读。分析数据我们不难看出，虽然目前纸质阅读占优势，但随着人们阅读模式的改变，其人群在被越来越多的阅读平台所蚕食。基于此笔者提出“纸云”融合的阅读模式。一是利用图书馆现有的环境和自动化系统OPAC定期开展新书及经典图书的推荐、数字资源的宣传培训、各种形式的讲座等馆内推广活动；二是利用图书馆网络及微博、微信等平台开展读者BBS论坛、书评、阅读比赛等活动，从而营造一个开放、共享、有序的阅读氛围。相信随着阅读活动在图书馆及全国的深入推进，无论纸质图书还是电子资源，在未来都会有巨大的增量。

4.管理方面

大数据对图书馆的管理也产生了深刻的影响，它所具有的区域间、行业间、部门间的穿透性正在颠覆图书馆传统的线性的自上而下的管理模式。现实表明，图书馆的有些管理已经不适应时代的发展，需要进行改革。

从采访数据中提取核心书目这是从管理的角度对文献资源采访提出的新要求。面对海量数据，文献资源采访的现状令人担忧：一边是经费捉襟见肘，一边是30%的图书被闲置。北京人天书店有限公司总裁邹进提出了从采访数据中提取核心书目并建立核心书目评价机制。一是出版社评价得分，出版社的市场占有率、分类图书品种市场占有率、出版社综合排名等约占20%。二是作者评价得分，以往著作在图书馆的借阅率、被引用情况、专家及读者评价等约占40%。三是责编评价得分，责编的专业水平、获奖情况、著作销量等约占10%。四是版次评价得分，版次越多，理论上质量越好，约占10%。

图书是否被列为国家重点出版项目计划、媒体推荐、装帧等约占20%。可通过这五方面的综合数据来评判这本书是否可进入核心书目，从而建立一套完整的核心书目单供采访人员参考。

协同合作是一种致力于建立长久紧密的战略合作伙伴关系的管理思想，是当下热衷的一个话题。大数据环境下，为了实现资源共享优势互补风险共担，图书馆有必要开展广泛协同合作，建立包括技术、资金、信息、人才交流在内的密切往来关系。有两个非常好的合作范例可供我们学习：一是“欧洲文化门户工程”的电子档案馆项目，2000多个成员在元数据标准等方面通力合作，拥有大量的书籍、绘画作品、电影和博物馆藏品。另一例是“开放获取知识库联盟”，他们也正致力于开放获取标准等方面的合作。需要强调的是这种合作不仅涉及图书馆，而且还需要出版界、学术研究者、基金等社会相关领域的共同参与。

5.基础设施方面

经费是图书馆得以发展的基础，同时经费紧张也是制约国内图书馆发展的共同问题，不像国外有些图书馆动辄就有上千万元的项目来支撑基础设施建设。其原因在于一方面国外有些商家确实有雄厚的经济实力去支持图书馆发展；另一方面在于国外图书馆的合作与服务意识。而国内图书馆主要靠财政支持，主动服务的意识较淡薄，所以基础设施难以跟上时代发展。借鉴国外经验，我国图书馆首先要准确定位，定位成学习、休闲、生意洽谈等场所；其次要以积极主动的个性化多样化的服务来吸引用户；最后还要善于广泛争取项目经费来改善设施。

信息技术的发展，让我们从“信息贫乏”时期跃进入饱受“信息过载”之苦的阶段。图书馆海量数据的存储、分析等目前虽有些问题，但没有坏数据，只有对数据的不合理使用。我们要学会从自发到自觉，从局部到整体，从微观操作到宏观管理的方式去应对大数据带来的各种困惑和挑战。大数据在我国图书馆的应用及推进是一项系统工程，并不是一蹴而就的。正如美国著名的信息咨询公司GARTNER2012年所描述的那样“大数据的处理技术目前正处于诱发阶段，进入真正实施及应用推广阶段还需要2～5年时间”。因此在技术发展到足够高度之前，有关大数据的处理与应用还在不断磨合中，但有一点毫无疑问，那就是时代驱动下图书馆职能的演进：藏书楼—读书馆—知识加工厂—智慧图书馆。

第三节 大数据时代图书馆创新内容

《政府工作报告》中指出，在大数据时代，因家设立的创业创新服务管理平台，要在大数据技术的应用等方面赶超世界，让大数据来引领我因各行各业的快速发展，即让大数据的研究与应成为我国各行各业“创新、竞争和生产力发展的前沿”，而图书馆建设正是国家公共文化服务体系建设的战略任务，由此可见，大数据技术对图书馆服务体系的建设共有具有广阔的应用前景。诚然“大数据环境下图馆服务体系的创新”必然成为专家学者研究的热点话匙，于是，有很多专家学者提出“建设图书馆大数据服务与管理平台”的设想，并开始对人数据时代图书馆服务的优势、意义、模式、发展定位等方面进行研究与探讨，从当前笔者收集到的研究成果中可以发现大数据时代图书馆服务、信息资源的处理挖掘和分析等方面研究的成果还不多见。为此，笔者认为，大数据时代图书馆服务要跟上社会快速发展的需求，适应信息社会大数据技术在各个领域应用与发展的趋势，借助大数据技术对图书馆的建设带来的契机，克服图书馆服务体系中存在的问题，首先，借鉴国内外已有研究成果和经验，结合图书馆服务的现状，遵循继承与发展相结合的原则，探讨大数据时代图书馆服务的基础理论，界定在大数据技术中图书馆的服务内容体系，形成一个开放性的理论框架。其次，对图书馆服务体系，形成一个开放性的理论框架。第三，对图书馆长远发展的核心要素，建立大数据时代图书馆信息资源异地的调度与有效的融合的组织协调、共享与获取的长效机制。第四，系统地将大数据时代各个图书馆发展指数与国家整体图书馆信息资源建设指数相结合，从整体角度探讨其适适宜数值，为大数据时代图书馆服务体系的完善建立新的理论基础和知识思路，努力实现图书馆服务的创新与发展。

一、大数据时代图书馆服务创新现状的梳理

（一）国外研究现状的梳理

大数据已成为近年来的研究热点，截至2017年2月10日，笔者在SCL Sevier，Pro Quest，ISTP等数据阵中以“大数据＋图书馆”为关键词检索到关于大数据与图书馆服务相关的成果有 2321 篇，已经取得了较好的研究成果。但这些成果主要集中表现在“大数据技术给图书馆服务的挑战与思考方面，大数据技术在图书馆服务建设中应用的可行性等领域”。例如，有外国专家学者从用户利用角度探讨了大数据对图书馆信息资源服务的影响。代表性的成果有葡萄牙学习者L.A.B.S氯胺，C.C欧式他，J.L Oliveira提出构架一个基于云的Pass的文化体系结构中关注带图书馆服务；俄罗斯学者在《现代化图书馆图书资源数据存储问题》中分析了云存储是解决现代数据存储系统中图书管理异地资源体系与数据调度服务的结构接触；日本学者在《利用METS和PREMIS构建基于大数据的图书馆数字资元数据框架》中对图书馆“云端”数字资源的价值提出相关研究等。以上这些成果的观点都是讨论大数据服务图书管理数字资源管理的相互关系。而用大数据技术研究图书馆异地资源服务的安全机制、资源分类和生产流程化与可视化问题还处于了解、认识和探讨的初级阶段。还有国外专家学者从图书馆服务角度探讨大数据技术在图书馆服务中的应用。代表性的有撰写的论文成果对图书馆存储性能管理方面进行了全面的研究，而在分步式计算环境与“大数据”的虚拟化和图书馆资源共享的考虑方面则没有更多的分析和论证。在《大数据时代的数图书馆》中描述了大数据技术在图书馆数字资源存储服务中的应对及对数字资源数据的保护问题，描述了由于大数据的图书馆资源保护系统和以数据为中心的图书馆云存储异地资源的抽象保护等。显然，这些成果只是探讨大数据时代图书馆数字资源存储、归档、保存和用于检索的可行性研究问题。而在大数据对图书馆服务建设的解决方案、工作模式等方面的研究还不多见。

（二）国内研究现状的梳理

笔者在中国知网、万方、 维普等数据库以“大数据图书馆”为关键词检索到的成果中共心85条；以“大数据时代图书馆”为关键词找到共442条相关结果，分别有点击显示“2016”的分组结果139条，“2015”的分组结果242条、“2014”的分组结果57 条，2012年有4条。代表性成果有“大数据时代的数字图书馆建设研究、大数据技术对图书馆信息化的影响和启示、大数据在数字图书馆中的应用、大数据在图书馆信息服务中的应用价值与意义、大数据时代的图书馆信息咨询模式、大数据技术中图书馆知识服务体系的构建”等。从这些成果中可以看出，大多数学者都是探讨大数据技术在图书馆信息资源中的应用可行性、价值与意义、挑战与存在问题、建设路径与展望等内容。

笔者从近两年国家级基金、国家自然科学基金以及各个机构和地方部门的立项课题中可以看到，我国各地相关管理部门也在积极进行基于大数据环境下图书馆如何建设的探索。到目前为止，其阶段性研究成果还有不少。

例如：国家社科基金重大招标立项项目“云环境下国家数字学术资源信息安全保障体系研究”，国家社科基金一般项目与青年项目有“大数据环境下公安情报学理论体系研究”等12个立项课题中都是侧重在情报学科领域的研究，而对于大数据技术应用在图书馆服务领域的实质性课题还没有。2015年国家社科基金第一批重大招标立项项目“学术型大数据只是组织与服务标准研究”“大数据时代知识融合的体系构架、实现模式及其应用模式研究”，而年度国家社科基金立项的项目、青年项目中有“大数据时代图书馆微服务应用研究”“大数据环境下情报研究方法论体系研究”“大数据环境下政务信息资源优化配置与服务模式创新研究”“大数据时代面向国家安全的非通用语社交网络研究”“大数据视阈下军队院校青年教员信息能力再培养研究”六个立项课题中就有两项课题是研究大数据技术应用在图书馆服务领域中。可见，这些课题的实施与探索是将大数据技术应用于图书馆领域已经上升到国家层次的研究，显然，以上课题显示大数据对图书馆资源管理与服务的系统性研究已经开始，而大数据各项目参数指标对图书馆异地信息资源与建设问题研究还不够全面深入，只是刚刚起步。

国家信息化与有的资源管理学术研讨会开始，海峡两岸图书资讯学术研讨会在南开大学召开之时。综观每次会议的所有议题，就发现每次会议都会紧跟新技术发发展大数据技术的最新态势，研讨需要解决的理论与现实重大问题，交流最新研究成。从这些指导性会议的成果树以看到，用大数据技术研究图书馆服务建设关联度较高的成果很少、学者为数不多；而对大数据在图书馆资源共享服务与管理的价值取向、路径选择和技术平台、政策制度、资源构成范围和保障体系等问题的研究还有待深入。

综上所述，可以发现，大数据环境下图书馆服务的资源、技术、安全与保障、异地资源部署等各方而还存在着极大的挑战，而大数据如何提高图书馆服务的性能，大数据与图书馆服务的核心技术、管理方法和服务策略等内容等研究涉及不多，还有待进一步开展更深层的跨学科融和研究和分析。为此，本文借鉴国内外成果和经验，分析大数据时代图书馆服务体系创新中存在的各类问题，结合国内外对大数据应用于图书馆建设中的现状，提出大数据时代图书馆服务与用户需求中信息资源服务之间的实践基础、创新路径、创新技术、创新机制的研究，是实现以大数据技术为依托的图书馆服务的整体效益和用户效益，对推动大数据时代图书馆异地资源服务的高度融合以及图书馆事业的发展，产生深远影响。

目前，随着用户服务模式和服务内容的变革，图书馆在不断提高读者个性化阅读愉悦感和满意度的同时，其数据中心的用户服务数据、系统管理数据、系统运行监控数据和用户行为数据呈现爆炸式增长，数据量正在以每18个月翻一倍的惊人速度累积，图书馆已跨入大数据时代。全球畅销书《社会消费网络营销》的作者拉里认为：“所谓大数据包括企业信息化的用户交易数据、社会化媒体用户的行为数据和关系数据，以及无线互联网中的地理位置数据。”大数据资源的持续、快速增长在增强图书馆系统管理能力、服务能力、市场竞争力及为发掘商业价值提供可靠的大数据分析支持的同时，也带来数据中心基础设施架构庞大、管理复杂、能耗巨大、运营成本飙升和服务效率下降等问题。因此，如何通过大数据资源的高效整合来提高其价值密度和数据可用性，是关系网书馆大数据应用高效、大规模用户个性化服务可用系统运营绿色和经济的关键。

二、图书馆大数据整合需求

（一）基础设施架构优化和系统安全运营

基础设施架的优化，应主要涉及基础设施组织架构是否有利于大数据挖掘资源系统硬件设施的整合，数据巿心基础设施资源是否易于扩展、管理和维护，数据中心是否具有较低的管理、运营和维护成本，并在异构环境中是否具有较强的安全性和控制性。其次，当数据中心系统网络整合而减少结构复杂度和设备数量时，用户服务和数据存储将在少量的单点设备运行。数据中心是否具有较低的单点故障率和数据存储安全性。

基础设施架构整合的关键技术，数据中心不能因虚拟化技术的大量应用，而导致系统安全隐患大幅增加和自身抗风险能力降低。为了增强图书馆的用户服务性能和系统可靠性，图书馆通常会在不同地域构建十个左右的子数据库，从而提高其用户服务的效率和可靠性，对位于不同地域的子数据中心数据进行有效的分析、挖掘和整合，也是关系图书馆基础设施架构优化和系统运营安全的一个重要整合，也是关系图书馆基础设施架构优化和系统运营安全的一个重要问题。

（二）数据中心异构系统

首先，目前图书馆数据中心通常将关系系统安全、管理效率和用户服务质量的关键应用部署在大型主机、UNIX平台上，而将一些非关键应用部署在Unix或X86平台上，导致基础设施架构多平台化、应用多元化、系统结构、数据分散和信息流失现象突出。

其次，不同的操作系统、应用服务和虚拟化平台的安全需求与安全标准不同，很难将大数据流的获取、组织、管理、分析、决策平台的软硬件系统一体化和预先集成，如何以用户需求和图书馆服务能力建设为指导，在保证小同系统平台效率的前提下，将数据中心原有系统和新开发系统在大数据层面上实现无缝整合，是提高大数据平台综合效率与大数据服务有效性的关键。图书馆系统结构可分为操作系统异构、系统运行平台异构、数据库管理系统异构、网络协议异构、用户平台异构、认证机构异构、远程执行方案异构、数据自身的异构等几个方面。这些异构大幅度增加了数据整合的难度和复杂性。

三、大数据思维下的创新

随着人数据技术的广泛应用，海量图书馆信息资源的生成、存储和管理，如何采取大数据技术手段来提升图书馆管理服务水平和信息资源的利用率，是目前各级图书馆服务面临的共同的挑战和重点任务，为了实现这个大的战略，笔者认为大数据时代图书馆服务应该构建以本体为核心的图书馆服务创新的理念，构建大数据环境下图书馆服务中异地信息资源的自动捕获和提取的动态机制，构成大数据环境下图书馆服务的创新路径与保障机制，来保证大数据环境下图书馆信息资源数据的异构性、真实性、完整性和可靠性，解决大数据环境下图书馆服务中异构信息资源之间的集成创新与获取、整合关系、本体的应用与本体建设的互通、创新技术与发展动向等问题，完善大数据环境下图书馆信息资源与纸质信息资源的异地获取、检索利用、管理服务、安全保障等路径与机制，实现大数据环境下图书馆信息资源的异地利用，并自动完成各项服务功能、管理功能、整合功能、安全保障措施等，使大数据环境下图书馆信息资源的优化达到均衡化与科学化的目标。

（一）大数据思维

大数据思维随着物联网，云计算，移动互联网和社交媒体的迅猛发展。

数据正以爆炸性方式增长，产生了大量的结构化数据、半结构化数据和非结构化数据，而大数据是继互联网、云计算之后流行于互联网的热门词汇。大数据目前虽然没有统一的定义，但是总体还是有一定的共识：大数据一般具有“4v”特征，即种类多、流最大、容量大、价值高。

大数据的意义不仅在于数量庞大，更在于提高数据的收集、存储、分析和使用能力，在于对这些具有高价值的数据进行深入的分析和挖掘，通过对数据的加工实现数据的“增值”，养成重视数据和分析数据的习惯，即大数据思维。正如哈佛大学社会学教授加里金说：“这是一场革命，庞大的数据资源使得各个领域开始了量化进程，无论学术界、商界还是政府，所有领域都将开始这种进程。”

（二）图书馆与大数据

图书馆作为学校的文献信息中心，为学校师生的教学和科研提供信息服务。从图书馆拥有的文献类型来说，有纸质文献和电子资源。从数据的来源来说，图书馆有门禁系统、自动化管理系统、自助借还系统、OPAC查询系统、远程访问系统、电子资源管理系统等等，又有QQ群、微信、微博等社交媒体，每天产生着大量的数据。如果按照大数据的定义，图书馆的数据难以达到 PB 级别，算不上大数据，但是从数据类型来看，图书馆的数据来源广泛，数据类型复杂多样。有结构化数据，如馆藏书目、借阅信息、自建数据库，又有检索历史、浏览历史等非结构化数据，也有微博、微信等社交网络数据，呈现出大数据的特征。

目前，国内可以称得上大数据的也只有互联网中少数的巨头公司，如百度、淘宝等。据了解，“今日头条”为处理庞大的数据，为每个不同的人提供不同资讯，仅服务器就要 4000台以上。对于中小图书馆来说，设备和技术目前都难以达到运用大数据进行管理的条件，但是这并不妨碍我们可以有大数据的思维，数据是图书馆重要的资源，数据即是客观的事实，养成重视数据和分析数据的习惯，通过对数据的深度分析和挖掘，可以对图书馆的服务模式调整、决策制定、服务质量的提升有极大帮助。

（三）图书馆服务创新的实践基础

实践基础是图书馆服务在数据环境中的服务手段、服务方式、服务地位与服务理念等多方面都发生根本改变。从而使图书馆服务和各个行业合作的组织协调、运营、服务类型、评价体系等方面的机制将形成新的格局，图书馆数据处理与服务优势将得到提升，将带领本域内的小型图书馆，为学校、科研部门、政府机构、企事业单位、社会团体、广大公民等提供所需的图书馆知识服务。大数据分析功能必然是大数据环境中图书馆服务创新的重要工作。因此，大数据环境中图书馆服务不仅要有传统图书馆、数据图书、电子资源与纸制资源的共共享互补的功能，还要具备面向数字化信息资源的采集、筛选、加工、组织与序化、集成与整合、推送、导航与获取、服务与管理、知识服务等功能，来实现图书馆服务大数据化。

（四）大数据思维下的图书馆服务创新

大数据技术给图书馆服务提出诸多的挑战，需要图书馆构建创新与复合型的价值理念和去向。根据图书馆数字资源的异构性、多样性和离散特性，结合国际、国内标准以及行业标准，从架构面向大众服务和图书馆大数据服务的价值理念，在此基础上结合大数据的特性，根据图书馆服务的优势来创建图书馆服务的个性与大众化服务平台、系统化和科学数据价值的取向、法制化的价值取向与服务理念，来推动大数据时代图书馆的服务工作的创新。首先，以大数据平台中网络技术、调度技术、语义技术、集成服务功能为动力，构建大数据环境下图书馆异地资源的建设、存储、标引、检索、关联、交换等各环节的路径选择，构建图书馆异地资源的统一标引揭示、信息关联与共享服务模式，为用户提供快速、便捷、系统的图书馆服务资源。其次，利用大数据平台，结合互联网络体系、图书馆协作网与联盟网，构建图书馆大数据远程服务和移动服务模式，为用户创建人性化的学习园地和图书馆信息获取的现实。

数据是信息发展的集中反映，在大数据时代图书馆已建的软件系统与工具无法对异地图书馆资源进行提取，搜索、分析、存储、共享，无法处理海量、复杂的异地图书馆大数据的集合，要达到这一目标就要利用大数据技术中的可视化分析、数据挖掘算法、预测性分析能力、语义引擎、数据质量和数据管理等技术，来推动图书馆创新服务平台的升级，快速实现图书馆技术与大数据技术对接的动态无缝连接，实现图书馆大数据服务技术的智能化规范化处理与融合存储，实现异地图书馆服务系统之间相互构成的图书馆大数据服务决策本体技术，实现异地图书馆“云服务”的人际交互引擎和控制的交互服务技术。虽然大数据技术已经广泛应用，但是在图书馆中大数据技术的应用还是需要突破，其原因是，在国家和相关政策与相关项目的支持下，我国建设中大数据的标准化及语义描述，异地多源图书馆异构资源之间的时空转换与空间尺度的融合、异地图书馆之间出现异常资源的自动探测、异地图书馆语义分类等多种技术领域还需要创新和开发，这是为图书馆大数据服务的智能化处理建立的基础技术。

1.纸质文献利用的挖掘指导及纸质文献的采访工作

对于高校图书馆来说，纸质文献服务还是主要的板块，纸质文献采购的质量优劣直接影响文献的使用和读者的满意度。如何采购到适合本校读者需求的文献。是采访人员必须考虑的问题。而运用大数据思维，综合图书馆各类数据，如借阅日志，按中图法分类统计的借阅情况、借阅读排行榜、热门图书以及零借阅图书等，再结合QQ群、微博、微信等媒体上读者的推荐信息，一些大型网上书店的图书排行、热门图书、年度推荐图书、书评信息等，就可以采购到高质量、符合本校读者需求的图书。关于纸质期刊的订购，根据历史阅览情况，可以发现读者对社科类期刊有一定的需求，而自科期刊几乎无人问津，因此图书馆做成决策，只保留阅览率较高的社科期刊，不再订购纸质自科期刊，推荐读者采用电子阅览方式获取。

2.电子资源利用的挖掘有助于资源建设的效益最大化

相对于传统的纸质资源不受时间、空间的约束，读者可以随时随地的获取。在使用传输、共享等方面优势明显，越来越受到读者的欢迎。但电子资源动辄10w、20w而中小高校图书馆总是存在信息资源建设经费不足的现象，如何将其效益最大化，在图书馆运用大数据思维来指导资源采购，好钢要用到刀刃上，购买广大师生切实需要的资源。一般来说电子资源在采购之前都要经过一段时间的使用，图书馆一定宣传到位，然后收集、存储、整理分析使用的数据。同时，在资源加入到共建共享的范围，以弥补图书馆的资源不足现象。

3.整理发布月度报告，发挥图书馆文化阵地作用

近年来图书馆大都发布年度阅读报告，我馆每季度发布人数和借阅册次统计报告，每年发布2次图书借阅排行榜，1次年度阅读报告，通过网站及微信平台对外发布，阅读报告以数据的形式记录了过去一年内阅读。报告采用的数据来自于图书馆自动化管理系统中的流通日志、书目记录、馆藏记录。门禁系统中的图书馆管理、远程访问系统的下载等信息。通过数据分析得出的报告，能客观地反映读者喜好，各院系读者的阅读倾向，从而指导图书馆调整政策、创新服务模式，院系可以根据报告情况了解学风建设的关联性。近两年来图书馆的新举措有：调整借阅册次和借阅期限，每月评选借书达人。开展一系列丰富多彩的活动，如展览，立体阅读推广，超期豁免，你选书我买单，网上在线答题等等，营造良好的环境.引导读者热爱阅读，促进优良学风建设，发挥图书馆作为学校文化阵地的作用。

4.挖掘读者信息提供个性化服务

随着大数据时代相关业界对大数据的重视及应用，大数据的特性与优势在日常的生活中显示出其巨大的优越性，人们对服务的个性化需求也提出了更高要求。正如今日头条总裁所说“今日头条的工作原理，如果用稍徽行学点的话说：我们认为，每一个人都是不同的，都是独立的，那是唯一的，那

么他阅读的资讯也应该是不同的、独立的、唯一的。”

图书馆可以根据读者的借阅历史，搜索历史挖掘读者的兴趣和信息，通过相似文献、相关文献等关联数据，向其进行页面推荐和提供个性化信息定制服务。如在检查图书时，页面会显示借过此书的读者还借过哪些书.与此书相关的有哪些书，使读者易于发现感兴趣的信息。通过图书馆微信公众账号，读者绑定一卡通后，可以查看个人借阅信息、图书馆热门图书，根据读者偏好推荐图书；借还书、预约到书时，均收到提醒信息；收集整理读者信息，将读者分类管理，如新入馆教育和毕业生离校时，可以通过微信群发功能，精准推送资讯到指定类型读者。通过这些方式，高校图书馆可以开展更有针对性的信息推荐推送服务，变被动服务到主动服务，提高服务质量。

5.构建大数据环境下图书馆服务创新保障的长效机制

大数据时代图书馆应用技术和制度上做好服务资源、服务内容与项目、服务环境等多方面的安全保障与有效机制。这就要求制定图书馆服务能力和素质提升的保障机制，要求图书馆提供的服务资源一定要按照“国家信息安全管理相关规定”严把图书馆服务资源建设的安全系数，从网络监管、图书馆技术升级、病毒处理、咨询服务、共享服务等多方面全力预防与制止各种不正常的信息的干扰和侵袭。同时，还要有效地利用大数据环境中的海量数字资源，构建大数据时代图书馆服务的标准化和科学化处理机制。根据用户需求的调查，构建基于用户需求的图书馆服务项目和服务内容的数据来随时吸收大数据环境中的海量资源，丰富与完善图书馆服务的资源库，做到为用户提供快递、安全、及时有效的图书馆服务资源的保障与完善的服务体系。

四、大数据时代图书馆服务创新面临的障碍及其对策探讨

（一）大数据时代图书馆服务创新面临的障碍

虽然，数字技术在图书馆服务领域得到了广泛的应用，但是图书馆服务技术的程度不是很高，在图书馆领域中应用很不均衡，很多图书馆的服务技术使用面窄，同国外相比有很大的差距，到目前为止，只是一些可以借鉴与

参考的理论成果和建设中的“图书馆云服务”案例与经验参考。鉴于此，大数据时代图书馆还面临如下的问题。

1.现有图书馆服务资源得不到有效的整合

目前，在很多大数据来运行网络和存储的图书馆机构或部门都是由图书馆大数据各个节点中服务功能的跨机构、跨地区的融合建设，才可以保证各类图书馆大数据的异构性。因此，大数据时代图书馆异地资源的融合性问题是需要解决的现实问题。

在大数据时代图书馆信息与知识产权的安全、管理服务质量与资源保障各个环节都受到环境等多个方面影响，需要从图书馆服务的资源联盟、共享、共建的事业来统筹考虑、通盘规划。然而当前的图书馆服务还做不到这一点，已有的图书馆联盟资源共建共享体系还不完善，还得不到有效的整合，这就不利于图书馆大数据服务的主体及时做出科学决策。因此，本文提出利于大数据改变图书馆服务资源的有效整合是必然。

2.图书馆数字化服务质量不高

从目前的情况来看，很多图书馆网络信息还存在较高的重复度，还缺乏自身的特色和针对性。各类国家级、省级、地市县级图书馆远离乡村、社区、街道用户，而乡村、社区、街道服务站点还缺少人才、技术和设备。特别是县级、乡级、社区、街道等基层图书馆的基础性资源建设工作不足，难以提供针对性的图书馆信息资源服务，总之，这些基层图书馆的服务资源都是小说、娱乐书籍、报纸类的资源较多，而有权威性、有深度、有针对性、可用性的资源很少，而结合各地实际情况图书馆开发利用的资源更是匮乏，当前，深处大数据时代的图书馆服务，要及时找到用户需求的资源还是非常困难的，这仍然是很多用户的切实感受。

3.图书馆服务技术差距很大

大数据技术是新技术的标线，图书馆现有的技术工具不能对异地图书馆资源进行有效的数据整合。要达到这一目标，从理论上要实现大数据时代图书馆异地资源融合的规范化，如何使用大数据技术，“云服务”技术、存储的流程化管理与可视化，来实现大数据时代图书馆异地资源的语义化标引与数据集成等技术。因此，图书馆服务资源的异地交互技术、大数据时代图书馆服务中，是图书馆服务技术的创新，可推动图书馆服务有效融合。

4.图书馆服务创新的保障机制不健全

图书馆服务机制保障尤其是在图书馆信息资源共享服务的需求方面，虽然，可视化理论使技术在该领域得到了广泛的应用，也积累了丰富的经验。但在大数据时代图书馆的大数据服务方面，笔者在学习和查阅国内外文献资料室，发现大数据时代图书馆大数据服务的研究还是处于初步阶段，因此，构建可视化思路和途径，实现大数据时代图书馆异地资源获取、检索的可视化工具及知识图谱等问题正是本文提出的又一个主要研究内容。显然，大数据技术应用到图书馆服务用户的关键问题，是大数据中数学算法运用到图书馆海量资源上满足不同用户异地需求的可能性。所以，大数据在图书馆服务创新与保障机制等内容的研究将大有作为。

（二）大数据时代图书馆服务创新的对策

利用大数据技术来构建图书馆服务的核心竞争力。随着网络技术、信息技术的快速发展，无数海量信息爆炸式的剧增，图书馆信息资源获取的途径越来越成为必然。这给广大用户获取所需资源带来了困难，因此大数据时代图书馆不但要保障信息资源的丰富，还要在服务机制和服务体系上不断创新，确保图书馆服务质量的变化。显然通过大数据技术对图书馆获取的海量资源进行挖掘，创造、加工、推送，得出用户的兴趣与偏好及时组织有效的图书馆信息资源，并找到不同用户常用的网络作为切入口，赢得广大用户的关注，指导各类用户快速获取所需信息，全方位满足不同用户的个性化需求，还应重视对用户数据的收集与整合来构筑大数据时代图书馆服务的核心竞争力，保证图书馆服务质量的提高。

1.创新思路与方法

正确选择大数据时代图书馆服务创新的方法与思路。

大数据时代图书馆服务方法体系的创新将遵循借鉴、继承与发展创新相结合、技术理论与实践相结合，运用多学科原理或方法相结合的方法，采用计量分析、数据分析、调研、实例分析、理论归纳等多种科学方法，并根据大数据的独特性与图书馆服务中的形成者、管理者、用户等要素，结合各学科、各领域各部门的优势，来设计与构建大数据时代图书馆服务创新研究的方法与整体思路。全面分析大数据时代图书馆建设的价值定位与实践基础、服务创新路径、创新技术、保障机制等问题，以及面临的机遇和威胁。其中，在方法与思路中包括技术理论、实证方案、历史文献与实践等；采用统计分析、数据分析、定性与定量综合集成的方法，针对研究内容的创新问题进行求解，并运用战略数据规划、结构化分析、数据流图、面向对象分析与传统方法来分析图书馆服务创新的内容、保障机制等，解决大数据时代图书馆服务的功能、结构以及创新技术、创新路径的分析和发展方向等问题；综合运用科学计量学、可视化等理论和方法来挖掘与揭示大数据时代图书馆服务建设中异地资源之间的结构及服务机制。再用知识图谱形象地展示大数据时代图书馆服务创新的发展史、前沿领域及异构资源之间的耦合关系与多领域融合的研究与发展过程，通过对大数据技术与图书馆服务创新技术的研究，绘出大数据时代图书馆服务流程及知识图谱内容，挖掘大数据时代图书馆异地资源服务。

总之，创新的方法与思路是研究大数据时代图书馆服务创新的关键，必然涵盖各种方法与思路的技术理论研究、实证研究与方案研究、历史文献保护技术与实践研究、定性分析与定量分析研究等，才能确保本文提出与研究的可信度和实用性。

2.构建人才体系

大数据技术应用在图书馆服务，其操作难度大，要求图书馆必须具备懂新技术又具有交叉学科背景的图书馆专业技能人才。

因此，具备大数据技术人才的挖掘与培养是图书馆服务领域当前的重要工作，就应该从各个方面来大力提高大数据时代图书馆职员的各种服务能力和素质，从图书馆学、信息科学、情报学、计算机与网络学等多学科交叉方面做好图书馆职员服务能力和素质的培养，充分发挥图书馆领导“知人善任”的才能，根据不同学科背景和工作能力将图书馆职员进行有效调动。如结合实际有针对性地对图书馆职员进行大数据、云计算、物联网、移动互联网等专业知识理论以及对信息科学、心理学、管理学等其他相关学科知识的培训。另外，大数据时代图书馆要重新塑造形象，以良好的内外环境和优质的待遇吸引大数据、图书馆等多学科高层次人才到图书馆工作。实践证明，大数据时代图书馆需要构建激励机制的引进与有效的培训模式。

3.构建服务联盟共享平台

根据大数据技术的集成特点，结合图书馆服务的需求，加强图书馆建设与社会服务等多方面的有效结合。成立图书馆大数据服务联盟共享平台，实现异地图书馆大数据服务资源的共建共享。在图书馆大数据服务资源联盟共享的平台中，建立图书馆大数据服务决策本体，来广泛收集与图书馆大数据服务有关的信息资源、社会服务资源，按照决策本体建设的要求，将异构资源集成到图书馆大数据服务平台上，根据用户需求随时进行图书馆语义推理和关系解析组织服务与管理、用户服务、用户要求的变化是推动图书馆服务建设在大数据时代创新与发展的动力。大数据技术对图书馆服务建设的影响也是多方面的，需要图书馆学家去研究与回答，也离不开广大用户与组织者、管理者之间的协作。尽管在大数据时代图书馆服务的发展受到技术、社会、经济乃至政策法律的制约，尚存在一些不确定的因素，可以从图书馆服务的基本原则这个基点来探索大数据时代图书馆组织服务与管理、用户服务与需求建设的基本方向。

4.信息资源“云服务”示范模式

近年来，随着移动互联、3S、物联网、云计算、大数据等多种新技术及智能系统在图书馆领域的普遍应用，生成了各种各样的海量资源数据，用大数据技术对其进行有效的采集、加工、整理、开发与利用，就能形成完整、可循环的异地图书馆大数据服务联盟平台创新数据链条，既能有效促进图书馆异地信息资源的数字化、智能化与可视化，实现图书馆的科学管理，就能加快图书馆服务技术的推广，使图书馆信息资源的集成管理与服务成为可能，推动图书馆信息资源“云服务”进程。图书馆信息资源“云服务”是改变传统图书馆、发展数字图书馆的必然选择。因此，大数据时代的图书馆服务，首先要选取已经具备较好条件和基础的图书馆来开展基于大数据技术的图书馆“云服务”示范模式，着手进行图书馆大数据服务技术的研发与应用，按照图书馆在公共文化服务体系中的角色、社会对图书馆服务发展需求，来加快建设图书馆大数据服务技术、异地资源集合、异构资源共享、异地业务协同的全国性（或区域性）图书馆“云服务”平台，调整现有异地图书馆服务系统，使大数据技术应用在图书馆建设中实现其功能的最大化。

5.财政全力支持图书馆

大数据环境下图书馆服务建设的决策研究，从目前国内外的现状来看，还处于基础阶段的研究中，其重点任务是异地图书馆资源的采集、处理、加工、开发与利用、决策模型融合基础性研究，现阶段难以产生直接的服务效益，而经费问题是图书馆难以发展的基础，也是制约图书馆发展与生存的关键问题，因此各级财政要全力支持图书馆的理论研究与基础建设，以图书馆公益性文化服务的重要基地，来吸引各级政府、高校、文教机构、IT、事业单位、乡镇社区等单位，发挥协同效应，联合政府与公关部门，使图书馆基础设施跟上时代发展的步子。为此，图书馆、各级政府和相关职能机构与部门要借鉴国外经验，来确定位图书馆的发展，将图书馆定位成学、休闲、生意洽谈等多种公益性活动的场所，其次图书馆要善于广泛争取他项目经费来积极改善图书馆的设施与环境。

大数据时代的来临，给图书馆带来了新的机会和挑战，高校图书馆要运用大数据的思维，加强馆员的数据素养教育，养成重视数据和分析数据的习惯，借助图书馆已有的数据和获取的开放数据，进行深入分析和挖掘。

总之，“图书馆大数据资源服务”这一概念不仅是图书馆数字化信息资源和图书馆服务技术的创新，更是图书馆发展思维的变革。大数据技术的应用能够为政府决策的实施提供智囊服务，为企业管理提供保障服务，为图书馆提供保障的服务系统的升级提供手段，为图书馆资源利用提供便利的通道，为图书馆大数据服务创新平台服务研究提供交叉学科协同攻关的技术方法。实践证明，组建图书馆大数据服务创新平台是一种可行的异地图书馆同服务机制，将促进异地图书馆服务与社会服务等方面的有效结合。

第四章

知识产权与图书馆

第一节 对知识产权问题的认知

一、知识产权的概念

知识产权，是由英文Intellectual Property翻译而来，在我国台湾地区则将其翻译为智慧财产权。知识产权是什么，目前还没有一个被一致认可的概念。国内外著作普遍表述知识产权概念的方式是列举知识产权的主要内容，如知识产权传统上包括专利、商标和版权三个法律领域，或者说“专利权、商标权与著作权等一般结合在一起称之为知识产权。”然而，这种方法不能揭示属概念的全部外延，只包括了专利权、商标权和著作权，而不包括于除商标之外的其他商业标记权、集成电路布图设计权、反不正当竞争等内容。关于知识产权的两个重要的国际公约则采用完全列举知识产权对象的方法表述知识产权概念。在斯德哥尔摩签订的《成立世界知识产权组织公约》第2条第8款规定，“知识产权”包括以下有关项目的权利：文学艺术和科学作品；表演艺术家的演出、录音制品和广播节目；在人类一切活动领域内的发明；科学发现；工业品外观设计；商标、服务标记、商号名称和标记；禁止不正当竞争，以及在工业、科学、文学或艺术领域内其他一切来自知识活动的权利。《与贸易有关的知识产权协议》第1条第2款规定：对于本协议，“知识产权”系指第二部分第1至第7节中所包括的所有类别的知识产权，即：

（一）知识产权类别

1.著作权及其相关权利

2.商标权

3.地理标记权

4.工业品外观设计权

5.专利权

6.集成电路布图设计权

7.对未公开信息的保护

8.对许可合同中限制竞争行为的控制

完全列举的方法表述清楚明确，但用来说明概念，则过于烦琐，而且知识产权的外延并非固定不变。随着技术进步和社会文化的发展，不断有新的对象被纳入到知识产权当中，例如，公开权（right of publicity）这一保护知名人物对其形象和身份所具有的利益的权利也被认为应当属于知识产权的范畴。从这个角度看，采用列举方式因难以列全，存在较大的缺陷。从科学的意义上讲，概念应当是反映对象的本质属性的思维形式，而简单的列举恰恰不能完成这一任务。概念本身就是人类在认识过程中，把所感觉到的事物的共同特点，从感性认识上升到理性认识，抽象出本质属性而成。所以统一知识产权概念的基础，需要从种种或同或异的列举背后，发现它们的共性。

一种观点认为，知识产权是“人们就其智力创造的成果依法享有的专有权利。”

世界知识产权组织出版的《知识产权阅读资料》中也提出，“知识产权，广而言之，意味着智力活动在工业、科学、文学和艺术领域所产生的合法权利。”这种以智力成果作为统一知识产权概念的基础的观点认为，商标也属于智力成果。对此有两种解释：一是商业标记的设计与选择凝结了智力劳动；二是商业的标记权利益来源于商业信誉，信誉的建立、维持包含了智力劳动。然而，这些解释在逻辑上的困境是显而易见的。只有当某个对象的智力含量成为该对象受保护的法律要件时，把该对象称为“智力成果”才具有法律意义。法律概念中突出的每一个特征都应当具有规范意义。如果法律不以商标的创造性作为保护要件，即使商标的设计、信誉的维持在客观上含有智力劳动，把商标称为智力成果也是无意义的。譬如，一个物的生产者可能在生产过程中投入了智力劳动，但物并不因此成为“智力成果”。从知识产权产生发展的历史来看，之前，商业标记的财产性还没有被承认，当时的知识产权类型主要是版权、专利权、外观设计权，因此用“智力成果权”来概括这些权利，在逻辑上是成立的。商标权出现之后，人们一度以商标不具有创造性为由，反对把商标权作为知识产权对待。英国商标法草案的起草者Hind march认为，商标与专利、版权不能类比，书籍和外观设计是“被创造的财产”，而对于商标，“我们没有创造任何新事物，只是对我们承认的权利提供了一种新的保护模式而已。”英国学者评论美国的Lei Dusseldorfv.Flint案时指出，该案判决之所以认定美国宪法没有授权国会制定商标法，主要是由于商标的非创造性。商业标记权，最初是与专利权一同作为工业产权，工业产权又与著作权共同被称之为知识产权。商业标记权、反不正当竞争等进入知识产权的行列，与其最早与专利权共同成为工业产权的组成部分有必然联系。

在《巴黎公约》中，工业产权的保护对象分为三类：第一类是直接产生于人类创造性劳动的智力成果，即发明专利、实用新型、外观设计。第二类是与工商业经营活动中营业者长期使用的与其商誉有直接关系的标记性权利，这类客体虽与创造性智力劳动没有多么大的联系，但特定标记与特定主体的商业经营活动相联系，亦可成为能产生“财产化”利益的源泉。第三类是将制止不正当竞争也作为受保护的一种权利，实际上即是以国际条约的方式，为缔约国设定一项在其境内规范商业行为，以便商人可以在公正的游戏规则之下进行“商业游戏”。《巴黎公约》将此三类作为工业产权的保护对象，是因为他们都关涉工商业活动中主体的重大商业利益。有学者提出，作为知识产权独立类别的商标、服务标章、商号名称、产地标志、不正当竞争之防止，其特征在于此类保护对象与人类之精神创作无关，而是法律基于维持正当交易秩序之考虑，从而予以保护。工商业标记有着独立的特征和存在意义，并不能被智力成果所包含，因此以智力成果所具有的创造性特征作为统一知识产权概念的基础是不妥当的。

相对而言，采用划分的方法表达知识产权的概念较全面。知识产权是创造性智力成果或工商业标记的所有人依法享有的权利的统称。此概念将知识产权划分为创造性的智力成果权和工商业标记权，是因其作为财产权，创造性的智力成果权的价值与工商业标记权的价值来源截然不同，创造性的智力成果权的概念不能覆盖工商业的标记权的内容。这种表述知识产权概念的方法克服了“智力成果权”概念的缺陷，体现了知识产权保护对象之间的差异，具有合理性，并成为一种较为通行的观点。然而，该观点在抽象性上仍有欠缺，未能说明同作为知识产权对象的智力成果与商业标记又具有何种共性与特征。本书认为知识产权概念统一的基础是具有一定独特性的、以非物质形态存在的知识产品。知识产权就是权利人对具有一定独特性的知识产品依法享有的支配权。

二、知识产权对象的特殊性

知识产权与其他权利的区别，或者说知识产权的特征源自知识产权对象的特殊性。首先知识产权的对象具有独特性。作为知识产权对象的作品、发明创造、商标等都有所谓独创性或原创性、创造性、显著性的要求，本书将其概括为独特性。具体来看，作为著作权的对象的作品应当具有独创性，或称原创性。就是说，一件作品的完成应当是作者自己的选择、取舍、安排、设计、综合、描述的结果，既不是依已有的形式复制而来，也不是依既定的程式或程序推演而来。

尽管在极个别情况下，可能会出现不同的人分别独立创作出相同的作品，仍各自对其作品享有著作权。毕竟这属于特例，独创的作品往往是各不相同的。专利权的对象发明创造要满足新颖性、创造性条件，即发明创造不属于现有技术范围，要与现有技术不同，并体现出进步性。对于商标，其获准注册的一个主要条件就是要具备显著性，即应具有能使人据此识别出不同来源的商品或服务的特征。这里的显著性要求对应于专利法上对发明创造的

“新颖性”要求以及著作权法上对作品的“原创性”要求。如果申请注册的商标与他人在同一种商品或类似商品（或服务）上已经注册的或者初步审定的商标相同或近似则不能够获得注册。不论是原创性、新颖性还是显著性，其共同之处都是要求知识产权的保护对象与先前已存在的作品、发明创造、商标不相同，是独特的。

知识产权的对象具有非物质性。物，是占有一定空间，能够为人力所支配并能满足人们一定物质或精神需要，以动产或不动产等形式体现的有体有形的实实在在的存在。而知识产权的对象“知识产品”，包括发明创造、文学艺术作品以及工商业标记是非物质实体的、非物理的存在，它们都表现为一定的“形式”。知识作为形式，是客观的。形式需借助质料加以表现。但是，不能将作为形式的知识与承载知识的质料混淆。质料，是知识的载体。知识被人认识和感受离不开一定的物质载体，其作为纯粹的形式可以通过与多种的、多个的物质载体相结合，使自身被任意地复制，不受限制地得到表现。因此，必须明确的是，知识与知识的载体是完全不同的两个事物。物本身与其功能或效用是不可分离的，物的转移意味着物权的转移。物体由于其物质的特定存在，使其不可能同时在不同地域被不同主体使用。而知识作为形式可以与其载体分离、结合，其功能或效用与载体无关，而承载知识的质料或载体的转移却不是知识产权的转移。以作品为例说明，一部作品可以被复制为成千上万的图书发行，每个图书购买者得到的只是作为作品复制件的图书，即得到了物以及物的所有权，而不是作品或基于作品的著作权，著作权仍属于著作权人。知识产品有着不同于动产、不动产的存在、利用、处分形态，即不发生有形控制的占有不发生有形损耗的使用、不发生消灭知识产品的事实处分与有形交付的法律处分。知识产品的非物质性决定了其只需经过一次生产，便可通过无限量地复制自身，与物质载体相结合，来满足社会的需要，而无须重新生产，并由他利用的程度决定其经济价值。

三、知识产权的特征

基于知识产权对象的特殊性，知识产权的特征通常被归纳为以下三个方面。

（一）知识产权的专有性

知识产权的专有性也称独占性、排他性，是指知识产权专为权利人所享有，非经法律特别规定或权利人同意，任何人不得利用和处分。知识产品的非物质性导致其具有公共物品的属性，在没有知识产权制度的时代，知识几近成为公共物品，只要是可被人获知，就可任意免费利用，无须为其利用行为支付报酬。知识产品由此具有了自由物品或免费物品的特征，也就是说，知识具有外部性。然而，知识产品作为人的原创性劳动的成果，并不是可以取之不尽、用之不竭的自然的赐予，它的产生支付了代价。经济学上，用稀缺资源生产出来的物品也是稀缺的，是经济物品，而非自由物品。从知识产品的产生来看，不应认为知识产品可以被任意无偿取用。就像有形的财物因可以满足人的需要，而本身又是稀缺的，获得它必须向其所有人支付代价一样，知识的有用性以及稀缺性，要求获取知识的人向其创造生产者支付对价。如果放任知识外部性的产生，必将导致供给不足。只有在产权能够界定和执行的时候，大部分与外部效应有关的问题才能有效地解决。只有对知识产品设置产权，才能使其具有排他性。随着知识产品对社会的有用性或其贡献的重要性逐渐被意识到，各国便逐步制定知识产权法将知识产品纳入到法律的保护框架之内，成为被法律确认的专属于权利人的财产。知识产权人可以基于对知识产品的专有权，独占性地获取市场利益。未经知识产权人许可，他人不得利用其知识产品，否则将构成侵权，受到法律的制裁。不过知识产权的专有性是相对的，著作权法中的合理使用、专利法中的强制许可等制度在一定程度上限制了知识产权的专有性。

（二）知识产权的时间性

知识产权的时间性是指知识产权只在法定的期限内受法律保护，权利人享有的专有权利有时间限制。一旦保护期限届满，权利即告终止，相关的知识产品就进入公有领域，成为整个社会的共同财富，任何人都可以自由接近和利用。由于知识产品具有非物质性特征，所以知识产品是一种“永不磨损”的非消耗性产品。

知识依靠表现和传递而存在，并维系其寿命。除非是知识的物质载体全部灭绝和存储于大脑中的知识的信号全部失忆，这两种情况同时出现，否则，知识的寿命是无限的，可以世代流传。法律为激励创造者，赋予其对知识产品独占地获取收益的权利，禁止他人未经权利人许可而使用。然而，这种法律赋予权利人的垄断，却不能因知识的永存性而无限期存在。知识的累积性表明它是人类共同发展的基础，任何一种创造都来源于人类共有的知识财富，因而这种创造最终也应归于人类共同的财产。社会的发展就是以知识的不断创新和积累为基础，它事关公共利益，因此应由法律规定某种知识归属于其创造者独占的期限。知识产权人只能在法律授予的垄断期限内，独占地利用其创造，获得收益。超过这个期限，权利丧失，利益由社会共享。法律通过这样的制度安排，一方面使创造者为其对社会的贡献获得报偿，从而激发更多有益于社会的创造，另一方面使社会知识不断增长和积累，满足社会公共利益的要求。各项知识产权基本上都有法定的保护期限。商标权虽有十年的保护期，但因可无限续展，相对于著作权与专利权而言，属于相对永久权。商业秘密的保有则无时间限制。

（三）知识产权的地域性

知识产权的地域性是指根据一国或地区法律取得的知识产权，原则上只在该国或地区范围内发生法律效力，而不能延及其他国家或地区。即知识产权作为一种专有权在空间上的效力是有限的，其效力仅及于本国境内。除非负有国际公约或双边协议所约定的义务，知识产权不具有域外法律效力，其他国家亦不承担保护这类权利的义务。例如，中国专利行政机构授予的专利权或中国商标行政机构核准的商标专用权，只能在中国领域内受到保护，其他国家则不必须给予保护。外国人在中国领域外使用中国专利行政机构授权的发明专利，一般不会侵犯中国的专利权。因此，中国公民或法人完成的发明创造要想在外国受到保护，必须在外国取得专利；反之亦然。知识产权的域外法律保护，必须依共同参加的国际公约或双方签订的双边协议，到请求保护国提出申请或进行登记。

四、知识产权制度的起源与发展

（一）西方知识产权制度的起源与发展

人类的知识十分古老，而作为知识的有效保护手段的知识产权制度却还相当年轻。把科学技术和文学艺术的利用权当作一种独立的财产形态，则是技术进步与商品经济发展到一定阶段的产物。经过数百年的发展演变和不断完善，尽管一直受到各种声音的质疑，知识产权制度已为世界各国普遍接受，并形成了一系列国际公约，成为各国共同遵循的准则。

在当今社会，知识经济的发展动力在于科技创新活动，而科技创新活动离不开产权制度包括知识产权法的制度创新。一部知识产权制度的发展史就是一部技术的革新史。吴汉东认为，知识产权法是近代科技和商品经济发展的产物，其产生取决于以下三方面的社会背景和条件。

1.社会生产的科学技术化

从自然经济向商品经济的发展过程中，劳动产品中的智力因素逐渐地战胜了体力因素。这段时期，科技广泛运用于生产。正如共产党宣言所说：“资产阶级在最初的一百年中创造了前所未有的生产力，机器的采用，化学在工业、农业中的使用，轮船的行驶，铁路的开通，电报的使用，使科学技术与社会生产紧密联系在一起。”

2.知识产品的商品化

长期以来，知识不被作为商品看待，知识靠祖传、口耳相授，所以技术是被局限在狭隘的手工作坊之中的。由于商品经济发展，资本主义经济结构建立，技术被迫向社会大规模转移。马克思、恩格斯曾经一针见血地指出：

“资本的神奇力量在哪里？就在把工匠变为雇佣劳动者，使他们的身体和技能都成为商品。”

3.知识财产的法律制度化

从古代罗马法一直到前资本主义时代，企业法、财产法中都没有关于保护和调整知识产品生产、传播的规定，在这个时期不可能产生知识产权法。到近代社会，由于产生了这样一种社会需求，立法者就创制了知识产权法。1623年英国的垄断法规，1709年的英国的安娜法令和1857年法国商标法，这三部法律被公认为是近代知识产权法产生的典范。对此经典作家也有一句话：“每当工业和商业的发展产生新的交往方式的时候，法律便不得不承认这是获取财产的新方式。”因此，作为市民社会不可或缺的知识产权法，成为保障市民阶级获取财产的新方式。

著作权源于对文学艺术作品的商业性利用而带来的利益。人类造纸和印刷技术的发明，以及以书籍为载体的科学技术知识、文学艺术作品的大范围传播，首先产生了对书籍印刷发行商利益的保护需求。16世纪，英王以缴纳特许费为条件授予出版商一种垄断的印刷权，即特许出版权。随着资产阶级启蒙运动的兴起和发展，人们逐渐意识到作者才是文学艺术作品创作的源泉。没有作者的辛勤创作，出版商的利益也只会成为无源之水。1709年英国颁布了世界上第一部保护作者利益的著作权法《安娜女王法》。其后欧美各国相继也建立了著作权保护制度。

通常认为，专利法的萌芽源自15世纪的意大利。世界上最早对发明创造给予专利保护的法规是1474年威尼斯共和国元老院颁布的。当时的威尼斯既是近代科学技术的发祥地和欧洲文艺复兴的中心，又是中西方经济文化的交汇地。同时，它又仰仗罗马法的法律文化悠久的历史背景，这种内外部条件促成了知识产权制度的萌芽。此后，1623年的英国垄断法开创了具有现代意义的专利制度的先河。例如该法规定，专利权授予最初的发明人；专利权人有权在国内制造和使用其产品，法律要求发明必须在英国国内是新颖的；违反法律，有碍贸易以及引起商品涨价，有害国家利益的专利无效；专利的有效期为十四年。该法确立了现代专利制度的基本原则和框架，许多原则和定义一直沿用至今，对后来各国建立专利法产生了深远的影响。后期，欧洲大陆各国和美国等相继颁布了专利法，建立了专利法律制度。

商标的产生源于商品经济的发展，但商标保护制度则出现较晚。当商标的使用日益广泛，原有的依靠商业惯例、商业道德等所维系的商标使用规则已经不能满足商人之间日益激烈的市场竞争的需要，为了区分同种商品的不同生产者，商标法律制度就应运而生了。法国颁布了名为《关于工厂、制造场和作坊的法律》，确认了对商标权的法律保护。之后，法国又颁布了最早的成文商标法：《关于以使用原则和不审查原则为内容的制造标记和商标的法律》。随后，欧美发达的资本主义国家相继制定了商标法。

资本主义商品生产的发达，促进了科学技术的广泛传播和教育的普及。尤其在欧洲，国际经济文化交流的扩大使著作权、工业产权也成为国际贸易的对象。知识产权的国际保护成为迫切需要解决的问题。比利时、法国和瑞士等十多个国家签订了《保护工业产权巴黎公约》，该公约确立了“国民待遇”“最惠国待遇”和“专利保护独立”等原则，成了国际保护工业产权的基本公约。《巴黎公约》经过修改与完善，参加的国家越来越多。目前该公约成员已发展到173个，已经成为全球性的最重要的知识产权公约之一。由于知识产权的地域性，一个权利人如果想要获得多国保护，往往需要向每个国家的知识产权管理当局分别提出申请。为了解决这类问题，世界各国又分别缔结了下列程序性公约，即《专利合作条约》（PCT）和《商标国际注册马德里协定》及《商标国际注册马德里协定有关议定书》，大大简化了专利和商标国际申请与注册程序。在著作权的国际保护方面，在欧洲国家的主导下，各国于缔结了《保护文学艺术作品伯尔尼公约》。《伯尔尼公约》确立了“国民待遇”“自动保护”“著作权保护独立”以及“最低保护标准”等原则。该公约目前已经有164个成员，成了世界多数国家之间保护著作权的基础性公约。随着传播技术的发展，《保护表演者、录音制品制作者和广播组织的国际公约》，即《罗马公约》于1961年签订，1964年生效，成为世界保护邻接权的重要公约之一。随着数字技术的发展，各国又于1996年签订了《世界知识产权组织版权条约》（WCT）和《世界知识产权组织表演和录音制品条约》（WPPT），成为保护数字化作品的作者和邻接权人合法权益的主要国际公约。1994年，作为WTO乌拉圭回合谈判的一揽子协议之一，各国缔结了《与贸易有关的知识产权协定》，协定规定了“国民待遇”“最惠国待遇”“最低保护标准”以及“平衡保护”等原则，成为目前知识产权方面保护程度最高、涉及范围最广泛的国际公约。目前协定的成员已有153个，对各个国家和地区的知识产权制度，以及国际、地区间的知识产权保护产生了重大影响。

五、知识产权合理性的经济学分析

（一）用经济分析的方法研究

萨缪尔森《经济分析的基础》一书的出版，标志着经济学达到了类似自然科学的精密程度。自此以后经济学借助着这种技术优越性向社会科学的其他学科渗透，从而给一些学科的发展带来了新气象，这一过程被一些忧心忡忡的人称为“经济学帝国主义”，法律的经济分析就是这个过程的产物。这个过程开始于的美国，以著名经济学家科斯的论文社会成本问题的发表为标志，许多关于法律经济分析的论文和专著相继出版，给法学研究注入了新的血液，展示了一个新的理论视角，形成了一个新的法学流派。在本章里，作者将借鉴法律经济分析的已有成果，对知识产权制度产生的经济必然性和可能性、知识产权制度的制度选择、权利设定、保护方式等做出经济学的解释。在完成这个任务之前，作者必须打消一些读者对于法律经济分析的疑虑，对法律经济分析的合理性做出简要解释。

（二）经济分析进入法学领域

最重要的原因在于人是理性的动物，行为理性是人的特质之一。所谓行为理性，可以简要地认为是用有效率的手段达到所要追求的目的。经济分析按照波斯纳的观点是指研究如何有效地配置资源以达到价值的最大化实现。而任何资源的配置都是由具体的人来实现的，所以经济学将现实世界的丰富的人抽象成为一个这样的理性的人：他在其生活的目的、满足方面是一个理性战大化者，即他总是偏好于更高收益的结果而不是更低收益的结果，也就是通常我们所谓“自我利益”的理性的、最大限度的追求者，他不仅对自己的行为总是具有价值判断，而且总是在权衡顺序较好的意义上选择对自己有利的行为。尽管并非每一个人的每一次具体行为都是如此合乎理性的，但是不可否认大多数人在绝大多数时间里是依据理性而行为的，因此追求效益最大化的理性行为作为一种趋势隐藏在诸多行为的背后，这就为我们以预测人的行为奠定了坚实的基础。既然理性地追求利益最大化是人的一种普遍的倾向，我们就必须把一种普遍性的制度建立于当前普遍性的人性之上，经济分析也就有了具有内在合理性。就法律而言，每一条法律规范都有行为模式和法律后果组成，选择不同的行为会产生不同的后果，这就需要人们面对不同的情形时要对不同的行为模式做出选择。在法律领域中活动的人同样是理性的，立法者在制定法律时必然要考虑法律规定的执行所要付出的成本和所能带来的收益；在具体处理案件时，判决结果对经济效率所能够产生的影响也必定对司法者适用法律产生潜移默化的制约；守法者在选择合法行为还是违法行为时，总要对自己的选择可能带来的利益进行权衡和比较，选择能给自己带来最大利益的行为。从这一点来看，法律不能直接作用于人们的行为，它只不过使作为人们行为的原有的成本和收益发生了可能的变化，法律规则的存在，事实上为人们的不同的行为产生了不同的隐含价格，人们选择守法和违法是基于对这些价格参数做出反应的结果。正因为这样，我们可以按照考察消费者对商品价格做出反应的相同方式来研究法律对人们的影响。可以说，法律本身也是人类追求自身利益大化的产物，因此通过经济分析的方法研究法律也具有了合理性。正如学者指出，立法官员的受制于法律的人们的理性行为有多大范围，对法律的经济分析就有多大范围。

经济分析进入法律领域还与制度经济学的产生密不可分。

制度经济学认为现存社会中的知识和技术规定了人们活动的上限，但是它们本身并不能决定在这些限度内的人类会取得成功。政治和经济组织的结构决定着一个经济的实绩以及知识和技术存在的增长速率。人类发展中的合作和竞争形式以及组织人类活动的规则执行体制是制度结构的核心，这些规则不仅造就了引导和确定经济活动的激励与非激励系统，而且决定着社会福利与收入分配的基础。一个社会要想维持活力就应当从制度上激发和保护经济主体的创新活动，制度结构和制度变迁是影响社会经济效率和经济发展的重要因素。法律制度就是诸种制度中最重要的制度设置，因此应该把法律制度置于经济效率之中进行研究，法律制度之中包含了经济逻辑。制度经济学的产生和发展是经济学进入法律研究的直接动因。

（三）经济分析局限性

正如批评者指出，经济分析具有局限性。这种局限性体现在：

1.过渡简化的经济模型

经济分析往往是在理想状态下，把处于复杂系统影响下的事物关系简化，从中抽出几个相互关联的几个因素进行研究，从而得出几个因素之间的联系。尽管这种抽象思考是考察事物关系时不可缺少的，并且由于其抽象性而获得了普适性，但是在现实生活中的行为都是多种因素综合作用的结果，过度简化的模型与丰富生动的社会现实之间有着巨大的差异。

2.价值判断的盲目

经济学也是具有意识形态倾向的学说，因为每一种经济学说都包含着特定的价值观念和假定，因此使用任何经济模式所产生的结果和结论也毫无例外地带有其价值倾向和偏颇。

3.对人类行为非理性行为的忽视

理性行为是经济学的基石，但是现代心理学表明，人的行为不仅受理性行为的影响，有时非理性的因素，如激情、潜意识等对人的行为也起决定作用。因为这些原因，有的经济学家把经济学的理性假定修正为效用的最大化，不过依然没有克服上述局限性。但是不可否认，只要人的行为在大多数情况下是理性的，理性经济人的假设对我们分析问题还是有用的。

知识产权制度是法律制度的组成部分，用经济分析的眼光来看，它也是人类追求效率价值最大化的产物。当然，法律制度除了追求效率这个价值以外，它还承担着其他价值公正、秩序等，个人价值的最大化应该受到限制。不过，经济分析法学家认为，这种限制也只能以对个人的激励为基础，对个人追求价值最大化的行为的限制应该局限于这样一个范围：制度的设计使个人受驱使去从事符合社会需要的活动，最后达到社会收益率与私人收益率的大致相等。经济分析法学认为有效率的制度应该能够提供给人们一种进行经济行为的激励，而这种激励从根本上只能由法律制度提供。

三、知识产品的经济性质及生产特点

在现代社会，寻求经济增长日益成为各国政府的主要目标。社会政治的稳定、人民生活水平的提高、综合国力的增强，无不依靠经济的增长。所以如何促进经济的增长就成为各国政府的最大课题，许多经济学家也为此提出了自己的理论方案。技术创新理论的创立者——熊彼特（JosephA. Schumpter）认为经济增长过程是从一个均衡状态向另外一个均衡状态的移动过程。当经济处于均衡状态时，没有变革和发展。为了追求更大的利益，企业家就要力求打破旧的均衡状态，使均衡向着更高水平跃进。这一过程的动力就是“技术创新”，即把从未使用过的生产要素和条件引入到生产体系中。经济增长理论的另一位经济学家西蒙·库兹尼茨则把经济增长的动因归结为：知识存量的增长。现今经济时代的重大创新是科学被广泛地运用于经济生产领域，自从19世纪后半叶开始，发达国家经济增长的主要源泉一直是科学技术，如电力、内燃机、电子、原子能以及生物领域的技术革新。

制度结构的变化。经济的增长包含经济结构的转变，随着新的技术创新的到来，现有的制度结构必须进行调整以适应这种变化，从而进一步促进经济的增长。

劳动生产率的提高。劳动生产率的提高是经济增长的原因之一，而劳动生产率的提高是由于劳动力受教育的程度提高、规模经济的发展以及技术知识的传播造就的。另一位经济增长理论的代表人物阿瑟·刘易斯则把促使经济增长的近因归结为努力节约、知识积累和资本积累。他指出经济的增长既取决于有关事物和生物的技术知识，也取决于有关人和人际关系的社会知识。同时他还认为尽管经济的变化并不完全产生于制度的变化，但是，在考察了制度和经济增长的一致性之后得出如下结论："制度促进增长取决于制度使报酬和努力联系在一起的程度，取决于它们允许专业分工和进行贸易的范围。取决于准许找出并抓住经济机会的自由。现在，不同国家的制度在这些方面是大有差异的。任何一个国家的制度无时不在发生变化，纵然有的快些，有的慢些，这些制度可能正以有利于增长的方式发生变化，但也可能正以限制增长的方式发生变化。"经济增长理论表明，知识存量的增长是社会经济发展的主要动因。

知识经济已初现端倪。在这个以知识为基础的经济社会中，知识对经济的推动作用越来越大，促进知识产品的增加就愈显重要。制度经济学的研究证明，制度的优劣决定着一个经济的实绩以及知识和技术存量的增长速率。按照制度经济学的解释，制度是人类设计的一种强制，用以把人与人之间的相互作用系统化。它由正式规则如法律制度、非正式规则如社会习惯以及它们的实施特征构成。法律制度的安排就是正式制度设计的重要部分，其中的知识产权制度的目的就是要为知识的生产和供给提供激励。如果把知识作为一种产品即知识产品，在法律经济学上，就要探讨如何设计一种适宜的法律制度，使知识产品的供给最大化。在法学领域，法学家认为知识产品是知识产权法律所保护的客体如"知识产权"概念的倡导者、比利时法学家皮卡第就曾将知识产权称为"使用知识产品的权利"。这一概念高度概括了知识产权客体的本质特征，强调了这类客体是人类知识的创造物，突出了它在商品生产条件下的商品属性和财产性质。同时，作为一个经济学术语，知识产品这一概念把经济分析与法律制度联系在一 起，成为本章利用经济学分析知识产权法律制度的起点。下面将从知识产品的概念、特点和分类出发，探讨知识产品的价值、商品属性、供给特点及其激励、补偿机制，探讨知识产权法律制度的设立原因、制度选择、具体的权利界定和保护方式。

知识产品的经济性质。人们通常认为，知识是人类社会实践经验的总结，是人的主观世界对于客观世界的概括和反映，也是人类通过信息对自然界、人类社会以及思维方式和运动规律的认识与掌握，是人的大脑通过思维重新组合的、系统化的信息集合。知识是一个广义的概念，它包括迄今为止人类所创造的全部知识。知识产品是与物质产品相对应而存在的客体范畴，是人类在改造自然和社会的实践中为了满足社会的需要，通过付出脑力劳动，依靠知识、智力等要素进行创造性的活动的成果，并以一定形式表现出来的一种自然科学、社会科学的成就，在经济学上，知识产品具有自身独特的性质，这些性质影响甚至决定了相应的法律制度安排。

在经济学上，按照使用和消费性质的不同，把产品分为私人物品和公共物品。所谓私人物品就是在消费和使用上具有排他性的物品，如一条裤子在某个时间只能由一个人穿着；一辆汽车不能够同时朝两个不同的方向行驶等等。所谓公共物品就是在使用和消费上不具有排他性的物品，即一个人对公共物品的消费并不减少或排斥他人对该公共物品的消费，或者由于排斥他人使用的成本过高，因而无法排斥他人使用的物品。公共产品的一个例子是核时代的军事安全。向一位公民提供核袭击保护并不削减为其他公民提供保护的数量。事实上，向不同的公民提供不同数的防止核袭击的保护是绝对不可能的。

尼尔逊（Nelson）就讨论了知识产品的公共物品的性质，随后著名经济学家阿罗（Arrow）在讨论信息经济学时也论述了知识的公共产品性质，后来许多经济学家如达斯古普塔和大卫都进一步讨论了知识产品的公共性。综合这些经济学家的观点，他们的理由不外乎以下几点。

（一）知识产品的排他性

知识产品在消费上具有某种程度的非排他性物质产品在消费上具有排他性，就是说，消费者在消费该种物品时，排斥其他人对它的消费，而知识产品则不同，因为知识产品在消费上具有一定的非排他性。知识产品同时可供无穷多的人使用，在很多情况下，人们无法排除他人使用其创造的知识。在人类历史上，无论哪个国家、哪个地区，在哪个方面的知识首先得到发展，最终都必将造福于全人类。如爱因斯坦创立了相对论，任何人只要理解了这种知识都可以应用它，当一家公司发现某个地区的消费者喜欢酸乳酪时，它并不能排除其他企业运用这个知识将生产的酸乳酪推向市场。但是，知识产品的这种非排他性不是绝对的，一些形式的知识具有排他性，例如，一些行业存在商业秘密，还有一些知识是无法用语言表达的，它隐藏在人的大脑内部。这些知识在一定的时间内都可以排除他人使用。

（二）知识产品在消费上具有某种程度的非竞争性

一个人对知识产品的消费不会妨碍其他人的消费。例如一个人把一个数学定理传授给另外一个人，他还可以继续使用这些知识，不会因为其把知识只传授给他人而使自己的知识减少。美国第三位总统托马斯·杰斐逊曾经这样描述知识的非竞争性：“从我这里接受观念的人，自己受到教育，但并不有损于我；就像从我这里点亮他的蜡烛，照亮自己而并不把黑暗留给我。”

（三）知识产品具有巨大的有益外部性

在经济学上，所谓的外部性是指不通过影响价格而直接地影响他人的经济环境和经济利益。比如抽烟者污染了空气，造成他人“间接吸烟”，直接损害了他人的利益，但是这种影响并不是通过市场供求关系的变动发生的。外部性分为有益的外部性和有害的外部性两种。有益的外部性是指该商品除了满足消费者的需求外，还能带来有益的社会效应；但商品生产的成本高于它应当支付的成本（社会成本），或者商品生产的收益低于它应当得到的收益。因此，商品有益的外部性会导致商品供应的不足。有害外部性的商品正好相反，它在满足消费者的需求的同时，还会破坏生态环境，即在商品生产的过程中对社会和环境产生的负效应，从而使社会的边际成本大于私人的边际成本，或者社会得到的边际收益小于私人得到的边际收益。

五、我国知识产权制度的起源与发展

知识产权制度对于我国来说，是不折不扣的舶来品。我国传统上是一个重农抑商的国家，长期以来并没有意识到科学技术对于生产力的巨大推动作用，这也造成了我国在近代史上一度落后的状况。我国知识产权制度的建立始于清朝末年。资本主义生产方式的产生和发展，以及变法图强的要求促使清政府着手建立近代法制，分别于1898年、1904年和1910年颁布了《振兴工艺给奖章程》《商标注册试办章程》和《大清著作权律》，这些法律给当时的中国社会带来了深远的影响。清政府覆灭后，这些法律被后来的南京临时政府、北洋政府和国民政府继承下来，作相应的修改完善继续实施。但是，由于种种历史条件所限，这些法律都没有起到应有的作用。

中华人民共和国成立以后，由于长期“左”的思想的影响，20世纪80年代以前，没有建立知识产权制度。直到中国共产党十一届三中全会以后，才着手全面建立知识产权制度。1982年我国颁布了《中华人民共和国商标法》，1984年颁布了《中华人民共和国专利法》，1990年颁布了《中华人民共和国著作权法》，1993年颁布了《中华人民共和国反不正当竞争法》。为了和国际知识产权制度接轨，我国先后加入了一系列保护知识产权的国际公约。我国于1985年加入了《巴黎公约》，1992年加入了《伯尔尼公约》和《世界版权公约》，还加入了一些著作权、邻接权、专利权和商标权等的专门条约。

1992和1993年，我国先后对《专利法》和《商标法》作了修改。

此后，为了加入世界贸易组织，使我国的知识产权法达到协定最低保护的要求，以便能顺利地与知识产权的国际惯例相衔接，我国根据国情并参照协定的相关规定，又在2000年和2001年相继对《专利法》和《商标法》作了第二次修改，并于2001年10月修改了《著作权法》，从而为我国加入世界贸易组织创造了有利的条件。2001年12月我国正式成为TRIPs协议的缔约方。2007年3月我国加入了《世界知识产权组织版权条约》和《世界知识产权组织表演和录音制品条约》，两公约于2007年6月9日在我国生效。

当前，我国的知识产权法又开始了新一轮的修订。2008年12月27日第十一届人大常委会第六次会议对我国专利法进行了第三次修正。

在2017年最新出版的中华人民共和国法律法规全书中，又全面地概括了知识产权法律的最新规定。专利法与时俱进，对原有的相对新颖性等标准做了根本性的修订，也使我国的专利法更符合时代的发展和进步。

第二节 数字图书馆与知识产权问题

一、数字图书馆中知识产权保护的原则

基于上述数字图书馆产业中知识产权保护存在的问题，笔者提出如下知识产权保护原则。

（一）作者收益权核心化原则（或结果化、利益化原则）

该原则是指在数字图书馆建设中，对著作权的保护必须以权利人的收益权（即获得报酬权）为保护的重点和核心。也就是说，著作权人在数字图书馆中行使的主要权利就是收益权，这是确保数字图书馆顺利发展的必需。

如前所述，搜集、保存和传播人类知识信息是历史赋予图书馆的特殊社会使命，而在当今数字信息时代，尤其是现在的“内容革命”时期，这一使命的重要性更加突出，成为关系到国家民族利益、关系到社会公众利益的大事。因此，数字图书馆的建设和发展，比历史上任何时期都显得至关重要。而现在大量的事实已经说明，获取海量作者的授权许可已经成为数字图书馆馆藏资源建设的拦路虎。如果再一味强调作者对其作品的独占使用权，就会阻碍数字图书馆的建设与发展，从而损害社会公众的利益。从另一方面看，现在我们正处于一个信息传播与共享时代，这是推动社会向前发展的基础。网络与数字图书馆都是适应这一社会需求的产物。作者既是作品的创造者，也是信息的需求者与共享者，因此数字图书馆的生存与发展对作者的创作活动乃至整个人生的发展都起着关键作用。而要想充分利用数字图书馆的信息资源，首先就要有将自己的作品进行传播而非将其封闭起来孤芳自赏的意识。因此可以说，现在作者关心的已不是授权问题，而是其作品如何被推销并因此获得相应报酬的问题。而且作品被使用并因此获得相应报酬，这也是作品得到社会认可的最好方式。因此，在当今的时代背景中再一味强调作者对其作品的独占使用权已经是不现实之事，是与网络存在的根本及社会对数字图书馆的需求相矛盾的。而只强调保护作者的收益权则既能保护作者的合法经济利益，从而不损害作者的创作热情，又有利于数字图书馆的发展，因此完全符合著作权的利益平衡原则。

（二）知识产权实施与保护的中介化原则

所谓知识产权实施与保护的中介化原则是指在数字图书馆建设中，对知识产权的保护走中介化道路。也就是说，通过中介组织来实现、促进与保护知识产权主体的知识产权。这里的中介组织包括著作权集体管理组织、专利事务所、商标事务所、产业协会或行业协会等。

作为知识产权客体的智力成果是由特定的自然人独立完成的，其权利依照法律或当事人之间的约定分别归属于完成人、合作人、委托人、所在单位等。对于这些知识产权权利主体而言，享有权利是重要的，而行使权利、保护权利与实现权利所带来的利益则可能是更重要的。而在行使和保护其权利

过程中有许多选择和渠道，比如，知识产权主体自己行使和保护、中介组织等第三人代为行使和保护、国家保护等。其中，中介组织代为行使和保护是目前最值得重视、最适应于网络环境的保护方式。这一点在数字图书馆中表现得最为明显和突出。因为数字图书馆是网上最大的信息资源库，其需要收集、组织和传播的信息资源是海量的，因此其所需要获得的作者授权也是海量的。而且随着数字图书馆法律问题研究的发展，这种海量的资源收集及海量的作者授权需要还会倍增。导致的结果是，一方面，知识产权主体无法或难以自己行使和保护其知识产权的现象将越来越突出；另一方面，数字图书馆要想一一获取作者授权的可能性越来越小。因此要解决这一矛盾问题，最有效的方式就是通过中介组织。因为中介组织的职能就是代为管理著作权人的作品使用权，使作品使用者能以合法快捷的方式获取作品使用权。因此，可以说由中介组织代为行使和保护知识产权主体的合法权益是一条便捷、经济、实用的路子。事实上，发达国家知识产权之发达与保护程度在很大程度上受益于其中介组织的参与，受益于中介组织的及时有效的专业化服务。然而，由于各种原因，我国中介组织发展缓慢、滞后甚至欠缺，对有利于数字图书馆建设与发展的中介组织的理论研究及实践更是不足。因此，在当前数字图书馆的建设时期，加大对中介组织的重视、研究及发展已是迫在眉睫之事。

当然，强调知识产权实施的中介化并不是削弱、否定或排斥知识产权人的合法权益，而通过中介组织来强化、保护知识产权人的合法权益，是在尊重知识产权人意志基础上的中介化。

（三）知识产权保护的国际化原则

所谓知识产权保护的国际化原则是指在数字图书馆建设中，对知识产权的保护应突破传统知识产权法的地域性限制，走保护的国际化道路。

在当今数字信息时代，“信息传播技术给知识产权保护带来三大矛盾，其中包括网络的无国界性与知识产权的地域性的矛盾”。传统的对知识产权保护的地域性限制是指按照一国法律获得承认和保护的知识产权没有域外效力，他国对该权利没有保护的义务。在网络环境中，信息传输的快捷性、超国界性、超时空性、海量性显然与知识产权保护的地域限制不相适应。这种矛盾现象在数字图书馆中表现得尤为突出。数字图书馆作为网上信息的收集、组织与传播中心，实现信息资源的国际化共享本是其追求的目标之一。需要说明的是，信息资源的国际共享并不等于信息的无偿共享。因此如果对享有产权的作品不实行国际性保护，那么该作品在网络环境下实际上就处在一种无保护状态。因为虽然在某一国内该作品的使用受控于著作权人，但该作品却完全可能因为知识产权的地域性限制而被其他任何国家的数字图书馆任意收集并上传到网上传播。这对权利人的权利侵害是可想而知的。这实际上也剥夺了该作品权利人在其权利保护国应该享受的权利，有违知识产权的立法原则。现在国际社会已在努力改变这种冲突和矛盾，力求实现知识产权的全球化保护。Trips协议、WCT、WPPT就是最好的表现。但是，这些协议、条约只对协议或条约的加盟国发生效力，而网络是无国界的，数字图书馆的服务也是遍及全球的，因此要从根本上解决问题，还需要国际社会共同努力，形成数字化作品在网上的国际保护惯例。当然，这种国际保护依然应该受到相应的法律所规定的其他权利限制的约束，从而不损害社会公众的利益。

（四）确保社会公众利益原则

该原则是指在数字图书馆产业建设中，对知识产权的保护要在着重保护知识产权主体合法权益的基础上，保护和促进社会公众利益。

数字技术、网络技术的发展在给公众的权利保护带来挑战和冲击的同时，也给权利人的利益保护带来新的希望。因为正是这种挑战和冲击，使全社会的关注焦点都集中在了如何保护作者利益上。各种有利于作者权益保护的措施或建议不断涌现，使作者原有权利范围有可能得到扩展，新的权利有可能增加，权利的数字图书馆法律问题研究完整性有可能得到增强。就以数字图书馆领域所涉及的著作权来说，现行法律授予其在使用版权作品方面几乎是零特权，这使其在此方面一直是小心翼翼的，不敢轻易越雷池一步，提供给社会公众免费阅览的信息基本上都属于超过了《著作权法》保护期或不属于《著作权法》保护的作品。而那些具备经济价值、具备极高时效性和实用性并受《著作权法》保护的作品，只能由有能力支付使用费的用户（主要是集体用户或单位用户）使用。为买不起书的人提供免费看书学习的机会，为社会公众创造博览群书的条件，从而达到进行社会教育，提高全民文化素质的目的，这本是传统图书馆生存与发展的根本原因之一。而数字图书馆在这种基础服务方面对服务对象只能采取区别待遇政策，必然严重限制信息的传播范围，从而影响数字图书馆有效履行其社会教育职能和信息传播职能，也不利于数字图书馆的发展。而现在暂时性复制权、公共借阅权、数字化权、超级链接权等有利于作者的种种权益的提出及其倍受各界关注的程度，更是让数字图书馆在这方面感觉前景暗淡无光。与数字图书馆的开发技术相比，数字图书馆中涉及的知识产权保护问题，已明显成为制约数字图书馆建设的主要因素。长此以往下去，社会公众的利益将会受到极大的影响。因此，可以说现在真正是到了在保护作者利益的同时，必须重视保护和促进社会公共利益的时候。在数字图书馆这种与社会公众利益密切相关的特殊领域，确保社会公众利益原则确实显得尤为重要。

需要说明的是，确保社会公众利益原则与前述的作者收益权核心化性原则并不是相互矛盾的。它们是一种互相弥补、相互制约的关系。也就是说，对作者收益权核心化原则的实施，要受制于确保社会公众利益原则的履行；而对确保社会公众利益原则的履行，则要以不损害作者的合法经济利益（即不违反作者收益权核心化原则）为前提。

（五）促进数字图书馆产业发展原则

该原则是指在数字图书馆建设中，对知识产权的保护应在维护作者合法利益的前提下，促进数字图书馆产业的发展（对知识产权的保护要以促进数字图书馆产业的发展为前提）。具体来看，该原则要求对知识产权的保护应在赋予作者的权利与要求数字图书馆承担的保护义务方面做到两个区分：第一是将数字图书馆产业与其他信息服务产业区别开来；第二是将公益性数字图书馆、商业性数字图书馆、混合性数字图书馆区分开来。也就是说，数字图书馆产业与其他信息服务产业之间、不同性质的数字图书馆之间在承担的知识产权保护义务及享有的豁免权方面应有所区别，不能一刀切。进行这两种区分的原因主要在于：

首先，数字图书馆产业与其他信息服务产业之间在生存目标、社会功能、服务对象、服务范围等方面存在一定差异。从生存目标上看，虽然数字图书馆已突破了传统图书馆那种单一的、纯公益性的组织形式，混合性、商业性数字图书馆大量涌现，但作为一个产业来说，其并未脱离与生俱来的公益性属性。也就是说，追求社会效益依然是其生存的主要目标之一。因为纯公益性数字图书馆依然是该产业的重要组成部分。而且由于公益性并不等于无偿性，所以虽然商业性数字图书馆是以追求经济利益为目标，但图书馆服务于社会公共利益的固有属性，决定了其在开展的服务内容、服务方式、产生的效果等方面在主观上满足其经济利益的同时，也在客观上起到一定的服务于社会公共利益的作用。而与数字图书馆相比，追求纯粹的经济利益是其他绝大多数信息服务产业的生存目标。从社会功能上看，在当今以内容为基础的信息时代的竞争中，数字图书馆是国家发掘文化遗产的经济价值、应对世界文化市场竞争挑战的主要手段，是国家信息基础设施的重要组成部分。这些是其他信息服务产业所无法比拟的。从服务对象及服务范围上看，数字图书馆的服务对象及范围在整个数字图书馆法律问题研究个信息服务产业中是最普遍、最大众化、最广泛的，也是最多的。因此，与其他信息服务产业相比，其与社会公众利益的关联度最大，产生的社会效益也最高。所有这些都说明，如果对数字图书馆与其他信息服务产业所涉及的知识产权问题采用一刀切处理模式，不考虑各自特点，不考虑数字图书馆与社会公众利益密切相关的特殊性，势必影响数字图书馆产业的发展。

其次，虽然整个数字图书馆产业带有公益性属性，但是，就不同性质的数字图书馆来看，在生存的宗旨和目标、承担的社会职能、服务方式等方面却依然存在着不同和差异。因此，在其涉及的知识产权保护问题上，如果不考虑各自的特点，采用一刀切模式，那么，如前所述，其导致的结果必然是，要么阻碍公益性数字图书馆的发展（如果立法主要是考虑商业性数字图书馆的特点）；要么给商业性数字图书馆带来其不应享受的特权（如果立法主要考虑公益性数字图书馆的特点），从而损害作者的合法利益，为整个数字图书馆产业信息资源的发生源建设带来负面影响。而且在数字图书馆实行市场准入后，国民待遇原则还会使国外的相关主体也照样享受同样的特权，那就有可能给我国的数字图书馆产业在国际文化市场的竞争带来不利影响。最终影响我国数字图书馆产业的发展，影响社会公众利益。

二、数字图书馆中知识产权保护的范围

如前所述，在数字图书馆建设中，现行知识产权保护范围的适用性已经受到巨大的冲击与挑战。因此，要想促进数字图书馆的建设与发展，就必须重新审视和构思在数字图书馆这个特殊领域中的知识产权保护范围。

（一）关于主体范围

数字图书馆的特殊性将使知识产权主体范围呈现以下特点。

1.法人及其他组织将成为数字图书馆领域主要的知识产权主体之一

数字图书馆与传统图书馆的最大区别之一就在于馆藏资源的组织及存在形式。也就是说，与传统图书馆以单独媒体（即仅能满足读者的视觉需求）的图书及报刊为其馆藏的基本构成要素不同的是，各种类型的电子数据库、多媒体作品成为数字图书馆信息资源的主要存在形式。即使与其他网上信息服务机构相比，数字图书馆也是数据库或多媒体作品的最大的使用者或传播者。而数据库及多媒体作品（尤其是数据库），是一种不仅需要多人的通力协调与合作，而且需要高投入的作品。因此，与电影作品一样，其著作权主体几乎都属于组织开发这类作品的法人或其他组织主体。也就是说，各种数据库、多媒体的开发或制作公司、企业或其他法人或非法人组织将与自然人一样，成为数字图书馆领域主要的知识产权主体。注意协调和处理好它们之间的权利义务关系，是数字图书馆不容忽视的问题。

2.衍生作品主体在数字图书馆领域凸现

所谓衍生作品主要指对原始作品再加工后产生的作品，主要包括二次文献作品、三次文献作品等。而这些作品多半又是以数据库、单独媒体作品或多媒体作品为存在形式。对于这些作品的知识产权主体，除了上述的各种数据库、多媒体的开发或制作公司、企业或其他法人或非法人组织以外，数字图书馆也是知识产权主体之一，而且应该是其中最主要的主体。因为开发各种书目、指南数据库等二次文献数据库，研制各种信息咨询报告、文献信息综述等三次文献作品，本来就是数字图书馆为读者提供信息检索导航服务及参考咨询服务的工具。所以，如何解决数字图书馆的自主知识产权问题及其与个体作者之间的权利义务关系，也是数字图书馆需要注意的问题。

二、数字图书馆知识产权问题研究

作品的投资开发者将有可能成为数字图书馆领域主要的著作权或相关权利主体按照《世界知识产权组织版权条约（WCT）》第5条及（（Trips协议）第10条第2款的规定，数据库要想作为汇编作品获得著作权法的保护，必须具备一个条件，那就是在数据库材料的选择和编排上都必须具有独创性。而事实上这种原创性标准只能给数据库带来一种版权上的弱保护。从而使大量的“非原创性数据库”处于一种法律保护的真空地段，为数据库建设中的“搭便车”行为的产生创造了条件。为了打击这种不正当竞争行为，保护数据库投资开发者的合法利益，促进数据库产业的发展，欧盟实施了《关于数据库的法律保护指令》，对数据库实施一种与著作权相关但又有别于著作权的特殊权利保护，专门用于保护数据库投资者的利益。虽然这种特殊权利保护目前在国际社会还未得到普遍认同，但应该看到，既然《著作权法》能将电影制片商的投资利益纳入其保护范围，那么将与电影制片商的投资利益相类似的数据库、多媒体作品投资者的利益纳入其保护范围也不是绝不可能的事。数字图书馆作为数据库、多媒体作品的最大的使用者与传播者，应该对此问题有一定的前瞻性并做好相应的准备，这样才能到时做到临阵不乱，能有效处理好与这类作品的投资者之间的权利义务关系，以推动数字图书馆产业的发展。

（一）关于客体范围

数字图书馆作为网上的信息资源贮存与传播中心，其所涉及的信息资源类型是最齐全的，因此明确界定版权客体范围对于有效保护他人和自己的知识产权有至关重要的作用。

数字图书馆贮存与传播的都是数字作品（包括对印刷版作品扫描后产生的数字化作品、直接在电脑上创作产生的数字作品、网上的“原创作品”）。这类作品与传统载体作品的不同点只在于作品的载体和存在形式，而作品的内容和表现形式并没有改变。也就是说它们并不是什么新型作品，只是作品以数字化形式存在而已。因此，它们同样属于《著作权法》的客体范畴，受《著作权法》保护。《著作权法》没有将其明确列出的原因是为了避免重叠设置客体类型。此外，我国最高人民法院颁布的《关于审理涉及计算机网络著作权纠纷案件适用法律若干问题的解释》，也为数字图书馆界定著作权客体范围确立了标准。该司法解释第2条规定：“受著作权法保护的作品，包括著作权法第三条规定的各类作品的数字化形式。在网络环境下无法归入著作权法第三条列举的作品范围，但在文学、艺术和科学领域内具有独创性并能以某种有形形式复制的其他智力创作成果，人民法院应当予以保护。”因此，在网络环境中，满足著作权客体认定标准（即属于文学、艺术和科学领域，具有独创性和复制性特点）的数字作品都属于受《著作权法》保护的客体范畴。

虽然我国最高人民法院的司法解释为数字图书馆领域的著作权客体确立

了认定标准，但对于数字技术所创造出来的一些新型数字作品（如多媒体作品、网页等）的法律性质和作品属性等问题，现有法律却没有任何明确、具体的规定。因此，界定其法律性质及作品属性对数字图书馆明确自己的权利和义务，以有效保护著作权人的合法权益有着重要作用。

（二）关于多媒体作品

多媒体是个尚处于发展中的新生事物。目前有关多媒体作品的定义在国内外都还尚无定论，处于一种众说纷纭的状态。但对多媒体作品的特点的认识可以说已初步达成了一定共识，那就是多媒体作品在制作上的系统性、内容表现手法上的多媒体性，以及信息传达及利用中的交互性。制作上的系统性是指多媒体作品的制作是一项系统工程。具体说来，包括以下步骤：

（1）选择收集作品的素材，包括文字、音乐、绘画及其他有助于充实作品内容的所有参考资料。

（2）确定作品内容的结构、脚本写作、版式规范。

（3）选用或开发多媒体制作工具。

（4）按总体设计规范开始脚本、绘画、音乐的创作。

（5）用工具软件对所有素材进行合成、调试，最后制成可播映的产品。

（6）内容表现上的多媒体性是指多媒体作品可以同时满足读者视觉、听觉上的各种感观需求。

以多种形式表达作品信息的多种功能。信息表达及利用上的交互性是指用户使用多媒体作品时可以根据自己的需求对作品内容进行随意组合、增删、移位。可见，多媒体作品并非简单的传统作品的数字化形式，而属于一种新型的数字作品。

很显然，立法的滞后性不可能使多媒体作品这种新生事物出现在现有版权法所列举的作品中，但这并不意味着多媒体作品就不能获得法律的保护。

多媒体作品所具备的上述特点，就决定了其作为版权作品的法律性质。首先，从独创性上看，上述多媒体作品的制作过程充分体现出，多媒体作品并非一般文本作品的简单汇编组合，从选题策划、版式设计、脚本创作，到图像、动画、音频和视频制作，应用软件的选择或开发，以及检索程序的编制，都包含着制作者的创造性劳动。其次，从可复制性上看，多媒体作品无论是贮存在磁盘、光盘上，还是存放在网络上、贮存在计算机的RAM中，都具备可复制功能，能被用户复制、下载、套录，完全符合版权作品的可复制性标准。因此，可以说多媒体作品完全属于《著作权法》意义上的作品范畴。这也是目前国内外对多媒体作品法律性质问题所达成的普遍共识。因此，数字图书馆在对多媒体作品加以利用时不应以其未被列入著作权作品范畴而忽视对其的保护。

（三）多媒体的作品属性

多媒体作品要想获得法律的有效保护，必须解决另一个关键问题，那就是多媒体作品的作品属性（即作品类别）及保护模式。对这个问题目前在国际社会有不同的解决方案。

1.欧盟的数据库保护模式

欧盟将多媒体作品视为一种特殊的数据库，按照其数据库保护指令对其加以保护。其理由是，多媒体作品在组成素材、编排方式、利用方式等方面都与数据库的特征相吻合。

2.视听作品模式

即将多媒体作品作为视听作品来加以保护。比如，美国1995年公布的信息基础设施工作机构知识产权工作组的报告“知识产权和国家信息基础设施”，即通称的“白皮书”就认为，从作品包含的成分上看，多媒体作品中含有文本（文字作品）、计算机程序、音乐、静态画面（美术和书法作品）和动态画面，与视听作品的构成相吻合，因此可将其视为视听作品。

3.汇编作品模式

即将多媒体作品视为一种汇编作品来加以保护。我国的许多学者持这种观点。

4.单独类保护模式

即是指在《著作权法》中专门设立“多媒体作品”类。

5.在版权作品中取消作品分类模式

上述模式都有一定的道理，但也存在不合理之处。第一种模式存在的对数据库制作者保护过重的不足不会因应用于多媒体作品而消失。而视听作品不具备交互性特点，这恰恰是多媒体作品区别于传统作品的基本特点之一，因此第二种模式的恰当性还存在问题。第四种模式缺乏一定的前瞻性。因为随着数字技术、多媒体技术的发展，数字化、多媒体将完全可能成为作品存在的主要方式，如果将多媒体作品专门立类，那在未来将更加难以区分作品类别。第五种模式在目前显然不具备可行性。因为不同的作品享有的权利及权利归属是存在差异的，而第五种模式混同了不同类别作品的权利主体之间的权利与义务，违背了法律的公平原则。目前看来，第三种模式的可行性最大。按照我国修订后的《著作权法》的规定，汇编作品是指汇编了若干作品、作品的片段或者不构成作品的数据或者其他材料，对其内容的选择或者数字图书馆法律问题研究体现了独创性的作品。多媒体作品是由不同媒体素材“汇编”而成的，虽然其“汇编”方式与传统汇编作品的汇编方式存在很大的不同，但《著作权法》并未将汇编作品中的汇编方式局限于传统方式，因此将其应用于多媒体作品并无不妥当之处。在我国司法实践中，数据库也被视为一种汇编作品来加以保护。因此，只要多媒体作品在其材料的选择及编排上体现独创性，那就属于版权意义上的汇编作品而受《著作权法》保护。

至于多媒体作品的权利归属问题，从世界动向来看，主要归结为在作者（对作品的完全形成有创造性贡献者）与制作者（对作品制作进行构思和承担责任者）之间平衡权利的分配问题。笔者认为，影视作品的权利归属原则值得多媒体作品参考借鉴。即由作者享有署名权，其他权益由制作者享有。理由在于：多媒体作品的制作是一项系统工程，绝非单个自然人之力可为之，因此总体制作者在整个制作过程中起着决定性作用。制作者在资金投入、责任承担方面与数据库开发投资者一样起着重要作用。为了鼓励多媒体产业的发展，法律应充分保护制作者的利益。多媒体作品的制作过程十分庞杂，分为多个阶段，涉及大量的不同类型作品的作者，如果将多媒体作品的权利归属于涉及的所有作者，那就限制了多媒体作品的授权使用和传播。因为只要有一个作者拒绝将其享有的作品使用权利授予用户，用户就不能使用该多媒体产品（尽管该用户可能已经获得了其他所有作者的授权）。而且要用户一一去取得每个作者的授权，这本身也不具备可操作性。当然，保护制作者的权益，也不能损害作者的合法利益。因此关于作者与制作者之间的权利义务关系，应通过合同由当事人之间自行解决。总之，无论多媒体作品属性及保护模式在法律上最后将如何定论，尊重相关权利人的知识产权却是数字图书馆在利用这种作品时所必须要牢记的。

（四）关于网页

网页是否属于《著作权法》保护的作品范畴呢？

从本质上看，网页只是网络信息的存在与展示方式，就如同书页是传统作品的存在与展示方式一样。一个网络作品可能只有一个网页，也可能有几个网页，这决定于该作品的信息含量。此外，从人的视觉角度上看，不论什么类型的作品，其在网上都是以网页的方式展示在用户面前。多媒体作品是这样，文本作品是这样，美术作品、音乐作品同样是这样。当在网上传播的某个版权作品遭受版权侵害时，其版权人只会以作品而非网页名义提起侵权诉讼，从这个意义上说，网页本身并不能算作作品，因此也就不存在对其的保护问题。但是，对于ICP、ISP、OSP或其他任何网络主体（包括自然人、法人或其他组织），为了在网络这个虚拟空间开拓自己的发展领地而在网上设计的网页（网站）来说，情况就完全不一样了。在1999年审结的瑞得公司诉宜宾翠屏区东方信息服务公司侵犯网页作品著作权一案中，法院就认为原告的主页虽然所用的颜色、文字及部分图标等属于公有领域，但将该主页上的颜色、文字、图标以数字化的方式加以特定的组合，给人以美感，而不是依照客观规律对客观事物的简单排列，是一种独特构思的体现，具备独创性，并能被复制和传播，因此该主页应被视为受《著作权法》保护的作品。与该案类似的还有著名的新浪诉讼搜狐抄袭其网页案。我国最高人民法院颁布的《关于审理涉及计算机网络著作权纠纷案件适用法律若干问题的解释》明确规定，在网络环境下无法归入《著作权法》第三条列举的作品范围，但在文学、艺术和科学领域内具有独创性并能以某种有形形式复制的其他智力创作成果，人民法院应当予以保护。

这些案例及我国最高人民法院的司法解释都充分说明，虽然网页无法归入《著作权法》第三条列举的作品范围，但只要网页符合《著作权法》的保护标准，即在文学、艺术和科学领域内，具有独创性和复制性，就应受《著作权法》保护。

三、数字图书馆法律问题研究

利用超级链接建立知识导航库及进行网上虚拟资源下载是数字图书馆建立虚拟馆藏资源的两种主要方式。但这两种方式都可能涉及网页的版权问题。尤其是在学科专题知识导航服务中，数字图书馆需要利用图文加框深层链接方式，对相关网页进行增删、拼接、移动和重组。虽然这样能有效满足用户的信息需求，但却容易使数字图书馆处于可能侵犯他人的修改权、保护作品完整权等相关权益的境地。另外，数字图书馆在下载其他网上资源来建立自己的虚拟馆藏或镜像站点时，也不排除某些相关网页会成为其下载目标。因此，数字图书馆在进行这些服务时，千万不能忘记，满足著作权客体认定标准的网页同样受著作权法的保护，尊重这些权利人的合法权益是数字图书馆避免纠纷顺利发展的前提。

关于权利范围《著作权法》为著作权人设立了4项人身权利、12项财产权利。这就意味着，在著作权人享有这16项权利的同时，社会公众即承担着不能侵犯并保护这16项权利的义务。在当今数字信息时代，数字图书馆既是信息产品的生产者，更是作品的主要利用者和传播者，因此作为信息产品的生产者在对其生产的信息产品享受相应的著作权的同时，也必然要遵守《著作权法》规定的权利保护范围，必须承担着不侵犯并保护著作权人的所有合法权益的义务。这本是毋庸置疑之事。但是，如前所述，现行法律为权利人设定的权利保护范围，并不完全适用于数字图书馆领域，与数字图书馆的建设发展发生了冲突，使平衡作者利益与社会公众利益的立法原则在数字图书馆中不能得到有效实施和体现。

具体来看这些冲突主要体现在两个方面：一方面是从保护权利人的权益出发，认为应该将“公共借阅权”和“暂时性复制权”纳入权利保护范围；另一方面则是站在保护社会公众利益的角度，认为应该对权利人的权利进行某些限定，赋予数字图书馆一定的作品使用豁免权。

笔者认为，这两方面并不相互矛盾。将权利人应该享有的权利赋予权利人，这本是《著作权法》保护作者合法权益立法原则的体现和要求，同时在特定条件下对其权利进行一定的限制以防止其损害社会公众利益，阻碍科学和文化艺术的发展，这也是《著作权法》利益平衡立法原则的体现和要求。因此，基于《著作权法》保护作者合法利益原则和利益平衡原则的要求，笔者认为，在数字图书馆中，知识产权的权利保护范围应作如下调整。

将公共借阅权纳入权利保护范围的原因分析。公共借阅权PLR（Public Lending Right）是指作者所享有的从图书馆出借自己的图书中按出借次数获取版税的权利，又称为图书馆使用费、作者出借权等。将公共借阅权纳入著作权保护范围的理由在于：

（一）这是有效保护著作权人合法经济利益的必需

自公共图书馆产生之日起，为社会公众无偿提供信息资料的借阅服务就成为其存在的标志。在图书馆借阅图书并不属于《著作权法》意义上的作品使用方式的观点早已根深蒂固。但是，如前所述，数字技术、网络技术的发展在使数字图书馆能高质、高效地开展网上借阅服务（包括网上阅览和下载）的同时，却使版权人的合法经济利益时刻面临遭受损害的危机。从服务效率上看，网上借阅服务数字图书馆法律问题研究是点对面，不具备排他性，一书多人，甚至可以一书同时供上百人、上千人、上万人乃至全球的网络读者同时阅读、下载。从服务质量上看，网上借阅服务具备超时空性、方便性、灵活性和针对性等特点。用户足不出户，就可以在自己所喜欢的时间、按照自己所喜欢的方式、针对自己的个人喜好，方便、灵活、省时、省力地阅览和下载自己所喜欢的作品。很显然，其结果必然是数字图书馆的阅览服务成为读者到书店购书阅览的替代品，从而严重影响版权人作品的市场销售，损害版权人的合法经济利益。因此，为了保护并激发作者的创作热情，促进社会科学、文化和艺术的发展，迫切需要相关法律对此问题进行规范，而公共借阅权则是最佳选择。

（二）现有法律规范难以有效平衡

版权人与社会公众在借阅服务中产生的利益关系，而公共借阅权则能有效弥补这些权益在此方面的缺陷。与数字图书馆网上借阅服务相关的规定主要有信息网络传播权、复制权、合理使用、法定许可等。但是，这些法律规范并不能有效地解决版权人在借阅中所可能遭受的损害，不能构成公共借阅权的有效替代。

首先，关于信息网络传播权。从表面上看，信息网络传播权虽然能够控制数字图书馆未经版权人许可随意使用版权人作品的行为，但其并未考虑到数字图书馆的特殊性，因此并不能很好地解决这个问题。因为与教育产业一样，数字图书馆产业是一个兼有一定公益性特点的产业，保存民族文化遗产，提供全民文化素质教育等公益性职能是其永远都不可推卸的社会职能。而要履行好这些职能，则需要为公民提供一定的免费获取信息的机会。因为即使收取极少的信息借阅费，也会将一定的读者拒之于数字图书馆的门外，也可能极大地减少公民获取信息、提高自身素质的机会。这与国家实行九年制义务教育的基本国策是一样的道理。但是，信息网络传播权则限制了这种

机会。即使对该权利进行限制，也只能赋予公民一定的法定许可使用权。因为合理使用制度实质上也是让数字图书馆无偿提供网上借阅，那么损害作者合法权益的现象同样很难避免。而法定许可依然是一种付费服务，因此并不能最有效地促成传承民族文化、提高全民文化素质职能的履行。所以说，仅仅依靠信息网络传播权并不能有效解决这个问题。

其次，关于复制权。按照《伯尔尼公约》第9条的规定，复制权是指作者享有的以任何方式或形式复制其作品的权利。这一规定可以说囊括了网络环境下的所有复制方式，包括所有长期性的或永久性的上载或下载复制，以及所有暂时性的、间接性的、计算机系统自动进行的临时性复制。但是，不论哪种形式的复制权，都不能解决数字图书馆借阅服务中产生的版权纠纷及利益平衡问题。

就永久性复制权来看，它虽然能控制读者未经版权人许可随意下载版权人作品的行为，可以在一定程度上减少对版权人合法利益的侵害，但是，它并不能完全保障版权人的合法经济利益。因为很多大众化的、适合于社会大众阅读的作品（如各种小说、诗歌等文学作品、各种涉及人们日常生活的普及读物等）仅靠网上浏览方式（即只能浏览不能下载）就能满足许多读者的阅读需求，而且需要时还可随时上网去浏览，根本无须下载来占据自己计算机的内存空间，当然也更不需要花钱去书店购买（有收藏嗜好的除外，但这部分人毕竟是极少数）。这必然对版权人作品的市场销售带来负面影响。而对于那些为教学或科研目的使用作品的行为，则又会因为该复制权的控制而不能下载其所需要的信息，这对科研的进步、学术的发展不能说没有一定的负面影响。因此，该项权利并不是解决问题的最佳选择。

就暂时性复制权来看，从目前国际社会的普遍做法及态度来看，基本上都认为应将该项权利赋予版权人，同时应对其在某些数字图书馆法律问题研究领域（如图书馆等）进行一定限制，以保护社会公众的利益。但事实上，即使将该权利纳入权利保护范围，也不能有效解决数字图书馆借阅服务中存在的版权纠纷及利益平衡问题。因为要是在数字图书馆领域对该权利进行限制，赋予读者合理使用或法定许可使用特权，那么产生的结果是，要么相当于版权人不享有这项权利（也就意味着只能依靠永久性复制权来保护版权人的利益），要么如同信息网络传播权一样，不能最大限度地保证数字图书馆有效履行其公益性职能；反之，要是不对该权利进行限制，那么数字图书馆就只能将该项服务完全改变为收费服务，其结果是社会公众的利益难以得到保障，图书馆的全民文化教育职能难以得到有效履行。因此，暂时性复制权亦不是解决这个问题的有效工具。

公共借阅权正好能弥补信息网络传播权和复制权在这方面的缺陷。因为该权利从其产生之日起就是一项专门针对公益性图书馆的借阅服务而设立，由国家代替数字图书馆和读者向版权人支付借阅使用费，用以平衡社会公众与版权人之间的利益关系的权利。它既可以使作者的合法经济利益不受损害，又可以为公民创造一定的免费获取信息的机会，从而使数字图书馆的公益性职能得到有效履行。为了传承本国优秀文化，为了提高全民文化素质以促进国家的发展、民族的兴旺，国家也有义务承担这样的付费职责。

1.这是保证数字图书馆顺利发展的必需

信息借阅服务本是图书馆与生俱来的一项基础的服务，在数字图书馆中亦不例外，但是，如前所述，数字技术的发展却使数字图书馆在开展这项服务时面临版权纠纷问题。解决的途径是要么将这项服务一律改成收费服务，要么停止开展此项服务。第二种途径显然不可能成立，因为这项服务是数字图书馆履行传播文献信息、进行全民文化教育职能的最基本、最有效的方式。而如前所述，第一种途径却有可能在一定程度上对数字图书馆有效履行其公益性职能带来负面影响，从而影响数字图书馆，尤其是公益性数字图书馆实现其社会效益，最终阻碍数字图书馆产业的顺利发展。因此，设立公共借阅权，不仅能有效保护作者的合法利益，激发作者的创作热情，而且还能促成数字图书馆公益性职能的履行，从而保证数字图书馆顺利向前发展。

2.这是国际社会的一种发展趋势

公共借阅权早在20世纪40年代就作为平衡社会公众和版权人之间利益关系的一项有效措施而发端于西方发达国家。数字技术的发展使该项权益得到了明显加强。欧共体的绿皮书率先倡导在数字时代应进一步加强权利人享有的，特别是在公共借阅方面的权利。丹麦、挪威、瑞典、荷兰、德国、澳大利亚、英国、加拿大等国家已经制定实施了公共借阅权法律，公共借阅权保护的范围正从印刷型图书向唱片、录像带、磁带、计算机软件、多媒体、数据库等作品扩展。美国虽然尚未对公共借阅权立法，但是美国作家越来越多地要求收取“借书版权费”。所有这些都表现出：公共借阅权作为解决数字图书馆版权纠纷的一项措施在国际社会已经引起普遍重视，将其纳入著作权权利保护范围是国际社会的一种发展趋势。

四、公共借阅权的行使条件

公共借阅权与其他权利的一个显著不同点在于，公共借阅权是由国家为作品使用者向版权人支付使用费。但是，在世界经济一体化进程不断加深的今天，数字图书馆的产业化进程也在日益加快。改变国家包办一切、走投资主体多元化道路已经开始成为数字图书馆建设与发展的必然选择。这就意味着，要想让国家为所有类型数字图书馆的所有网上数字图书馆法律问题研究借阅用户向作者支付使用费是不可能的，也不符合公共借阅权在平衡作者与社会公众利益、促进数字图书馆有效履行其公益性职能的立法宗旨。因此，必须明确界定公共借阅权的行使条件。这也是防止公共借阅权与版权人的其他权益相互冲突的必需。

（一）借阅权条件

总的来看，公共借阅权的行使必须具备下列所有条件。

1.权利行使主体必须是作品属于《著作权法》保护范围并尚在保护期内的作品作者

这就意味着，数字图书馆提供在网上供用户借阅的作品必须是属于《著作权法》保护范围并还未超出保护期的作品。如果数字图书馆提供用于网上借阅的作品不属于或不受《著作权法》保护，那么这些作品的作者则无权行使公共借阅权。

2.作品使用方式必须是通过公益性数字图书馆开展的网上借阅服务借阅版权作品

这就意味着，非公益性数字图书馆开展的网上借阅服务不论是有偿的还是无偿的，都不属于该权利的行使范围。此外，公益性数字图书馆开展的其他服务也不属于该权利的行使范围。因为非公益性数字图书馆（尤其是商业性数字图书馆）的生存宗旨就是为了赢利，因此开展的服务几乎都是收费的。即使其开展了一些无偿借阅服务，但提供借阅的作品也几乎都是一些超出了著作权保护期或不属于著作权保护的作品，而且范围往往非常有限。

对尚在著作权保护期内的作品的借阅几乎都是有偿的，用户都为借阅支付了使用费，作者的经济利益并未受到损害。因此，如果将这类数字图书馆视为公共借阅权的行使范围，这不符合公共借阅权，而是对平衡作者与社会公众之间利益关系而设立的宗旨，也造成了版权人的重叠收费现象。此外，之所以将该权利的行使范围限定在公益性数字图书馆开展的借阅服务中，是因为借阅服务是数字图书馆有效履行其公益性职能的一种最基础的服务方式。其用户面最广、普及率最高、使用最简单、最方便，因此也最容易给作者的合法经济利益造成损害。同时，顾名思义，公共借阅权本身也是针对社会公众的借阅行为而专门设立的，这是该权利设立的宗旨。

3.公益性数字图书馆的借阅服务必须是以无偿方式进行

这就意味着，不是所有的公益性数字图书馆都能享受国家为其用户支付作品使用费的待遇。而只有以无偿服务方式开展借阅服务的公益性数字图书馆才会有这样的特权。这主要是因为公益性并不等于无偿性。比如，教育也是公益性产业，但教育并不都是免费的。数字图书馆也是一样。因此，如果对服务的有偿与无偿两种不进行区分，那么势必与公共借阅权的设立宗旨不相吻合，而且同样会造成版权人重复收费的现象。但必须注意的是，如果公益性数字图书馆向借阅用户收取手续费，那么只要该手续费不超过其管理所支出的实际费用，则仍该将数字图书馆提供的借阅服务视为无偿服务。

4.公益性数字图书馆开展的无偿借阅服务必须是限制性的

即每个公益性数字图书馆应将每次同时进入其无偿借阅系统借阅数字作品的电脑控制在5～10台的范围内。而且从下载数量上看，对报纸杂志上的文章每台电脑每次只允许下载一篇文章，而对于图书，每台电脑每次只能下载1～10个页面。进行限制的原因主要是为了减轻国家的财政负担，而最根本的原因则是为了使公共借阅权能具备可行性，能得以有效实施。因为我们国家现在并不富裕，能够投入到数字图书馆建设与发展中的经费肯定是很有限的。而电脑及上网人数的普及率却在飞速增长，因此如果不对公共借阅服务进行一定限制，让网民随意自由地访问、下载网上作品，那么国家将会由于难以承受这笔经济负担而拒绝设立或取缔公共借阅权，使公共借阅权失去存在的可能性。同时进行限制也是约束用户使用行为的一种有效机制，能在一定程度上起到保护版权人合法权益的作用。另外，进行限制也是保护与促进商业性数字图书馆发展的必需；否则，免费（相对于用户而言）的公共借阅制度完全可能削弱商业性数字图书馆的服务市场，对其生存与发展带来巨大的负面影响。

5.用户的借阅目的必须是非商业性的

这就意味着，用户须为非直接或间接的商业性目的使用公益性数字图书馆网上借阅服务；否则，数字图书馆应对这类用户实行收费服务。公共借阅权从某种意义上说，相当于数字图书馆享受的一种合理使用特权。而合理使用必须基于非商业性目的，这是整个国际社会的普遍共识与做法。如果不对公共借阅权利行使主体的使用目的进行限制，那么势必将所有用户都吸引到公益性数字图书馆，这对其他类型数字图书馆而言不仅是一种不正当竞争行为，会导致其他类型数字图书馆因市场缺陷而萎缩，而且也不符合公共借阅权的平衡作者利益与社会公众利益的立法宗旨。因此，必须对其使用目的进行限制。

（二）公民借阅权与国民待遇

公共借阅权与国民待遇原则。我国早期已加入WTO。随着WTO对全球经济影响的不断加深，数字图书馆产业化进程的不断加快，数字图书馆产业实行市场准入已不是完全不可能之事。那么随之出现的问题是，在数字图书馆产业实行市场准入后，如果行使公共借阅权的范围或领域仍只限于我国的公益性数字图书馆，也就是说，国家只为利用我国公益性数字图书馆的无偿借阅服务的用户向作者支付使用费，那么这种规定是否违背WTO多边协议所规定的国民待遇原则呢？答案是否定的。

1.贸易总协定

在WTO多边协议中，能直接适用于服务领域的协议主要是服务贸易总协定（GATS）。按照GATS的规定，能够享受国民待遇的部分只能是列入承诺表中的具体承诺，没有列入承诺表中的服务是不能享受国民待遇原则的。这与货物贸易中的国民待遇原则不同，因为后者所指的国民待遇原则不限于具体承诺，而是一般意义上的普遍性的国民待遇原则。从目前具体承诺表来看，数字图书馆的借阅服务并没有明确纳入上述的国民待遇具体承诺表中。

2.公共秩序主张免责

即使上述承诺表已经将数字图书馆的借阅服务纳入了具体承诺范围，也可以根据公共秩序保留条款来主张免责。在以文化内容为基础的信息时代的竞争中，用自己充满创造性的文化产品去吸引消费者、占领世界文化市场已经成为一些国家称霸世界的手段之一。可以说，在新的全球化浪潮面前，一个国家或民族的“经济安全”问题，已经转化为“文化安全”问题，因为“历史证明，所谓西方文明，宁愿将东方文明放在博物馆中把玩，供在神坛上朝奉，也不愿让她在现实中发展。卧榻之旁，岂容他人酣睡。”因此可以说传承本国民族文化可能构成公共道德与公共秩序。数字图书馆作为民族文化的保存与传播中心，已成为世界发达国家将其民族文化充斥世界文化市

场，侵蚀他国民族文化的最有效工具，而网上借阅则是达到这一目的的最有效方式。因此，即使在数字图书馆实行市场准入后，将公共借阅权的行使限制在本国公益性数字图书馆领域，也符合WTO公共秩序保留条款而不违背国民待遇原则要求。

3.世界范围的著作权

如前所述，目前已有许多国家制定了公共借阅权制度，而且根据目前的发展趋势，公共借阅权完全可能成为世界各国保护著作权人利益的普遍手段。因此，如果按照国民待遇原则来处理本国与外国公益性数字图书馆领域的公共借阅权问题，就会产生双重收费现象。因为，如果外国公益性数字图书馆愿意向本国用户无偿提供全球性借阅服务，那么在外国政府支付公共借阅费用的同时，本国政府按照国民待遇原则也要支付公共借阅费用，这就会出现双重收取公共借阅费用问题。同时，如果外国数字图书馆愿意为其公益性数字图书馆提供的全球性借阅服务支付费用，其主要原因之一也完全可能是为了抢占外国文化市场，传播与扩展其文化。从这个意义上说，由本国政府向外国公益性数字图书馆支付借阅费用是不符合情理的。

4.将暂时性复制权纳入著作权权利保护范围

暂时性复制与永久性复制之间存在区别：前者是暂时性的，它会因断电、关机而消失，也会在计算机的运行过程中被随时刷新，被后来进来的信息所替代。前者是系统自动进行的、复制主体无意识的行为。前者具有连锁性，许多主体会在信息的传输过程中无意地参与复制。

将暂时性复制权纳入著作权保护范围的原因分析。将暂时复制权纳入著作权保护范围的理由在于：

（1）暂时性复制权是复制权不可分割的组成部分。首先，从复制行为的本质及结果上看，不论暂时性复制与永久性复制之间存在什么差异，但其本质和产生的结果却都是一样的，即都是以复制的方式而非其他方式使用作品，结果都是产生了原作品的复制件。其次，从立法理论上说，一个作品只要属于特定主体享有，那么该主体就应享有因该作品而产生的所有权利，包括以各种方式使用作品的权利。因此，不论是什么样的作品使用方式，只要它属于作品的使用方式，都应该受著作权人控制，得到《著作权法》的保护。这就意味着，不论是永久性的复制行为还是暂时性的复制行为，由于其本质都属于作品的使用方式，都属于复制行为，因此其而产生的相应权益就应属于著作权人所有，应获得《著作权法》的保护。说得具体一点，就是因暂时性复制行为而产生的暂时性复制权，就如同因永久性复制行为而产生的永久性复制权一样，都是复制权不可分割的组成部分，都属于著作权人应该享有的专有权利。

（2）暂时性复制行为与永久性复制行为在实践中难以区分。如前所述，暂时性复制行为与永久性复制行为的最主要区别就在于复制件保存的时间长短上。因此，如果要将暂时性复制权排除在复制权之外，那就必须对"暂时"进行明确界定。但"暂时"到底是多长时间？是指几小时，几分钟，还是几秒钟，甚至于一瞬间？很显然，这是一个难以处理的问题。在司法实践中极不具有可操作性。其结果往往可能取决于判断者的主观标准。从而由于判断标准的不统一而导致同一事件可能享受不同的法律待遇情况的发生。这与法律的公平、公正原则是不相符的。

（3）暂时性复制权是网络环境下复制权的主要表现，体现着著作权的未来发展趋势。网上阅览是网络环境下，作品使用的最主要方式之一，是数字图书馆基础、最普及的服务方式。而阅览主要涉及的就是暂时生复制问题。可以说，在网络环境下，在数字图书馆中，暂时性复制权是复制权的主要表现形式。因此，如果将其排除在复制权的保护范围之外，那么权利人的合法权益将难以得到有效保障，复制权的权利保护水平将会实质性地降低。此外，由于暂时性复制行为在作品的传播过程中会随时、自动地、连锁性地出现，涉及的复制主体最多、出现的频率最大，因此其产生的相应权利具有极强的收益性特点。也就是说，其收益性明显强于其独占性。因为如果强调其独占性，那就意味着每一次暂时复制都必须征得权利人许可，这明显是不可能之事，而且会严重制约作品在网上的传播，制约数字图书馆的发展。而暂时性复制权的这种收益性特点与本文前述的著作权正从强调独占权向强调收益权转化的趋势相吻合，体现出著作权的未来发展趋势。因此，不论是从保护作者的合法利益出发，还是从暂时性复制权所体现出的这些特点来看，都应该将暂时性复制权纳入《著作权法》所保护的权利范畴。

（4）暂时性复制权，符合国际条约规定。《伯尔尼公约》第九条第1款规定："受本公约保护的文学艺术作品的作者，享有授权。数字图书馆法律问题研究以任何方式和采取任何形式复制这些作品的专有权利。"可见，不论以任何方式或任何形式对作品进行的复制，都属于《伯尔尼公约》所规定的复制权范围而受其保护。而暂时性复制在本质上就是一种复制行为，因此将其纳入著作权的权利保护范围，完全符合《伯尔尼公约》的规定。我国是《伯尔尼公约》的成员国，有义务根据《伯尔尼公约》的规定来制定、调整我国的相关法律规范。

（5）暂时性复制权已被有关国家或国际组织纳入权利保护范畴。欧盟在2000年公布的"信息社会版权指令"中规定："成员国应当保护作者以任何方式或任何形式对作品的全部或者部分进行直接或间接的、暂时或永久的复制的权利。"①同时采用权利限制机制来平衡版权人与社会公众之间的利益关系。美国在其判例中扩大了复制权的范围，确立了暂时性复制权在《著作权法》中的法律地位。例如在"1994年一个代表性的判例'MAI系统公司案'中，法院认定，为了检修计算机的目的，未经权利人允许，将某个操作系统程序载入计算机内存的行为在计算机内存中制作了一份该程序的非法复制件"。此外，2017年3月1日，美国贸易代表办公室（USTR）向美国国会提交了《2017年贸易政策议程及2016年美国总统关于贸易协议项目的年度报告》（以下简称《报告》）。知识产权仍为重点议题，具体涉及执法、与贸易有关的知识产权多边谈判以及各国的地理标志立场等。

第三节 知识产权政策优化途径

由于信息技术、通信技术及网络技术的高速的发展，数字图书馆应运而生，并逐渐在信息管理和信息传播中占有相当重要的地位，数字图书馆建设的最终目的就是将数字化后的作品通过网络进行传播、扩散，为用户获取和利用信息。网络环境下由于信息流通模式的转变，访问者的时间和空间都不受控制，使原来意义上的知识产权对权利无法实施有效保护。但是如果一味强调知识产权人的利益，利用技术保护措施严格控制文献信息的使用又会损害广大用户的利益，导致知识产权与图书馆理念的冲突。这又是数字图书馆建设中一个不容忽视的问题。因此，怎么样既保护了信息的知识产权，又不阻碍信息的传播、共享和利用，是数字图书馆发展中一个值得深入研究的话题。

一、数字图书馆与知识产权的关系

（一）数字资源（网络资源）知识产权保护的必要性

知识产权保护的目的是鼓励创新，这个是被大众公认了的，对权利人的激励固然重要，但是，社会效益同样是要考虑的，毕竟智力成果应该服务于全人类，这样才能促进全人类的进步，而知识产权更为核心的目标却在于维护相关利益各方，创造者企业以及使用者之间的利益平衡对于网络知识产权来说，在一定程度上是传统知识产权的延伸，因为在本质上来说，网络知识产权和传统的知识产权是一样的，都是人类智力活动创造的精神产品所享有的专有权利，因此网络知识产权和传统的知识产权一样有着其存在的正当性和必要性，但是网络知识产权也有着其特殊性，网络把全世界上网的计算机都联系在了一起，地域性被淡化网络信息更新迅速，时间性也被淡化，网络在人们的日常及经济生活中越来越重要，因此对网络知识产权的研究意义重大。

在网络环境下，传统的知识产权保护体系受到前所未有的冲击，而新的网络知识产权保护系统还很不完善，法律确认、保护的范围等还有争议，取证难等问题，也是受网络技术制约的，以及现实社会与网络社会道德规范的矛盾与冲突，导致了网络共建整体行为的不规范，使不少现实社会中遵纪守法的网民成为网上目无法纪的匿名侵权人。因此，加大力度保护网络知识产权显得至关重要。

（二）数字图书馆与知识产权必然的联系

数字图书馆可以说成是一个建立在高度集成的网络、相互通信在很大程度集成信息资源环境下的数字化信息管理、共享和利用的平台。数字图书馆的任务基本上包括信息资源数字化、数字资源管理建设、数字资源共享利用。

数字图书馆作为信息高速公路的重要节点，是公众获取知识信息的重要渠道，既是知识信息的汇集地和组织管理者，又是知识信息的生产者、使用者，更是重要的传播者，因此，数字图书馆天生就与知识产权有着密不可分的关系，传统图书馆的文献资源收集来源主要是购买和接受捐赠或政府划拨，其知识信息载体以纸质书刊资料为主，图书馆用户一般也仅限于本馆读者，因而知识产权保护与传播使用的矛盾并不突出，相对于传统图书馆，数字图书馆在知识产权信息采集使用和传播，以及用户群的可控范围都发生了本质的变化，由于数字图书馆具有信息采集在线传播手段网络化，使得馆藏信息采集、生产和信息传播范围受众有无限外延的趋势，进而使数字图书馆的侵权风险大大增加。

二、数字图书馆面临的知识产权问题

数字图书馆的任务基本可分为两个大类，数字图书馆建设和数字图书馆服务，数字图书馆建设中大致分为信息资源数字化、数字资源管理；服务中主要就是共享和传播利用，再可细分为参考咨询、文献传递、网络资源下载等等来分析数字图书馆主要面临的知识产权侵权问题。

（一）数字图书馆资源建设中的侵权问题

1.信息资源数字化过程中面临的知识产权问题

传统文献的数字化处理是一种对文献的复制行为，相当于通过计算机这个平台把传统文献转换成计算机可以识别的二进制编码，虽然文献形式改变了，但原作的内容并没有改变也没有进行某种程度上的创新，对原作内容不产生影响，但这也涉及了著作权法中的复制权问题。因此，数字图书馆在将馆藏作品进行数字化转换工作时，必须依法复制，依法使用，必须有著作权人的许可授权，并且按照复制权的相关规定操作。

2.数字图书馆资源建设中的知识产权问题

信息资源建设是数字图书馆的基础和核心，丰富的信息资源是数字图书馆健康发展的前提与保障，图书馆的优势在于：拥有丰富的文献信息资源和具有信息资源加工整序的专业技术；优势丰富的信息资源必然要包括大量享有著作权的作品，为了用户的需求必然要对有著作权作品进行必要的改编加工，因此，数字图书馆资源建设中的知识产权问题主要集中在图书馆的作品信息采集过程和使用过程中，例如，我国著作权法第23条规定：录音录像制作者对其制作的录音录像制品，享有许可他人复制发行出租通过信息网络向公众传播并获得报酬的权利，从《新著作权法》可以看出，不仅作者享有信息网络传播权，录音录像制作者也享有这项权利，图书馆将数字化文献上载到网络上公众发送，应该属于著作权人的一项专有权，因此，数字图书馆只有通过著作权人的许可，并与著作权人签订许可协议才可以上载到网络上向公众发送，否则就是侵权。

3.数字图书馆管理中涉及知识产权问题

数字图书馆涉及的知识产权既包括对图书馆本身权益的保护，也包括对著作权知识产权的尊重。数字图书馆管理中涉及对他人的侵权行为主要有规避技术措施和修改权利管理信息两种。规避技术是指未经版权所有者授权而对已编码的作品进行解码，对加密的作品进行解密，或以其他方式回避、越过、排除、化解或削弱技术措施。在数字图书馆管理中，要加强对权利管理信息的保护，防止由于权利管理信息而引发的侵权纠纷。

4.数字图书馆数据库建设的相关法律问题

数字图书馆开发的最常见的全文数据库是图书全文数据库和期刊全文数据库。若所汇编的材料已进入到公有领域，则无版权之忧。对于尚未进入公有领域的版权作品，若为个人使用或教学科研目的而制作的在馆内使用的非商业性全文数据库，属于合理使用范畴。但为了商业利益制作的全文数据库，则必须获得相关权利人的许可，并支付相应的报酬。因此全文数据库建设中应注意著作人的合法权益。

（二）数字图书馆资源服务过程中的知识产权问题

1.数字资源传播中的知识产权问题

数字图书馆的信息资源传输是指数字化信息资源在互联网络上向公众传播扩散，使公众获得并利用，这是数字图书馆传播知识的重要手段，快捷便利的网络传输使数字作品的传播跨越了空间和时间，同时也使数字图书馆的管理者很难确定用户使用了本馆的哪些资源，更无法得知用户是否将该资源进行再传播，这样对著作权侵权的认定和举证都造成了相当大的困难，也给侵权行为打开了方便之门，著作权人的权利专有和社会利益之间的矛盾愈加突出。

2.文献传递服务中侵害知识产权

网络环境中的文献传递服务是传统图书馆馆际互借在新技术条件下的延伸和拓展，电子文献传递操作涉及文献的网络传播和复制两个环节。就网络传播行为而言，由于文献传递服务是针对特定用户而不是每个社会成员的信息需求，因此不构成侵犯。但是文献传递过程一般会产生复制行为，数字图书馆必须将所传递的文献控制在合理使用范围内。具体来讲，确定文献传递的模式是解决版权问题必须首先考虑的问题；从收费价格、传递数量、著作权法的具体规定和著作权人的具体要求等方面将文献传递控制在合理范围内；尽到必要的义务，避免共同侵犯；注意传递作品上的版权提示；在涉外文献传递中注意遵守国际条约。

3.信息检索服务的知识产权问题

数字化图书馆的计算机检索按提供数据库的方式分为两种，一种是远程的联机检索，一种是本地的磁盘检索。通过联机检索获取信息或个人进行打印，这不算侵权。但数字化图书馆通过网络进行联机检索向用户提供数据信息，一般采用有偿或无偿服务的方式为用户检索网络中数据库服务商、电子网络出版物检索中心等提供的数据信息，则侵犯了数据库专有权。如果检索人员将一次检索结果套录下来，提供给有同样信息需求的一位甚至多位用户使用或者将检索结果积累起来，存在自己的小数据库中以便随时解答常见的检索提问，实际上是对原作的改编性工作，侵犯了知识产权人的汇编权及保护作品的完整权。

4.参考咨询工作中涉及的知识

产权保护问题信息咨询服务是数字图书馆重要服务之一。咨询服务通常有两种方式：一种是提供一般信息咨询服务；另一种是为用户提供特定项目的可行性论证、技术预测、专题技术调查、分析评价报告等咨询服务，属于顾问性咨询。这两种方式的信息服务都离不开汇编文集、选集，制作目录、题录、索引和文摘，以及翻译国外作品等，常常涉及到知识产权问题。我国《著作权法》第14条规定："汇编若干作品、作品的片段或者不构成作品的数据或者其他材料。对其内容的选择或者编排体现独创性的作品，为汇编作品。其著作权由汇编人享有。但行使著作权时，不得侵犯原作品的著作权。"第34条规定："出版改编、翻译、注释、整理、汇编已有作品而产生的作品，应当取得改编、翻译、注释、整理、汇编作品的著作权人和原作品的著作权人许可，并支付报酬。”但是，为学校课堂教学或科学研究，翻译已经发表的作品，供教学、科研人员使用，可不经著作权人许可，不向其支付报酬，但应指明作者及作品名称。

三、数字图书馆知识产权问题的对策

要实现数字图书馆知识产权的风险规避，或者更好地适应市场机制的需求，既满足传播利用，有保证著作权者的相关合法利益，从三个层面上来解决数字图书馆的知识产权问题。即法律层面、技术层面和道德层面。

（一）从法律层面规范数字图书馆知识产权问题

著作权法立法的核心取向就是调整权利人与使用者之间的利益关系，即使权利人的利益得到充分保护，又促进作品的传播和使用，从而促进社会文明和科技进步。我们应该在尊重知识产权的法律框架内，以信息共享为目标，充分发挥二者的促进关系，平衡它们之间的对立关系，通过建立一种基于成本和利益均衡的市场交易经济理念的共享机制，来促进数字图书馆的健康发展。

1.完善知识产权保护法

随着数字信息技术的发展，互联网在我国发展迅速，给人们带来了方便快捷的生活方式，但也出现了很多新问题，如网络侵权、网络犯罪等。因此，人们迫切需要信息法规来规范人们的网络行为，明确规定网络用户的基本权利和应承担的义务，对网络上的个人隐私权、版权、网络安全等做出规定，保证网络的健康发展。目前我国对网络作品的法律保护还很薄弱，应加强相关法律法规的完善。

2.完善知识产权制度，加强知识产权执法力度

我国在网络信息的知识产权保护方面，无论是理论研究还是立法、司法实践与国外相比差距较大。借鉴国际上网络知识产权立法的成功经验和通行惯例，加快我国网络信息环境下的图书馆立法步伐，是十分迫切的事情。采取的法律精神应包括：

（1）要求和鼓励权利人对其发表在互联网上采取了控制接触措施的作品，向公众提供作品的功能介绍、价格及作者姓名的相关信息；

（2）保障公有信息不被沦为私人的领地；

（3）禁止利用技术措施垄断市场，从事不正当竞争，从而危及消费者利益；

（4）禁止利用技术措施不适当地收集个人隐私信息；

（5）严格规范制裁性的技术措施；

（6）规定权利人对其采取的技术措施引起的不适当后果负担法律责任。

信息资源共享的健康发展，离不开健全的法制环境。尽快建立与国际接轨的知识产权制度，修改或废除与之相关矛盾的法律法规，是目前当务之急。我国在立法与司法上都存在着一些不够完善的地方。如在《著作权法》中应增加有关数据库的内容，针对信息资源共享的情况，制定专门的法规等。因此，应完善知识产权的立法，特别将那些与国际相抵触的条款尽快进行修改、修订和完善，以适应其法规要求。另外，要加强知识产权的执法，任何制度措施如得不到切实的执行，都不会达到最初的目的。

（二）从技术层面加强数字图书馆知识产权保护

如果说法律是规范数字图书馆版权保护的基础，那么技术则是实现数字化图书馆版权保护的手段，因此要大力加强版权保护技术的开发。目前在数字图书馆版权保护中常用的技术措施主要有：

1.防火墙技术

它是目前最为流行也是使用最为广泛的一种访问控制技术。所谓防火墙，就是由软件和硬件设备组合而成，设置在企业内网或网络群体计算机与外网通道之间，限制外界用户对内部网络的访问，并管理内部用户访问外界网络的系统。随着新的网络安全问题的发生，出现了许多具有不同功能的防火墙，如病毒防火墙、电子邮件防火墙、FTP防火墙、TNLNET防火墙等。

通常把各种防火墙置于一起使用来弥补各自的缺陷增加网络系统安全性能。

2.数字加密技术

这是对数字化信息进行加密，当加密的信息到达目的地之后再进行解密的一种技术，主要包括对称加密算法、非对称加密算法和复合加密法。

3.数字水印技术

数据加密技术可以加密文本信息，保证其传输的安全性，但如果要对图像、视频、声音等多媒体数字信息进行加密，数据加密技术就很难胜任，于是出现了数字水印技术；数字水印技术是一种解决数字图书馆中数字媒体版权保护问题的有效手段，该技术是将水印（即某种包含创作者或版权所有者的特征信息）用信号处理方法嵌入到数字化的多媒体信息中，水印通常是不可见的，只有通过专用的检测器或阅读器才能提取使用数字水印技术将作者姓名创作时间、作品使用条件和要求等权利管理信息嵌入到数字作品中，从而可以证明原创作者对其作品的所有权，同时通过对水印的探测的分析保证数字信息的完整可靠性，并作为鉴定、起诉非法侵权的证据，要想正常阅读复制数字信息，用户只能向数字图书馆的拥有者申请合法使用。访问控制技术准许合法用户对信息库进行适当权力的访问，限制他人任意地删除修改或拷贝信息资料。

4.信息确认技术

它包括消息确认身份确认和数字签名，可以限制信息共享的范围，防止信息非法地伪造、篡改和假冒。此外，还有客户认证技术、用户数据甄别技术等，图书馆要加强对数字化信息资源的知识产权保护就应当加强对技术的武装，我们只有积极地探索这些技术领域，紧跟技术发展步伐，才能有效地保护知识产权。

（三）从道德意识层面上辅助数字图书馆知识产权保护

在网络环境下，要保证著作者的知识产权得到保护就要有思想上的转变首先，提高图书馆员知识产权保护意识，积极学习知识产权的法律制度，充分掌握知识产权的法律法规，把版权保护的知识技能传授给他们，以便数字图书馆在搜集、加工处理信息资源时能更好地遵守知识产权保护法。此外，图书馆员还更应该了解教育学心理学等与图书馆服务的相关知识，协调好图书馆工作人员与版权人、读者之间的关系；其次，对读者和社会公众宣传知识产权知识，积极开展知识产权保护教育活动，通过广泛的宣传和教育引导，引导人们放弃使用非法版权带来的短期利益，使人们更加懂得遵守版权保护所带来的长期利益。

三、对数字图书馆所涉及知识产权问题的对策

（一）配备专业队伍，建立专门统一管理机构

数字图书馆的建设和发展离不开高素质人才。在图书馆行业内要建立一个具有精通网络管理又熟悉图书馆业务的复合型人才的领导机构。该机构通过调查研究和科学理论的指导，制订出一个符合时代发展要求，又适用于中国国情，具有中国特色的数字图书馆建设方案和目标，以此来指导我国数字图书馆的建设工作。

（二）充分利用合理使用原则，协调权利人之间的权益关系

对于用户在互联网中对信息资源的存取频繁，没有限制这个问题，图书馆应当做出相应的措施来限制部分文献的使用。对于某些不受合理使用原则保护的文献资料，图书馆应该禁止提供服务。数字图书馆针对不同的用户提供不同的服务，对于个人学习以及科研的需要，属合理使用的可以自由浏览和使用，版权人声明不准使用的除外。

（三）加强立法、普法力度，为数字图书馆建设提供法律保护

我国的知识产权保护制度尚处于初创阶段，相关的法律保护也不完善，这要求我国立法部门借鉴其他国家的立法经验，以我国现有的知识产权保护制度为基础，结合我国国情，建立具有中国特色的有关数字图书馆的法律体系。在立法中确认图书馆的社会服务公益性及其符合数字时代发展需要的法律地位，并给予一定的特权。

（四）采用先进计算机技术，保护知识产权

对于数字图书馆的知识产权的保护，除了建立健全知识产权法外，还应从计算机这个载体入手，通过先进的计算机技术，有效地防止各种盗版与非法复制行为的发生。除了通过设置防火墙来保护知识产权以外，还有数据加密技术、数字水印技术、信息确认技术、智能代理技术等等。可以利用这些专业技术保证在网上浏览到信息资料，但不能下载和打印，在为用户提供信息服务的同时从有效地维护了权利人的权益，保障数字图书馆的建设与实施。

教育引导，引导人们放弃使用非版权法带来的短期利益，使人们更加懂得遵守版权保护所带来的长期利益。

一直以来，知识产权问题都被多数学者认为是制约数字图书馆发展的重要因素之一。事实上，归根到底，数字图书馆建设者最为关注的是如何在不侵犯知识产权的前提下低成本或者是免费地、方便快捷地开展资源建设与服务提供。通过上述多方面的解决策略，平衡好图书馆的公众利益和产权人的私人利益，才能使数字图书馆这一具有信息传播独特优势的系统，健康发展并充分发挥它的功用，实现其自身价值。

第五章

图书馆信息资源管理

第一节　信息资源管理的起源与发展

信息资源管理起源于政府部门的文书管理领域和工商行业的企业管理领域。从20世纪40年代到50年代后期，信息资源管理作为一种思想分别在上述两个领域开始萌芽；60年代和70年代是信息资源管理思想互相渗透、融合并走向成熟的时期；80年代迎来了信息资源管理发展的第一个高潮，理论的繁荣与迅速传播使信息资源管理在世界范围内确立了自己的地位；美国NARA信息资源管理战略规划解开网络的面纱，人们发现真正“为王”的还是资源。当然，信息资源管理从总体上来说仍处于发展之中，人们不可能在如此短的时间内就对如此复杂的对象形成深入的普遍认同的理论思想，不过值得欣慰的是，人们朝着这个方向努力。

一、信息资源管理概述

资源管理的确切含义是什么？对此，研究者依然见仁见智，持“管理哲学说”有之，持“系统方法说”有之，持“管理过程说”有之，持“管理活动说”亦有之。美国学者马尔香和克雷斯莱认为：“信息资源管理是一种对改进机构的生产率和效率有独特认识的管理哲学。”史密斯和梅德利也持类似的观点，他们认为：“信息资源管理比管理信息系统复杂得多，它可能被认为是整合所有学科、电子通信和商业过程的一种管理哲学。”此即“管理哲学说”。但美国学者里克斯和高则认为：“信息资源管理是为了有效地利用（信息资源）这一重要的组织资源而实施规则、组织、用人、指挥、控制的系统方法。”里克斯和高的观点可称为“系统方法说”。信息资源管理在英国等同于信息管理，英国学者马丁认为：“信息管理就是与信息相关的计划、预算、组织、指挥、培训和控制过程。”美国的史密斯和梅德利也认为：“在第一层次，信息资源管理就其本质是一种指导哲学。在第二层次，信息资源管理将创痛意义上的信息服务包括信息传播、办公系统、记录管理、图书馆功能、技术规划等统一起来，并从而由一种哲学演变为一种管理过程。”霍顿也持类似的“管理过程说”。而另外两位英国学者博蒙特和萨瑟兰则认为：“信息资源管理是一个集合名词，它包括所有能够确保信息利用的管理活动。”博蒙特的观点可称为“管理活动说”。然而，信息资源管理究竟是一种管理哲学、一种系统方法、一种管理过程，还是一种管理活动呢？

全面地分析，上述各种观点都有独特的视角，都从某个侧面概括了信息资源管理的内在本质，当然也都欠全面。我们认为，信息资源管理的主体是一种人类管理活动，管理哲学是这种活动的升华，同时又是这种活动的指南，系统方法是这种活动的规则和实施程序，管理过程则是这种活动在某一组织机构内部的具体体现。需要说明的是，虽然马丁认为信息资源管理息资源管理与信息管理没有什么差别，但在我国信息资源管理研究领域，这两个术语却有着很大的差别，其中最根本的差别在于信息资源管理以“信息资源”为逻辑起点，信息管理则以“社会信息”为逻辑起点。

信息资源管理是为了确保信息资源的有效利用，以现代信息技术为手段，对信息资源实施计划、预算、组织、指挥、控制、协调的一种人类管理活动。信息资源管理一般被认为是一个集成领域，是由多种人类信息活动所整合而成的特殊形式的活动。霍顿指：“信息资源管理融合了诸如管理信息系统、记录管理、自动数据处理、电子通信网络等不同的信息技术和学科”；马丁则认为信息管理的范围广及“数据处理、文字处理、电子通信、文书和记录管理、图书馆和情报中心、办公系统、外向型信息服务、所有与信息有关的经费控制活动”；马尔香和克雷斯莱茵又进一步将信息资源管理分为七个模块，即数据处理、电子通信、文书和记录管理、图书馆和技术情

报中心、办公系统、研究和统计信息管理、信息服务或公共信息机构。可见，信息资源管理是一个覆盖面相当广的集成概念，其中的任何一种信息活动若单独而论，可以称为信息资源管理——因为它是信息资源管理的组成部分，也可不称为信息资源管理——因为只有多种信息活动有机融合的整体才是信息资源管理。换一个角度，我们还可以将一体化的信息资源划分为过程管理、网络管理和宏观调控管理三个层次，相对于前述的平面分割，这可以说是一种立体划分。

（一）信息资源管理的原则

信息资源管理是一种规范的社会活动，它通常需要遵循以下几个原则。

（1）必须认识到信息是一种组织资源，信息资源管理的主要目标之一是确保一个组织机构在信息资源方面的投资能够以最佳的方式运作，这就是要求有关人员必须将信息视为一种宝贵的资源，并视信息资源共享为一种规则而不是例外。

（2）在利用信息资源和技术时，必须保证职责分明，也就是说，要明确规定谁管理这些资源、谁利用这些资源、彼此的权利和义务是什么、如何确保合作与资源共享等内容。

（3）业务规划与信息资源规划必须紧密地联系起来。信息资源管理的许多活动领域都主要是依赖于用户需求的被动的辅助部门，随着信息资源管理的进化，它与高层的战略规划的关系越来越密切，这种趋势最终形成了一种规则。

（4）必须对信息技术实施几成管理。信息技术的集成管理是实现信息资源管理内部融合的前提，是在新技术环境下提高潜在生产率的必要条件，是最大限度地利用信息技术的集成优势的管理保证。

（5）最大限度地提高信息质量，改进信息利用和促使信息增值是一个组织机构的战略目标。对于一个机构而言，主要的战略目标不是最大限度地利用信息技术或办公现代化，这些只是手段而不是目的，信息资源管理的最终目的是使机构中的每一个成员都成为有效的信息处理者和决策者，从而有效地提高每个人和整个机构的生产率。

信息资源管理也是在社会大环境中进行的，它不可避免地要受到各种社会因素的制约。

（二）资源管理的制约因素

其中，信息资源管理的主要制约因素有：

1.观念的制约

对于信息资源管理，通常有两种不正确的认识：有人认为人类不能真正地管理信息；有人认为信息资源管理会导致对信息的垄断和滥用。针对前一种观念，随着现代信息技术的发展，目前的问题不是能否管理而是如何更好地管理的问题；针对后一种观念，人类将会借助政策、法律等手段加以解决。当然，如何使信息更易于利用和为全人类所共享还是有待解决的问题。

2.方法论的制约

如何测度和评价信息的真正价值也是有待解决的方法论问题。正是因为所有形式的信息利用还不能精确地量化和测度，所以信息资源管理从整体上而言还是一种相对简单的活动。

3.政治因素的制约

在实施信息资源管理时，切切不要忽略一个教训：信息就是权力。引入信息资源管理将意味着一个组织机构原有的程序、政策、过程和机构都要发生变化，这就必然遭到部分人的反对，处理不好就会触礁搁浅。

4.结构和功能因素的制约

信息资源管理的实施将打破一个组织机构原有结构和功能的均衡，为稳妥起见，组织的决策管理人员可能会放慢调整的步伐，但事实表明，忽视信息资源管理的公司和政府部门终将在未来的岁月中付出昂贵的代价。

5.法律因素的制约

法律因素的制约作用一方面表现为法律不健全，无法可依，另一方面则

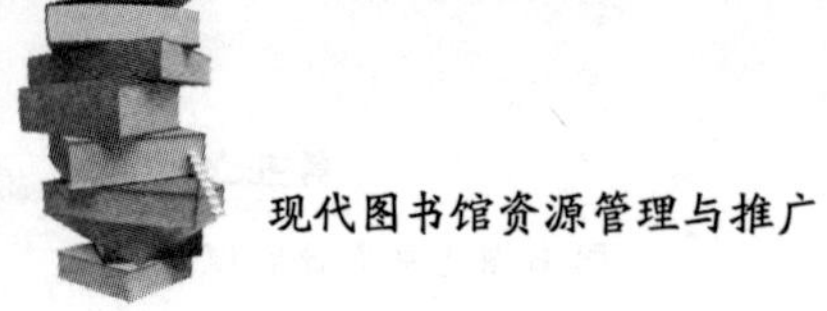

表现为法律具有副作用，譬如，版权法诚然保护了著作人的权利，但也给用户带来了诸多不便。

6.财政因素的制约

以现代信息技术为依托的信息资源管理是需要大量投入的管理活动，但不幸的是，每当发生财政危机时这又是最容易被裁削的部门。

7.人员因素的制约

信息资源管理的实施一方面易于导致部分人员失业或难以适从，另一方面又面临着所需人才的紧缺，这双重人员压力也是信息资源管理发展的限制因素。

二、信息资源管理的起源

在探讨信息资源管理的起源之前，我们首先必须搞清信息资源管理的生成条件，即信息资源管理在什么情况下才会出现。一般地讲，信息资源管理产生的先决条件是“信息资源”的形成。根据前面所言信息资源早已有之，但为什么说信息资源管理直到20世纪中期才出现呢？这里涉及一个观念问题，也就是说，尽管信息资源随着人类思维能力和语言能力的形成已经产生并广为流传，但人们并没有自觉地有意识地将它视为一种资源，只有当信息资源量的积累发展到一个临界点，人们的认识才可能发生质的变化，这可称为信息资源管理生成的观念条件。从另一个角度来分析，信息资源管理的生成是多种条件综合作用的产物，仅有信息资源量的累积是不够的，这种量的累积还需要其他因素的推动和刺激。换言之，这种量的累积还需要与其他因素相结合才能导致认识观念质的变化。当然，这些激发因素很多，但其中起关键作用的是现代信息技术，尤其是综合性的信息系统技术和网络技术，这些技术不仅促成了人类观念的质变，而且还直接促成了各类信息资源管理活动的集成发展，这可称为信息资源管理生成的技术条件。一旦具备了观念条件和技术条件，信息资源管理就必然会在某个生长点上生成，以史实而论，信息资源管理最早的生成领域是政府部门的文书管理领域和工商业的企业管理领域，这可以成为信息资源管理生成的实践条件。总而言之，信息资源管理生成的观念条件、技术条件和实践条件是相互关联的，只有同时具备了这三个条件，信息资源管理才会形成与发展。

根据现有资料分析，20世纪中期，现代管理科学最为发达的美国已初步具备了上述三个条件，这样，信息资源管理就开始萌芽和发育，而其最早的生长领域就是美国政府部门的文书管理领域。美国各政府部门向来重视文书管理的传统，20世纪初开始的地方政府一体化和国际化进程，尤其是第二次世界大战期间临时增设的各种机构，导致了文书数量和文书管理成本的激增，对此，美国政府运用了行政和立法双管齐下的办法实施整治。信息资源管理却意外地促成了信息资源管理的产生。

早在1942年，美国国会就通过了《联邦报告法案》，这是第一个文化联邦政策，其目的是设法减轻公众的统计报告负担，减少报告中不必要的重复，最大限度地利用来自公众的信息。1947年，联邦政府成立了“政府行政分支机构重建委员会”，该委员会也称为“第一届胡佛委员会”。它在1948–1949年中提出了许多有益的建议，其中的《联邦记录法案》于1950年获国会通过，该法案涉及维持联邦记录的标准、程序和技术等的发展与改进问题。1953年，“第二届胡佛委员会”宣告成立，该委员会就实践中存在的问题进行了调查，并据此制定了一个适用于各级政府记录管理的计划，责成每个机构对怎样削减文书进行评估。在此后的20年中，美国政府还制定了许多与联邦信息管理有关的法案，其中，颁布的《信息自由法案》最为著名，它规定任何人都有权利用联邦政府部门的记录，同时还授权公开这些记录。1975–1977年，美国政府再次成立了“联邦文书委员会”，该委员会由联邦和各州的政府官员以及来自商界、劳工界和顾客群体的代表组成，著名的信息资源管理学家霍顿就是该委员会的成员。为期两年的工作期间，该委员会准备了36份独立的报告并提出了近800项改进文书管理的建议。特别值得说明的是，该委员会第一次认识到，应该强调对联邦记录和文献中的数据与信息内容进行管理，它据此发展了适合政府管理的信息资源管理战略，予以肯定和传播。文书削减法是信息资源管理发展的里程碑，是信息资源管理理论形成的标志，它与配套建立的管理和预算办公室一道确保了信息资源管理在美同政府各部门的实施。

回顾从文书管理到信息资源管理的发展，可以发现，这是一个理论与实践相互促进、紧密结合的过程。首先是文书数量和文书管理成本的激增导致了“实践危机”，为了解决这种危机成立了专门的委员会从事理论研究，理论研究的成果再应用于实践，如此螺旋式的发展和多次升华，终于铸就了全新的信息资源管理理论。当然，在这个发展过程中信息技术也扮演了非常重要的角色。

技术的应用，政府部门的变化

（1）许多政府（和商业）机构为了实施战略规划和操作，已用数据处理、办公自动化、通信技术等方面的集成管理取代了对这些技术的垂直管理和控制。

（2）由于各种组织机构变得越来越依赖于信息技术的内部利用，它们也更加关注信息技术规划在组织机构的战略规划中的整合应用。

（3）多功能办公自动化网络的需求对于数据处理、通信、办公室管理、文书管理等方面的跨领域利用提出了更多的要求。

（4）许多机构在信息、技术方面增加的投资要求最高管理层，更多地介入对信息技术利用的监督。

由于这些变化，信息管理功能的战略目标也发生了转移，其关注的焦点不再记录的物理控制，它更注重将信息作为组织机构的关键资源，这种资源如同人力、材料、资本等战略资源一样，是机构获取成功的重要保证。可见，信息资源管理是信息积累和信息技术的应用在文书管理这一特定领域相结合的产物。

企业管理是信息资源管理的又一生成领域，作为一种理论思想，信息资源管理是管理思想的重要组成部分。从某种意义上说，管理思想的发展过程也就是从科学管理到信息资源管理的思想演变过程，是管理重心从物的管理到人本管理再到信息资源管理的变化过程。

三、管理领域生成的背景因素

具体地说，信息资源管理在企业管理领域生成的背景因素主要有四个方面。

（一）全球经济和市场的影响

由于现代通信技术和新型交通工具的发展，许多企业由地方性公司扩展为遍布全球的跨国公司，企业在地理空间上的扩展要求加强信息资源的管理。

（二）竞争态势的形成

为了适应全球市场的竞争，现代企业多采用多样化的经营管理模式，以石油起家的企业现在可能投资经营箱包、农场、食品包装、轮船制造和修理、汽车零件生产以及其他产品和服务，而要经营这样的企业就离不开计算机信息资源的管理。

（三）组织机构平面化发展趋势的要求

韦伯的金字塔结构在现代社会产生了越来越多的反功能，为此，许多现代企业借助于技术大力缩减管理层次，缩短组织机构内部操作层与决策层之间的渠道，以期提高信息交流效率并鼓励工人参与决策制定过程，现代企业这种平面结构的运行是信息资源管理所支持的。

（四）新技术的推动作用

管理方法和理论的演进是与新技术尤其是计算机技术紧密联系在一起的，计算机技术的应用使许多管理工作实现了自动化处理，并因此而改变了工人的工作场所和工作方式，更多的工人变成了白领工人，他们与管理者的工作内容开始趋同——都是以信息资源的开发与管理为主要内容，这样，传统的管理也就开始演变为信息资源管理。

信息资源管理在企业管理领域的生成具有更多的技术色彩。一方面，由于市场竞争所带来的压力，企业对新技术的引进和应用更为敏感和积极；另一方面，由于企业所具备的优势，它也有条件有能力引进和开发最新的技术。一般认为，信息资源管理在企业的发展中经历了数据处理、信息系统、管理信息系统和信息资源管理本身四个阶段，而信息资源管理正是各类管理信息系统综合集成的产物。

四、信息资源管理的发展阶段

信息资源管理源于何时？其发展阶段怎样划分？学术界目前对这些问题的看法尚不一致，前述“20世纪中期起源说”仅是我们的观点。就信息资源管理的发源国——美国信息资源管理学家的观点而言，主要有两种不同的认识：一是马尔香和克雷斯莱茵的“四阶段说”，二是史密斯和梅德利的“五阶段说”。

马尔香认为信息资源管理始于19世纪末，从那时起到20世纪90年代，信息资源管理的发展大约分为四个阶段：

第一阶段（19世纪末到20世纪50年代末）：信息的物理控制；

第二阶段（20世纪60年代到70年代中）：自动化技术的管理；

第三阶段（20世纪70年代中到80年代）：信息资源管理；

第四阶段（20世纪90年代）：知识管理。

马尔香还详细论述了每个阶段的发展情况，并就每个阶段的推动力量、战略目标、基本技术、组织状态等因素进行了比较。事实，信息资源管理的不同关键在于对信息资源管理的理解相同。比较马尔香的“四阶段说”和史密斯和梅德利的“五阶段说”，可以发现，他们的共同之处在于以信息技术的发展作为分析的主导标准，不同之处在于他们考察的领域不同——马尔香主要考察的信息技术在政府部门信息管理工作中的应用，史密斯和梅德利考察的是信息系统自身的发展及其在企管理领域的应用。但无论“四阶段说”还是“五阶段说”都包含着一个“信息质量管理阶段”，而且双方对“信息资源管理阶段”20世纪70年代末80年代初的认识是一致的，这也说明信息资源管理的发展毕竟不同于信息技术的发展。我们认为，信息资源管理是一种集成的管理活动，在各种信息活动或信息系统完成整合过程之前实质上并存所谓的信息资源管理为此，我们将信息资源管理的发展过程划分为三个阶段。即：

第一阶段（20世纪40年代中到70年代中）：信息资源管理的萌芽时期；

第二阶段（20世纪70年代中到80年代末）：信息资源管理的形成时期；

第三阶段（20世纪90年代起至今）：信息资源管理的发展时期。

信息资源管理产生于20世纪中期的美国，这绝不是历史的偶然。美国是现代管理科学最为发达的国家，同时也是计算机技术、现代通信技术、网络技术等现代信息技术发展最快的国家，这两方面的因素在两个对信息管理工作最敏感、最需要的领域——政府部门和工商管理显示聚合，便出现了信息资源管理。美国是当代国际社会的中心，美国所形成的理念思想很容易通过现代传播媒介与世界各地的学者交流。以信息资源管理思想和理论的传播而言，在其出现伊始就传入同语种的英国，并在那里形成了“信息管理理论”，此后，信息资源管理理论或直接由美国传到世界各地，或间接地由英国传入欧洲再传向世界各地。到80年代末，信息资源管理的研究已成为一种世界化潮流。据我们所掌握的资料，美国和英国可渭信息资源管理研究的世界中心，这两个国家出版的有关学术专著数量多、影响大，仅霍顿就撰写或参编了10本相关著作。此外，欧洲有法国学者贝尔泰与梅古罗夫所著的《信息管理》和德国学者施特勒特曼的信息管理理论，亚洲有日本学者所著的《情报资源管理概论》和我国学者撰写的各种论著，非洲有赞比亚学者所撰写的论文《赞比亚农村社区的信息资源管理：对全国信息第七次信息资源管理政策制定的含义》。中南美洲有墨西哥学者阿森西奥（Margarita Armada de Ascension）所撰写的论文《学术环境中的信息管理》等。进入90年代后，由于社会环境和技术环境的变化，信息资源管理理论与实践也出现了新的变化，信息资源管理与Internet同时称为人们广为接受的现代观念。

五、20世纪90年代至今的信息资源管理

（一）20世纪90年代的信息资源管理

20世纪90年代是信息技术年代，明确地说，是信息网络年代，这样的社会和技术环境对于信息资源管理而言，可谓机会与挑战并存。当信息技术“大红大紫”的时候，人们可能会忽略资源的价值和作用，趋附者甚至会推出《网络为王》之类的著作赶时髦；当“信息高速公路”的热浪过后，或者说，当网络真正建立起来后，人们才真切地体会到，信息技术包括信息网络都不过是工具，真正“为王”的还是资源。

在我们回顾90年代的发展历程时，可以发现，90年代初英国信息管理学家多塞特（Posset）在《90年代的信息管理》一文中所做的推断大都已成为现实，这里仅将该文的精要摘录出来。

信息管理（也就是信息资源管理）这一术语意味着信息如同人力、材料和金钱一样是一种需要加以管理的资源，它是一个概念，是一种职业禁区，它是一种多学科活动，常常跨越部门的界限。在一个机构内部，信息管理功能的形式和种类很多，诸如会计、数据处理人员、电子通信工程师、人事馆员、计算机程序员、市场营销专家、战略规划者、记录管理者、档案馆员、图书馆员和情报专家等，都是这些功能的执行者。在网络环境中，上述人员既是信息资源的提供者，又是信息资源的主要用户，同时还是不同程度的信息资源管理者。而将这些功能聚合起来实现集成，就会形成一个机构的信息资源管理部门，该部门的负责人也称为信息主管（Chief Information Officer，CIO），这是90年代国际性大公司中风行一时的管理职位。

从一个机构的角度来认识，有效的信息资源管理依赖于所有不同功能之间的理解与交流，每个功能都扮演着一个重要角色。但在现实中，功能之间常常戒备森严，少合作，信息技术也常常被视为所有信息管理的答案。当然，随着时间的流逝，“计算机是一种工具”的观念将会为人们接受，信息技术的利用也将成为一种程序和惯例，神秘性将不复存在，而这些又意味着对技术的痴迷：让位于对信息技术所载带的信息和数据管理的关注。事实上，这正是90年代信息资源管理发展的最重要的特征之一。

早在80年代，人们已形成一种意识：信息是获取竞争优势的战略武器。这种意识说明人们已认识到产生于机构外部的信息的重要性。一个发育良好的管理信息系统，如果只能传送内部信息，那么无论它多么复杂，都不足以满足机构的需求，好的信息系统必须能够通过开发外部信息资源来掌握和竞争活动的线索，而内部和外部信息系统的整合将是90年代信息管理的基础。从这个意义上讲，Internet及其形形色色的网络工具正是实现这种整合的必要前提。

90年代的终端，不仅需要与内部信息源直接连通，而且也需要与他们所需的外部信息商接洽，在Internet环境中，提供这种内部和外部信息的多功能联通是比较简单的，多塞特在这方面的预测显然较为保守，他认为，通过局域网或广域网实现多功能联通。

新技术的应用也改变了信息传递和存储的格局。纸张和缩微胶卷依然是常见的信息存储和传载体，CD-ROM的流行则为联机数据库的利用提供了替代品。现在同样的信息可以不同的形式提供利用，但信息产业的迅速发展又增加了利用的复杂性：用户仅仅决定他所需检索的数据库是不够的，还需比较几个主机的优缺点，选择CD-ROM的不同版本，选择使用的界面和选择所需的信息传递方式（如联机打印、脱机打印、电子函件等）等。

90年代对情报专家的传统技能如信息的采集、组织、控制、分析、评价和传播技能还有广泛的需求。图书馆员和情报专家的前景是光明的，他们将能够为组织机构未来迅速和健康的发展做出实际的公认的贡献，为此，他们将获得相应的回报。对于那些渴望升迁的人们，由于信息资源管理功能的集成，获取组织机构中的高级职位已无障碍可言。然后图书馆员和情报专家并不是机会的唯一候选人，竞争是无处不在的。如前所述，信息管理不是一个职业禁区，但这种观念在计算机、电子通信、市场营销、计划等领域依然存在，这些领域在所有信息资源管理领域中都具有特别的优势。因此，图书馆和情报单位在评价自己的竞争地位时，首先必须分析自己的优势与弱点，这种分析包括职业和个人两个层次。作为一种职业，图书馆和情报单位的优势在于它们所拥有的关于信息源的知识和处理信息的能力，劣势则在于他们的形象不明确，有时甚至被视为信息与用户之间的障碍。从个人的角度分析，图书情报人员的优势在于拥有各种传统的信息管理技能，但他们对技术进展所知较少，也不是职业管理者，而利用机会既需要信息技能，也需要管理技能和技术技能。

90年代的信息资源管理是沿着集成信息技术——信息高速公路的轨迹发展的，它不可避免地带有浓厚的技术色彩，当然，这种技术色彩从根本上是不会消失的，因为信息技术尤其是应用型信息技术本身就是信息资源管理的有机组成部分。电脑是可以肯定，随着Internet走入更多人的生活，信息资源管理中存在“技术中心论”必然会失去其耀眼的光环，信息资源及其管理将无可争辩地成为新时代的主角。

（二）20世纪与21世纪之交的信息资源管理

20世纪与21世纪之交的前后10年，随着以信息技术为核心的通信技术、网络技术、多媒体技术等现代技术突飞猛进的发展，信息资源管理涵盖的范围日益广泛，社会价值大大提升，众多学者的积极研究更促进信息资源管理在学科之林中的地位不断提高。

马塞维休特和威尔逊在《信息管理研究领域的发展》一文中，通过对有关期刊论文的分析，回顾1989–2000年信息管理研究内容的发展，指出20世纪90年代主要涉及信息经济、信息管理实践（应用领域）、信息系统和信息技术（人工智能和系统论）、信息政策和策略、信息利用和信息用户五个方面。到2000年主要涉及信息经济、信息利用和信息用户、信息系统、信息网络、信息政策、信息管理应用、知识管理七类。从大类来看，只新出现了信息网络、知识管理，其他大类变化很小，但从具体内容看都有了很大的拓展。

斯卡梅尔（Alison Scammer）在《信息管理手册》一书中认为：

1.信息管理包括：

（1）版权、数据保护、信息的合理利用等影响信息工作的法律方面的问题。

（2）人员、资金计划、项目、市场营销等管理方面的问题。

（3）信息资源。

（4）信息管理工具。

（5）信息服务。

（6）信息用户等。

自2002年起，美国思想出版集团（Idea Group Publishing）出版了名为《信息资源管理前沿课题》的系列丛书。2002年第一卷包括的内容有知识管理、利用信息技术导致的业务变化、知识过程和系统设计、专家系统等主题。2003年第二卷包括的内容有知识管理、知识共享、信息系统、信息技术、用户研究、虚拟环境中的技术、电子商务等主题。2004年第三卷包括的内容有电子商务、组织机构中的信息技术、信息技术利用中的文化因素三个主题。2005年第四卷包括的内容有用户需求影响因素、电子政务、知识管理及其组织机构的影响、知识共享及其需求测定、信息系统及其影响因素、供应链管理中的信息技术和通信技术、信息管理的政治经济学等。

甘加萨兰（M.Gangatharan）在《21世纪的信息资源管理》一文中提到，信息资源管理是管理支撑和维护政治系统的信息资源。信息资源由信息内容、信息技术、相关信息人员、相关信息设备等组成。

2006年，设在美国的国际性组织——信息资源管理协会（IRMA）第17次年度国际会议的主题是“信息技术管理正在出现的趋势和挑战”，从其众多的论题看，包括信息资源挖掘、信息质量管理、地理信息系统、信息技术教育、知识管理等也都在上述内容范围内，只是又拓展了远距学习技术、虚拟组织等。

至此，可以说，我们从20世纪80年代中期一直持有的观点同国外学者的上述观点大同小异。我们与甘加萨兰一样，认为信息资源应包括信息内容、信息技术、信息人员、信息设备等。信息内容可包括物理的信息产品、电子的信息产品（光盘、磁盘等）、联机的信息产品（Internet等）。信息资源管理就是对信息资源进行管理，为此也就必然涉及与其密切相关的信息经济、信息政策、法律法规、信息服务、信息用户等。同时，信息资源管理可以组织机构为主，但不应仅局限组织机构这一微观层次，还应有中观层次和宏观层次的管理。

还应提到，从20世纪90年代至今，中国在信息资源管理方面不仅有理论上的探索（大约有数十本专著和大量论文的成果），更有实践上的体现。中央设有专门的信息资源管理职能机构，进行宏观领导；许多政府部门、公司、企业、学校设有信息资源管理中心之类的机构，具体实施信息资源管理；许多大学没有信息管理之类的院系和研究所，从事信息资源管理方面的教育和研究：还有信息管理刊物等。

从知识管理这一名称在20世纪90年代出现以来到如今，几乎所有信息资源管理方面的文献都出现了有关知识管理的内容。但知识管理是信息资源管理发展的新阶段，还是一门新学科，或者仅仅是信息资源管理的另一名称，学者们各持己见。例如，有的学者认为，信息管理主要是对以某种确定形态存在的显性知识进行管理，而知识管理不仅要管理显性知识，更重要的是对隐性知识进行管理，因此知识管理是比信息（资源）管理更深层次的管理。但也有学者认为，数据、信息和信息资源都是可以管理的，而知识是无法管理的，除非是拥有知识的个人，但个人也无法完整地管理自己拥有的知识：隐性知识是知识管理中最重要的内容和最大的特点，但也是最难真正实现的。有的学者认为，知识管理仍处于定义不完整和难以理解的程度，因此还不能被称为一门新学科，他们和几位学者都认为知识管理仅仅是信息管理的另一名称。但应该承认，目前被较多的人接受的观点是知识管理是信息资源管理的新的发展阶段。

第二节　信息资源管理的主要学派

现代信息资源管理是在传统信息管理、现代信息技术、现代管理理论和管理实践综合推动下逐步形成的。政府部门的文书管理和工商企业的信息管理是IRM生成的两个重要领域，二者在发展过程中形成了体现本领域特色的IRM理论，分别形成了IRM的记录管理学派和信息系统学派；在这两个学派的基础上，随着信息管珲实践的发展和理论间的相互融合，又形成了IRM的集成管理学派。

一、记录管理学派

记录是记录存在多种媒体上的信息。从历史上看，最初系统地生产和保存记录的是政府，后来，工商企业、社团和各种社会组织也开始系统地生产和保存记录，并出现了图书馆、档案馆等专门保存和管理记录的社会机构。记录管理是指系统地控制各种记录，从它们的生产或接收，经过处理、分发、组织、存储和检索直至最终处理。记录管理包括对信息资源生命周期的各个阶段施加控制，从其产生和组织直到传播、使用和永久保存或销毁。

美国联邦政府的记录管理是IRM形成的直接来源之一。美国各政府部门向来有重视文献管理的传统，20世纪初开始的地方政府一体化和国际化进程，尤其是第二次世界大战期间时增设的各种机构，导致了文书数量和文书管理成本的激增，对此，美国政府运用行政和立法双管齐下的办法实施整治。

1942年，国会制定了《联邦报告法》（Federal Repores Act），规定通过控制政府文书的需求来控制公民和企业的文书负担。1943年，国会通过了《记录处置法》（Records Disposal Act），授权国家档案馆在记录调查结束后制订处置计划。1966年，美国政府颁布《信息自由法》（Information Freedom Act），规定任何人都有权利用联邦政府部门的记录，同时还授权公开这些记录。

1975年，国会授权成立联邦文书委员会（Commission Federal Paperwork），该委员会对联邦政府文书工作进行了两年的调查研究，提出了一份含有800项建议的最终报告。其核心思想是政府官员不能再把数据和信息视为“免费物品”，强调应对联邦记录和文献的数据和信息内容进行管理并提供有效的服务，是对物理文献的管理。为了推行这一思想，他们提出了“信息资源管理”的概念，强调记录是有“生命周期”的，应把对诸如资金、人员、设施等资源进行控制和管理的技能应用到信息上。

因此，IRM的诞生被视为联邦文书委员会工作的结果，《文书削减法》也成为IRM理论形成的标志。

图书情报部门的信息管理也是IRM的来源之一。图书情报的工作对象文献本身就是记录的一种形式，图书情报部门对文献信息的管理形成了信息工作的某些传统，其对信息进行组织、存取、检索、传播和利用的理论方法构成了IRM的理论资源。霍顿、施奈德曼（R.Shneiderman）等人均认为，在IRM出现之前，图书馆一直在从事着信息管理工作。

记录管理学派的代表人物主要有里克斯（B.R.Ricks）和高（K.F.Gow）、罗比克（M.F.Robek）、库克（M.Cook）等人。

（一）理论学说

（1）将信息资源等同于记录，认为记录既是一种组织资源，也是一种组织资产。

（2）注重记录的生命周期，即记录的创造、采集、存储、检索、分配、利用、维护、剔除和控制过程，这一过程构成了记录管理理论的内在依据。

（3）对记录生命周期的管理形成了记录管理系统，该系统由输入、处理和输出三个要素构成，其基本职能方法是规划、组织、调配、指挥和控制，它们共同作用以实现记录管理的目标。

（4）虽然在理论上对信息技术关注不够，但在实践中大量采用了数据处理（DP）、办公自动化（OA）、信息系统（IS）和通信技术，并强调对其进行集成管理，注重信息技术规划在组织战略规划中的整合应用。

（5）记录管理学派主要关注对信息媒体和信息本身的管理和利用，并吸收了图书馆学、情报学、档案学等学科的理论方法，使其在信息内容管理方面显示出自身的特色。但由于其淡化信息资源观念和经济管理手段，以及对信息技术和组织的技术架构关注不够，使其理论学说的视野和应用范围受到限制，这是记录管理学派的局限性所在。

二、信息系统学派

信息系统学派重视IRM的技术层面，即先进信息技术的引入、推广、更新和集成。重点研究的是建立内部的、基于计算机的信息网络系统，并试图将其作为组织信息的唯一提供者。工商管理界和计算机界是该学派的两支重要力量。

（一）工商企业对信息管理的重视以下现实需要

（1）适应全球经济和市场的需要。跨国公司在地理空间上的扩散需要现代通信技术和工具的支持。

（2）为适应市场竞争，企业多样化经营管理规模采用需要有高效的信息沟通。

（3）组织机构扁平化趋势对采用新的信息架构（information architecture）产生了客观需求。

（4）将信息看作是一种战略财富以及将信息管理与商业战略规划相联

系的需要。在上述背景下，工商企业对新信息技术的引进和应用。两本权威性的综合商业管理杂。以《哈佛商业评论》（Flavored Business Review）和《斯隆管理评论》（Sloan management Review）为例，通过对所刊文章内容的标题分析，发现标题中含有“信息系统”“信息技术”或相应的缩略词“MIS”“IT”的文章总数，1981年到1986年是1977年到1981年的5倍。文献数量的剧烈增长反映出工商企业界对信息和信息技术迅速增强的趋势。在教育中，商业管理院校纷纷开、诸如“管理信息系统”“电子商务”之类的课程，以培养学生的信息管理能力以及从事信息职业的人才。

计算机界随着技术的进步和普及，从会计事务和办公室事务的数据处理，到建立各种以计算机为基础的信息系统，成为涉足信息管理的一支重要力量。其专业教育有浓厚的技术背景，并重视面向信息组织与管理。例如，美同两大计算机协会——计算机机构协会（ACM）和数据处理管理协会（DPMA）在1980年都确立了教育中以信息系统为核心的学位培养课程。计算机界的参与有力推动了技术层面IRM的发展，强化了信息系统管理学派的基本格调。

信息系统管理学派是欧美IRM理论研究的主流，主要代表人物有霍顿、马夏德、史密斯（A.N. Smith）、梅德利（D.B. Medley）、博蒙特、萨瑟兰、胡塞因（D.Hussain）、胡塞因（K.M. Hussain）、达菲（N.M. Duffy）、阿萨德（M.G Assad）、奥布赖恩（J.O. Brien）、摩根（J.N. Morgan）等。其理论学说一则源于现代信息技术应用于管理领域所引发的新的综合，二则出于“管理信息系统”专业的教学需要。

（二）信息系统管理学派的理论学说特点：

1.注重信息的资源特性和财产特性

注重对信息资源进行成本管理，进行经济学意义上的优化配置和投入产出分析。

2.突出信息技术与信息系统的概念

将信息技术管理或信息系统资源的管理视为信息资源管理或IRM的核心。例如，达菲和阿萨德认为信息管理就是对MIS资源的管理，而戴维斯和奥尔森则指出，整个信息资源管理的职能由三大要素构成，即数据处理、电信和办公自动化。

3.注重信息系统理论与管理理论的结合

一般以管理理论为纲，信息系统理论为内核。例如，在博蒙特和萨瑟兰所提出的信息资源管理范畴中，由信息通信技术所构成的技术平台是IRM的内核，这个平台用于获取、存储、处理、分配、检索和管理信息，企业的所有活动都是在这个平台上进行的。

4.强调IRM的战略性质及对CIO及其职责的研究

注重IRM在实践领域的应用，强调从信息资源中获得竞争优势和识别获利机会。马夏德和霍顿指出，工商管理界对信息管理有三方面的需要：将信息看作是一种战略财富的商业需要；将信息管理与商业战略规划相联系的需要；将管理信息资源的责任作为公司高层管理者职责的需要。

5.注重案例研究和集体研究

通过案例分析架起理论与实践之间的桥梁；通过集体研究，尤其是教学研究领域和实践领域研究人员之间的合作，使其理论成果由于扎根于实践的土壤而获得生机和生命力。

6.信息系统学派面对的对象

主要是工商管理领域的管理者、工商管理硕士、MIS专业师生和一般信息管理者。

7.信息系统学派

IRM的最有影响和有丰厚学术成果的理论流派，但由于其研究重心一直集中于信息技术及其集成与组织目标的实现，未能包括传统的信息管理学科如图书馆学、情报学、档案学等学科内容，使其理论视野和应用范围受到了一定的限制，表现出该学派的理论局限性。

三、集成管理学派

记录管理学派注重对信息内容的管理，并力求将组织中的传统信息部门，如文书和记录管理、图书馆、技术情报室、统计信息管理等职能集成起来；信息系统学派关注的是组织中的DP、OA、通信、MIS、LAN等信息技术部门的集成，强调通过信息技术的应用谋求组织的效率和竞争优势。但随着实践的发展，传统信息部门需要引入新的技术手段，信息技术部门也要将重点转向信息本身，更重要的是它们都认识到了必须把为战略管理提供服务乃至直接参与战略管理作为自己的目标，因而信息技术部门与传统信息部门向一体化方向发展，将组织中的所有信息资源综合起来为完成组织目标服务成为一种趋势。在这一背景下，记录管理学派和信息系统学派出现了合流的趋势，其管理理念、理论和方法正相互融合，并成为目前IRM的研究热点。我们将这种新的学术思潮所形成的理论流派称之为IRM的集成管理学派。集成管理学派主张，IRM是一种集成化的管理，这里的集成，既包括信息资源管理信息要素的集成（文字的、声音的、图像的；组织内部的，组织外部的）和信息资源的集成（信息、技术、资金、人员、设备、机构等），也包括管理手段的集成（经济的、技术的、人文的）和管理职能的集成（计划、组织、指挥、协调、控制）；IRM的目标、战略、规划、结构应与组织的目标、战略、规划与结构保持一致，为组织生产或获取、处理、存储优质、及时、准确的信息和数据建立必要的机制，以便能以最小的代价来支持组织的目标。为此，组织的内部结构、岗位和职责需要发生某种变化，一种新型的IRM领导者——CIO将全面负责组织的信息资源管理，并在组织的战略层次发挥作用。

集成管理学派综合吸收了记录管理学派和信息系统学派的长处，并将其集成起来而至于大成，契合了信息时代人类解决信息问题从而使其发挥资源价值的社会需求和思想气质，代表了IRM发展的最新趋势。目前，围绕其理论主张的知识积累处于展开过程中，可以预料，这一进程将会在很大程度上影响IRM的知识图景和学科发展未来。

第三节 信息资源管理的发展模型

IRM的发展模型是对IRM起源、发展阶段与规律的理论概括。由于IRM发源于不同的领域，是多学科共同感兴趣的交叉地带，研究侧重点的不同使学术界对IRM的起源与发展有不同的看法，提出了多种IRM发展模型。本节介绍马夏德的部门阶段论模型、史密斯的五个时期模型以及国内学者的阶段模型，它们代表了关于IRM发展历史的主要认识。

一、从信息管理走向知识管理

早在20世纪80年代，美国学者D. A. Muxihand和F. W. Hbiton就提出信息管理有五个发展阶段，即物的控制、自动化技术的管理、信息资源管理、商业竞争分析与智慧、知识管理。知识管理被认为是信息管理发展的高级阶段。如果说当时他们的观点还仅仅是一种理论上的预期，那么，20世纪90年代以来随着知识经济的兴起，信息管理向知识管理的延伸和发展已成为一种具体的实践行为。

按照MUhotra Yogesh的定义，知识管理是当组织面对日益增长的非连续性的环境变化时，针对组织的实用性、组织的生存及组织的能力等重要方面的一种迎合性措施。Andra Warton认为知识管理包括四个方面的内容。

一是创造机会使人们相互合作产生新思想；

二是提供人们对未曾预测的事件进行反应的手段；

三是在不断提高分工程度的环境中，建立组织知识库的保存和开发机制；

四是采取措施提高员工的技能知识管理有两种基本类型，即显性知识

（explicit knowledge）管理和隐性知识（tacit Knowledge）管理。显性知识是能清晰表达出来的知识，隐性知识是能被拥有者自如地应用但却不能直接与人交流的知识。促进实现知识共享和知识创新是知识管理的本质追求。

由于信息是知识的原料，知识是信息深加工的产物，因此，与信息管理相比，知识管理是一种更高层次的管理。知识管理在管理对象、管理方式和技术以及管理目的等方面对信息管理予以拓展和深化管理对象上的拓展。知识管理的对象不仅是编码化的信息，还包括对非编码化的信息的载体一人的管理。同时，知识管理对知识流、知识的自组织更感兴趣，试图找出一个能理解知识如何积累、如何倍增的关系机制，使少数人的专长扩展为整个组织的知识。

管理方式和技术的改进。知识管理引入了新的组织管理模式，组织本身就是一个学习和知识创新的系统。知识管理深化了对信息技术的要求，信息技术由对信息的处理转变为对知识的识别、挖掘和重组。目前针对知识管理的多种智能技术和软件技术如数据仓库（DataWarehouse）、群件（Ckmp Ware）、知识挖掘（Knowledge Mining）、知识发现（Knoeledge Discovery）、数据融合（DataFiision）、推送技术（Push）、智能搜索（Intelligent Search）等已广泛运用于知识管理实践，极大地提高了知识组织和知识管理的效率。

管理目的的深化。信息管理的目的是对信息进行有效组织，方便人们利用，发挥信息的资源价值。知识管理的目的则是在信息管理的基础上，通过知识挖掘和知识重组，实现知识共享和知识创新，提高组织的创新能力、反应能力、生产率以及技术技能。

知识管理是信息管理适应知识经济发展的必然 结果。据IDC估计，财富杂志中的500强有315亿美元用于企业知识管理和知识网络建设。正如德鲁克（Peter. Dnicker）所指出的：“管理的本质不是理论探索技术和程序，管理的本质是使得知识富于成效。”由信息管理走向知识管理是21世纪IRM发展的首要趋势。

二、注重国家层次上的信息资源管理

随着信息技术的广泛应用，尤其是因特网的快速发展，全球社会经济信息化程度不断提高，信息活动已广泛渗透到社会生活的各个方面，也引发了诸如信息安全、国家信息主权、信息产业的垄断与免争、信息市场的规范、计算机犯罪、知识产权保护、信息活动中的利益分配、跨国数据流（TDF）等一系列复杂的社会问题。这些问题涉及国家安全和国家政治经济利益，不是依靠个人或组织的力量所能解决的，需要在国家层次上综合运用法律、政策、伦理的手段予以协调和解决。

信息法律、信息政策、信息伦理是信息资源人文管理的三种基本手段。信息法律是一种刚性管理，信息伦理是一种柔性管理，信息政策管理介乎二者之间。三者相辅相成，共同构成国家层次上信息资源管理的主要内容。

信息法律力图运用法律的力量来解决信息管理中的一些普遍问题，其调整对象包括两个方面：一是信息技术与信息产业发展过程中产生的一系列社会关系和社会问题，目的在于发挥法律的政策导向功能，促进信息技术的发展；二是信息在生产、传播、处理、存贮、应用、交换等环节中所产生的各种社会关系，目的在于规范主体资格和主体行为，确立在信息活动中不同的信息主体之间所形成的各种权利义务关系，近年来随着国家之间竞争的加剧和信息交流的日益深入，各国在信息立法中开始特别关注一些问题。

（一）各国关注的主要问题

1.信息安全

一个突出的趋势是各国政府将信息安全保障能力视为21世纪综合国力、经济竞争实力和生存能力的重要组成部分，从国家安全的高度制定、实施信息安全战略和立法对策。

2.知识产权保护

修改、补充现行法律法规，使其适用于电子媒介和数字化形式为主的网

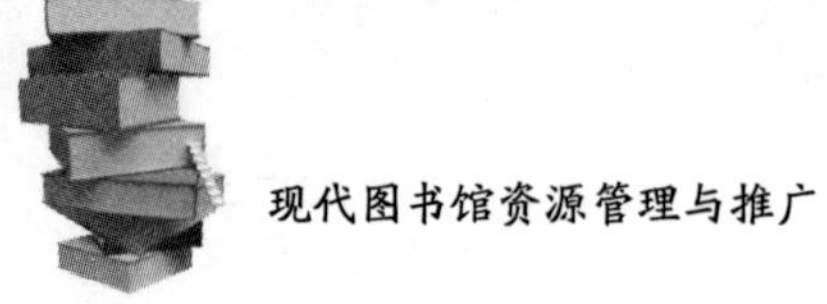

络信息管理形式。

3.信息技术和信息产业发展

4.信息市场管理问题

5.信息共享和利用问题

6.信息国际化问题

信息政策侧重于运用国家政策实现宏观调控，解决信息活动中的矛盾和冲突。与信息法律相比，信息政策的对象范围和有效时间范围相对较小，更带有阶段性和灵活性。在各类信息政策中，国家信息政策（NIP National Information Policy）占有重要地位。目前，面向信息网络的国家信息政策成为各国信息政策所关注的焦点，

（二）其政策制定主要围绕以下热点问题展开

1.网络信息基础设施政策

包括互联网结构、互联网电路资源管制、投资政策以及重大信息化工程等。网络信息活动基础要素政策。包括人才政策、网络信息资源政策、网络信息技术政策、网络信息安全政策等。

2.网络信息活动实体政策

包括网络信息文化政策、网络信息服务政策、网络信息跨国传输政策、网络信息消费政策等。

信息伦理是指信息活动中普遍认同的伦理道德观念和标准。它在观念的层次上依靠习俗和舆论的力量来调整和规范人们的信息行为言语伦理具有广泛的、普遍的自我约束作用，因此，除了运用信息法律的强制手段和信息政策的约束导向手段外，努力提高社会的信息伦理道德水准，完善和更新信息伦理观念和标准也是重要而必不可少的。目前，对国家能否作为信息道德主体而遵从必要的伦理准则问题正引起广泛的关注和争论。一种代表性的观点认为，国家在未来的网络世界中肩负着重任，其道德义务具有不可让渡性，应承担更艰巨、更严肃的道德责任，遵从必要的伦理准则。布赖特曾指出：

“道德守则不是为单以个人身份出现的人而写的，它也是为国家而写的。”这一论断在网络时代仍不失其价值。

三、网络信息资源管理成为新的热点

随着互联网发展进程的加快，信息资源网络化成为一大潮流。与传统信息资源相比，网络信息资源在数量、结构、内涵、类型、载体形态、分布和传播范围、 控制机制、传递手段等方面都与传统信息资源有显著的差异，呈现出许多新的特点。这些新的特点赋予网络环境下信息资源管理许多新的内涵。网络信息资源管理建立在新的社会基础结构信息网络的基础之上，适应了信息化社会信息组织和管理的需要，是IRM的一个新的生长点。

网络资源管理的问题。网络信息资源管理需研究和解决的重点问题主要有：

1.网络信息发布研究

主要包括信息来源及认证，信息发布平台及主要技术方法、发布途径与推送形成等。

2.网络信息组织研究

主要包括信息组织结构、组织方式、组织标准、多语种处理、智能组织技术等。

3.网络信息检索研究

主要包括检索语言放索引擎、智能检索技术检索策略等。其中基于自然语言的智能检索是发展方向和研究重点。

4.网络信息服务研究

主要包括信息资源评价、信息导航、信息产品开发、信息咨询、知识信息营销、信息服务的市场保障等。

5.基于电子商务的信息管理解决方案研究

电子商务是基于国际互联网的商务活动，是物流、资金流和信息流的有机统一。寻求合理的信息管理模式，为实现电子商务提供信息管理解决方案是网络信息资源管理的重要内容。

6.网络信息资源的经济管理研究

主要包括网络信息资源配置、网络信息服务的成本收益分析，网络信息产业组织以及网络经济学等。

四、管理模式的深化和融合趋势不断强化

20世纪90年代初，有教授提出，IRM是三种基本信息管理模式的集约化，即信息资源的技术管理、信息资源的经济管理和信息资源的人文管理，它们分别对应不同的背景，即信息技术、信息经济和信息文化，三者的集成构成IRM的三维构架P3、IRM20年的发展证明了这一理论的科学性和对实践的预测，解释了当代信息资源管理的演进和知识积累。从整体图景上考察，就表现为三大管理模式沿各自方向的深化以及它们之间相互交叉融合所形成的新的学科知识范畴。这一趋势还将继续得到深入和强化。

从三大管理模式的深化方面看，沿着IRM的技术维方向，人类正在追求各种新的信息系统、新的信息媒介和新的信息利用方式，专家系统、知识库、知识工程、数字图书馆、新型信息网络技术、智能计算机等是发展热点。沿着IRM的经济维方向，信息商品、信息市场、信息产业和知识产业正迅速形成，信息经济、网络经济、知识经济正成为重要的经济活动，信息经济学和知识经济理论受到特别的关注。沿着IRM的人文方向，信息政策、信息法律受到高度重视，成为国家对信息活动进行宏观调控的重要手段，信息伦理作为一种新的社会伦理得到强调，信息文化建设提上了国家和民族文化建设的重要日程。

从三大管理模式的交叉融合方面看，融合的范围正日益扩大，融合的程度日益加深。三大管理模式各自所秉承的管理理念和思想在新的信息管理实践中正融为一体。如果说以前在信息传播、信息生产和信息利用中可以忽略或不重视经济因素的话，那么，在信息经济崛起和知识经济时代来临的背景下，信息活动中不考虑经济因素已是不可能的了。事实上，各类数据库服务商、信息咨询服务公司、ICP、数字图书馆、软件公司、电子商务开发商等已成为信息经济和正在崛起的知识经济的中坚力量，它们的活动强化了信息资源的经济管理方向，对人类利用信息的水平和社会信息化进程所产生的影响是难以估量的。同样，信息技术发展到今天的地步，人文因素和技术因素的结合已成为IRM进一步发展的关键，当前信息活动中所出现的矛盾和冲突是依靠技术本身的力量所难以解决的，需要引入政策、法律、伦理等手段才能综合治理。总的看来，在当代信息资源管理实践中，三大管理模式相辅相成，其影响是有机地融合在一起的。如信息咨询活动，既要利用现代信息技术，又要面向用户和市场，遵循经济活动规律，还要接受信息法律和信息政策的规范和指导。三大管理模式的交叉融合将在情报资料工作，大程度上整合IRM学科资源，拓宽IRM学科范围，产生新的学科生长点，从而促进IRM的发展及学科体系的成熟和完善。

五、职业和教育竞争不断加剧

从IRM的产生来看，除传统的图书情报界外，计算机界和经营管理界对信息领域的介入是促成IRM产生的重要背景之一。IRM由此形成图书情报、计算机和经营管理“三元鼎立”的状况，随之发展起新的信息职业、新的信息专业团体和新的信息教育。多学科、多领域的介入从一开始就注定了IRM领域专业之间、职业之间的竞争。随着社会信息化进程的加快和知识经济的兴起，IRM职业和教育方面的竞争将呈不断加剧之势。

图书情报界是从事信息工作的传统领域，一直以文献信息的管理为主，仅图书馆学正规教育已有一个多世纪的历史。20世纪80年代以来，图书情报专业的传统受到了前所未有的巨大竞争和挑战。为适应强大的信息革命浪潮，从发达国家开始，世界图书情报教育开始全方位的变革，纷纷从“书籍世界”走向“信息世界”，向以信息管理为轴心的方向发展，培养适应信息时代需要的高层次信息管理人才。例如，美国Kfehlogg董事会提出“人类信息系统资源管理”（Human Resources for Information Systems Muiagement,

HRISM计划），直接资助德雷克塞尔、密歇根等四所大学的图书情报学院进行教育改革，其中心举措就是加大计算机科学、工程学等学科知识在教学中的比重，强化图书情报教育对信息技术的反映。计算机界随着技术的进步和普及，日益成为信息处理和管理的一支重要力量，构成信息职业中的一支庞大队伍。其专业教育带有浓厚的技术色彩，重视面向信息管理。例如，美国两大计算机协会——计算机机构协会（ACM）和数据加工管理协会（DPMA），在20世纪80年代就确立了教育中以信息系统为核心的学位培养课程，目前正向信息网络领域延伸经济管理开始快速进入信息领域，在教育中增设有关“信息系统”和“信息技术”的课程，培养本领域从事信息职业的人才。目前，各工商管理学院适应网络经济发展的要求，纷纷加大了介入信息领域的力度。例如在专业教育中增设“网络经济”“网络营销”“电子商务”等课程或学位，电子商务已有发展成一门专业的趋势。马夏德（D.A.Mirchaud）和霍顿（F.W.Hbiton）指出，经济管理界对信息管理的重视出于三方面的需要：将信息看作一种战略财富的商业需要；将信息管理与商业战略规划相联系的需要；把管理信息的责任看作为公司高层管理者的需要。以上三个领域从不同学科角度介入信息管理，一方面加剧了信息管理专业教育和职业领域的竞争，另一方面也促使了彼此之间的合作与交流，使IRM学科得以发展和完善。从发展趋势看，随着社会对IRM人才需求的增长和对其职业素质要求的提高，以上领域在发挥各自学科优势的基础上，相互借鉴，取长补短，在人才市场和教育方面展开激烈的竞争是大势所趋。这种竞争构成IRM持续发展的不懈动力，也是其职业价值和生命力旺盛的重要标志。

六、ERM学科体系日趋完善

1985年，马夏德在《信息管理转变中的战略和工具》一文中考察了工商企业中信息管理职能的演变规律，提出了信息管理的“五阶段模型”。马夏德认为，信息管理理论始于19世纪末，从管理职能演进上经历了五个阶段，各个阶段是累积性的而非顺序性的，其演进过程体现了信息管理职能的密集化（management intensive）趋势。

阶段1：文书管理又叫信息的物理控制（the physical control of information）阶段，始于19世纪末。首要任务是在公司中建立一个对基于纸张的资源和媒体（记录、函件、指示、手册等）进行程序控制和物理控制的系统，以提高文书处理的效率。信息管理功能是一种出现在组织生活背后的、低层次的、面向支持的活动。

阶段2：公司自动化技术管理出现于20世纪60～70年代。其主要特征是电子数据处理（EDP）、电信、办公自动化技术在企业中的独立发展和应用；信息管理职能的战略目标是提高技术效率以及加强对新技术和可用资源的物理控制，大多数企业中的新技术管理活动限于中级管理层。

阶段3：信息资源管理出现于20世纪70～80年代早期。信息管理的目标和重点发生了决定性转变：从主要是支持职能发展到管理职能，从主要重视效率发展到重视效益。为了有效地使用一体化的计算机和通信技术，必须强调信息资源和信息资产的经营管理；信息管理职能的战略目标已经从只重视文书的物理控制和支持电子技术转向把信息本身当作是像人员、材料和资本之类的战略资产一样需要管理的、重要的公司资产，并在组织上，更高层次上为信息资源管理职责设立职位。

阶段4：企业竞争分析与情报始于20世纪80年代中期。优先考虑的是公司战略中获取竞争优势的战略目标，而不仅仅是信息资源与信息技术的成本效益管理。其主要目标集中在公司战略与方向以及其内、外部环境上，主要依靠经理和参谋人员的情报收集、处理与分析，将被动的信息和主动的情报融为一体，建立企业的竞争能力。

阶段5：战略信息管理阶段又叫知识管理（Knowledge management）阶段。重点是确定企业战略和方向，重视决策的质量和为实现全企业业绩和效益的目标而使用信息。为了获得尽可能多的整体经营业绩，战略管理不仅要

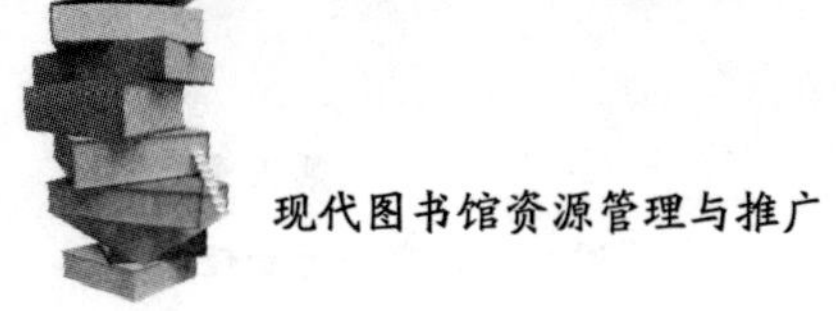

有效地利用信息资源和技术，而且还要将信息资源有效地综合起来，以便支持企业的其他职能和经营战略。在此阶段，知识本身作为关键资源取代了数据和信息。

七、史密斯的五个时期模型

史密斯和梅德利在出版的《信息资源管理》一书中，通过考察信息系统的发展及其在工商管理领域中的应用，提出了信息管理的“五个时期模型”。

他们认为信息管理始于20世纪30年代，其标志是穿孔卡片会计系统的广泛使用。从20世纪30年代起，信息管理的发展大致经历了五个时期。

（一）信息发展的五个阶段

1.数据处理

穿孔卡片在诸如会计、制造等领域得到应用，试图提高数据处理的速度和数量。

2.信息系统

磁性存储和计算机的广泛采用促进了向信息系统时期的转变。随着计算机规模经济的出现和要求提供数据处理服务的职能部门的增多，高度集中化的数据处理中心开始形成，信息系统领域的管理获得了和组织中大多数职能相等的地位。

3.管理信息系统

实际上是信息系统时期的延伸，只不过硬件与软件变得更高级而已。随着项目管理和人员知识的改善，系统开发技术得到了提炼，信息处理中心成为组织的一个实施独特职能的专门部门。

4.终端用户及其战略影响

终端用户在信息系统的演变中发挥了重要作用。早期的信息系统给用户提供了大量的数据，却提供不了有实用价值的信息；而信息系统要真正发挥作用，就必须满足用户的决策要求。当信息存取成为应用系统设计的一个广泛目标时，将产生更为高级的面向决策的信息系统。决策支持系统即是这种代表。

5.信息资源管理

IRM比管理信息系统更为复杂，可被视为一种集成所有学科（all disciplines）、电信和经营过程（business process）的管理哲学。在竞争中求得生存和发展的企业，是那些把信息视为组织所共有的资源加以管理的企业；信息资源的管理意味着要尽可能高效、有益地收集、处理、报告和存储信息，并密切注意创新性技术和过程及组织需求的变化。

（二）阶段模型

这是国内多数学者的观点，如卢泰宏、马费成、孟广均等均持此说。尽管他们对信息管理发展的具体分期有不同的看法，但都认为IRM作为一种集成的管理活动是传统信息管理不断演变和进化的结果，代表了信息管理发展的最新趋势。

1.传统管理阶段（图书馆产生20世纪50年代）

传统管理阶段以图书馆为特征。图书馆的产生标志着人类对文献信息的保存和管理成为一种专门的社会职业，其活动内容主要围绕对文献信息的收集、整理、加工、存储和利用进行，并强调事业的社会公益性质。

2.技术管理阶段（20世纪50～80年代）

这一阶段以信息流的控制为核心，以计算机等信息技术为工具，以自动化处理和信息系统建造为主要工作内容。显然，这是在计算机等信息技术高度发展及广泛应用背景下发展起来的新的信息管理模式。

技术管理时期高效率地解决了信息管理中的许多问题，但随着信息系统的进化和信息管理作用范围和重心向战略决策层次演化，出现了一系列复杂的技术社会问题；同时，信息是一种经济资源和管理资源思想的确立，提出了从经济角度对信息资源进行优化配置和管理的要求。这样，技术主导的信息管理模式难以适应新的社会信息环境的需要，迈向新的阶段成为一种必然的趋势。

（三）信息资源管理阶段

IRM是信息管理的新阶段，它所代表的资源时期的新特征是：

1.确立了信息资源作为经济资源

管理资源和信息作为商品的新观念。信息被视为五种经济要素（人力、原材料、资本、科技和信息）之一，深化了技术时期发展起来的信息经济思想。

2.强调信息管理不能单靠技术解决问题

必须重视人文社会因素，追求将技术因素和人文因素结合起来协同解决问题。这是与技术时期明显的不同之处。

3.突出了组织机构层次的信息管理

面向组织的信息管理，即非国家层次、个人层次的信息管理。这意味着信息管理的结构发生了变化：从公共的信息系统转向重视组织机构信息系统的完善，从集中型的信息基础结构转向集中与分散并存的结构。

4.重视信息在战略决策、战略管理中发挥作用

提出了信息管理与组织结构关系等一些新问题。

5.促使信息管理成为新的独立的管理领域

因此必将导致出现信息领域中的新的职业方向。

上述三个阶段的划分主要反映信息管理主体构架的不同和演变，“阶段”的更替并不表明对前一阶段的绝对取代和前一阶段的消失，而是主导成分及其地位的更替。此外，这三个阶段的每一个阶段，其发展也有若干时段和不同层面，从而概括了信息管理中丰富多彩的内容。

IRM在理论和实践两方面的深入发展提出了建立IRM学科体系的任务。学科体系是否完善是一门学科成熟与否的重要标志。从目前的发展状况来看，IRM的学科体系正处于形成过程中，尚没有为大家所公认的学科范式。可以预料，随着更多信息管理理论的相继提出及其相互之间的融合与交流，

IRM的核心知识范畴会越来越清晰，围绕核心知识范畴的知识积累会越来越多，从而促使IRM的学科体系日趋完善，使IRM作为一门富于生命力的学科屹立于科学之林。

第四节 网络环境下的信息资源管理

在世界范围内形成的一种崭新的网络的环境中，信息资源出现了诸多新的特点，信息资源管理也面临这许多新的挑战和有待解决的问题。

前对网络信息资源和网络信息资源管理的本质存在多种看法，不过从大的方面看，分为两种：一是狭义的网络信息资源管理，实际上只是网络信息组织的另一种说法，研究的重点是针对网上信息的特点探索其序化和控制的理论、方式、方法和手段。二是广义的网上信息资源管理，即把一般管理的基本原理应用于整个网上信息活动过程，强调通过信息内容和信息技术的全面集成来提高线上信息活动的效率和效益，并使这种活动能够更好地为实现特定组织目标甚至经济和科技发展等极其广泛的社会目标服务。目前研究得较多的当属前者，网络环境中信息资源的组织已经成为当前网络信息资源管理的一个热点问题，故下面的讨论以此为侧重点。

一、网络环境中信息资源的组织

（一）网络环境中信息资源的组织方式

信息组织是对信息资源进行序化和优化的过程。网络环境中，信息资源的组织优化更为重要，基本的组织方式有四种：文件方式、数据库方式、主体树方式和超媒体方式。文件方式简单方便，Internet提供了诸如FTP 一类的协议来帮助用户利用那些以文件形式保存和组织的信息资源。但文件方式只能是网络信息资源管理的辅助形式，或者作为信息单位成为其他信息组织方式的管理对象。数据库方式是当前普遍使用的网络信息组织方式，能处理大量数据，但缺乏灵活易用的界面机制。主体树方式提供了一个基于树流量的简单易用的网络信息检索与利用界面，但不适合建立大型的综合性的网络资源系统，只适用建立专业性或示范性的网络信息资源体系，如Gopher、Yahoo、InfoSeek等著名的搜索引擎工具部采用这种方式组织信息资源。超媒体方式是Internet上占主流地位的信息组织方式，它与传统的线性信息结构不同，是利用超文本技术以更适合于信息的自然结构的方式来组织信息，能够充分表达各种信息之间内在的联系，让使用者能够方便、灵活地浏览、获取所需要的信息。目前最流行的服务WWW就是以超媒体的形式将分布在全球的惊人数量的信息组织起来的。

（二）网络环境中信息资源组织的发展

事实上，文件方式和主体树方式并不是占主流地位的信息资源组织方式。当前信息组织基本是以数据库方式和超媒体方式各自独立发展的。

数据库方式是将要处理的数据经合理分类和规范化处理之后，以记录的形式存储于计算机中。当前流行的关系性数据库就是从规范化的数据中抽取出相应的字段建立成表，并以“键”的形式来处理表与表之间的联系。

一个完整的client/sever结构的数据库系统通常是由前台的数据库开发工具、后台的数据库管理系统和用户所待处理的数据构成的。

利用数据库技术组织信息资源可极大地提高信息的有序性、完整性、可理解性和安全性。数据库技术与网络技术的融合，极大地方便了用户利用和开发信息资源，提高了效率。但数据库处理的对象通常是结构型的、以数值形式为主的数据类型。在一个决策支持系统中，对于事实型数据、离散型数据，当前的数据库技术尚无法达到令人满意的效果。

超媒体技术则是以超链接（hyper link）的方式将位于不同页面上的信息有效地连接组织起来，这时信息是由许多页面及其上面的各种信息形式（如文字、表格、图像、声音、动画等）组成的。

以超媒体技术组织信息，可使信息系统得到任意收缩，具有良好的包容性和可扩充性信息资源管理可组织各类媒体的信息，方便地描述和建立各媒体信息之间的语义联系，超越了媒体类型对信息组织与检索的限制；可通过链路浏览的方式搜寻所需信息，具有较高的灵活性。由于超媒体的种种优点，它已成Internet占主流地位的信息组织和检索方式。当然，利用它组织信息资源也存在着缺陷，当超媒体网络过于庞大时，很难准确而迅速地定位于真正需要的信息节点上。

随着应用的发展，超媒体技术需要与其他信息技术相互结合，才能充分发挥超媒体技术的作用，以更好地组织网络信息资源。它同数据库的结合就是最为典型，也最为迫切的一种，其原因如下：

（1）随着现有的超文本、超媒体系统的不断扩展，迫切需要能够存取以前或者是在其他系统中积累的大量信息，而这些信息绝大多数都存放在数据库中，例如在Web中，很多情况下最终都要检索存储在各种数据库中的数据（信息）。

（2）绝大多数的超文本参考模型都没有提供节点和链接信息的具体存储结构（这当然是为了避免局限于某种具体的存储方法，提高灵活性），然而在实用的超文本系统中，就必须要考虑如何有效地存储和管理这些信息，有些系统采用了文件的方法，有些系统借助于数据库。从发展来看，当超文本系统形成一定规模时，也就是形成所谓的hypertext large系统，存储及其相关的问题就成为极其重要的制约条件，数据库作为存储管理的基础必须要和超文本紧密配合。

（3）从数据库技术本身的发展来看，现有的关系数据库（RDB）和面向对象数据库（OODB）在不同程度上都存在对相互联系着的多媒体信息缺乏表达能力的问题。而超媒体技术则是一种较好的表达途径，因此，应将超媒体技术和数据库技术相结合，建立新型的数据库系统。

（三）网络环境中信息资源组织的技术手段

网络环境中信息资源组织的技术手段主要集中在通用标记语言（SGML、XML、HTML等）和元数据、都柏林核心（Dublin core）。

1.SGML标记语言

20世纪60年代，国际商业机器有限公司（IBM）便着手研究通用标记语言（Generalized Markup Language，GML）来描述文件及其格式。1978年，美国国家标准局（ANSI）将GML规范成SGML（Standard Generalized Markup Language，GML）标准。

1986年，国际标准化组织（ISO）发布了SGML的正式文本“SGMLlS08879: 1986”，使SGML成为通用的描述各种电子文件的结构和内容的国际标准，为创建结构化、可交换的电子文件提供了依据。利用SGML，可以将来源不同的原始资料，如SGML片段、字处理文件、数据库查询结果、图形文件、视频文件等资料，组装在同一个文件中，利用文件格式定义（Document Type Definition，DTD）自由定义文件结构、添加标记或验证电子文件是否遵循DTD所定义的结构。

2.HTML标记语言

SGML过于反复，难以应用。随着Internet的广泛应用，需要人人都易上手的描述语言。于是SGML的子集——超文本标记语言（Hyper Text Markup Language，HTML）应运而生。

HTML语言简单易用，它提供了一种文本结构和格式，使其能够在浏览器上呈现给访问它的用户。HTML不同于一般的ASCII文件，是对ASCII文件的一种增强版本。它在文件中加入标签，可以现实各种各样的字体、图形及闪烁，还增加了结构的标记，如列表和段落等，并且提供了到Internet上其他文档的超文本链接。由于HTML成为Web上的通用语言，用它可以方便地制作网页、建立链接，很快它便成为Web蓬勃发展的基石。

但是，HTML过于简单，随着Web文件内容的增多和形式多样化，越来越显得不适应，原因是HTML定义了唯一的文件类型，而且标记不能被改动，简易使用却牺牲了语言的性能。

3.XML标记语言

1996年11月，在美国波士顿召开的SGML年会上，新的数据描述语言——XML（Extensible Markup Language，可扩展标记语言）公布于世，并向W3C（Word Wide Web Consortium）正式提案。相对于HTML只是SGML衍生出来的一种文件格式，XML则免除了SGML的繁复但仍保持其威力，这使SGML的优秀品质能方便而直接地被用在Web开发上。

XML继承了SGML具有的可扩展性、结构性和校验性。它与HTML相比，主要区别在于：

（1）可扩展性方面。HTML不允许用户自行定义它们自己的标识或属性，而在XML中，用户能够根据需要自行定义新的标识及属性，以便更好地从语义上修饰数据。

（2）结构性方面。HTML不支持深层的结构描述，XML的文件结构嵌套可以复杂到任意程度，能表示面向对象的等级层次。

（3）可校验性方面。HTML没有提供规范文件以支持应用软件对HTML文件进行结构校验，而XML文件包括语法描述，可使应用程序对此文件进行结构确认。

从表面上看，XML文件与HTML文件比较相似，都以一对相互匹配的起始和结束标记符来标记信息，但两者功能不同，HTML用来显示数据，XML则是描述数据对角，后者可以多种方式显示，也可以由其他应用软件进行深入的处理。在超链接方面，HTML虽然可以链接本机或其他主机上的文件，但只能指定单向且固定的链接位置，XML则可以建立多重链接，除网页位置外，同时可提供如何从其他链接的信息，可以进一步指定目标网址找到后的动作，是否自动显示或搬运原有的文件内。

4.XML是一个开放式的标准，它包括三个相互联系的标准：

（1）XML（可扩展的标记语言，Extensible Markup Language）。

（2）XSL（可扩展的式样语言，Extensible Style Language）。

（3）XLL（可扩展的链接语言，Extensible Linking Language）。

这三个标准相辅相成，使XML语言在数据标记、显示风格和超文本链接方面功能强大，对数据交换十分便利，被称为Web风格的EDI（电子数据交换）。

5.Web革命

XML描述数据本身，不像HTML仅描述数据的显示，这使XML可以支持灵活多变的Web应用。XML可以从不同的来源集成数据，将多个应用程序所生成的数据纳入同一个XML文件并传送到客户机上，被解析来的XML数据可以在本地被编辑或操纵，即本地用户非常容易实现对XML数据的有效利用。

Web开发者经过努力发明了针对各种应用的格式，支持这些格式需要做大量传统的工作，信息资源管理，读取、分析、注释并存储数据，还要把它们格式化以便显示。使用XML和支持工具，可以不要做这么多程序性的工作，具有SGML风格的DTD可以使数据定义变为说明方式，数据的分析和确认也不需要程序性逻辑，显示的格式化理论上只要XML在对象模型和浏览器对象模型间进行映射。

微软公司提出了XML Data方案建议，使用XML与XML元数据，快速开发XML应用，并使结构和内容两者的确认简化。XML为Web数据带来了结构化、智能化和互操作性，将会引发Web查询技术、Web数据库技术乃至Web数据交换技术的全面革新。

6.元数据研究

为了有效地解决查找网络资源的问题，元数据这一概念被提了出来。元数据的英文名称为“metadata”，意为“data about data”，即关于数据的数据。它用来揭示各类电子文献的内容及特性，进而达到网络资源的组织、分类、标引等目的，是描述Internet信息资源的一种数据格式。由于电子文件所具备的多种多样的格式和控制方法，它们可能不能被每个人直接使用：也许人们不熟悉或不了解它的格式；也许它的内容被加密了；或者它只有在交费后才能被接受；也或者这个资源太大，存取起来既困难又费时。在这些情况下，元数据能支持用户决策过程。它包含的数据元素集就是用来描述一个信息对象的内容和位置，以便能在网络中方便地查找和检索。目前网上数字资源比较常用的元数据格式有MARC、都柏林核心集、VRACH著录元素集等。

在众多的元数据格式中，都柏林核心集的研究已成为焦点。

都柏林核心集是国际组织Dublin Core Metadata Initiative拟定的用于标识电子资源的一种简要目录模式。它一出现就被北美、欧洲、亚洲和澳洲20多个国家认同，不仅图书馆、博物馆，不少政府机构、商业组织也已经或准备采用。

它的产生源于制订者从传统的图书馆读者通过卡片查询、借到所需图书的办法得到启示：在网络上检索电子资源，也可以借助反映这些电子资源的目录信息。于是都柏林核心集的拟定者们参照图书馆卡片目录的模式，指定了15项广义的元数据。这些数据是：名称（title）、创作、制作者（creator）、主体与关键词（subject and keywords）、说明（description）、出版者（publisher）、发行者（contributor）、时间（date）、类型（type）、格式（format）、标识（identifier）、来源（source）、语言（language）、相关资源（relation）、范围（coverage）、版权（right）。

纵观上述15项元数据，可以看出：首先，它比较全面地概括了电子资源的主要特征，涵盖了资源的重要检索点（1、2、3项）、辅助检索点或关联检索点（5、6、10、11、13项），以及有价值的说明性信息（4、7、8、9、12、14、15）。其次是它简洁、规范。这15项元数据不仅适用于电子文献目录，也适用于各类电子化的公务文档目录和产品、商品、藏品目录，具有很好的实用性。

都柏林核心集的15项元素集，既包含电子资源重要的检索点和超文本链接信息，也包含有关电子资源的描述性信息，是读者通过目录不检索、阅览最终电子资源的有效手段与桥梁。其应用范围广泛，不仅涵盖图书馆，更涵盖政府机关、电子商务和博物馆等众多领域的信息处理，它的作用远远超过MARC格式。

（四）网络信息资源组织的几个理论问题

网络信息资源的组织是一种分布模式，其信息对象可能并不存储在同一个地方，而是分布在不同的服务器上。网络信息资源组织目前还有许多难点尚未解决，诸如信息资源种类繁多，节点多媒体化，新陈代谢快，信息稳定，资源分散、无序，随机变化大，累计与保存困难以及标准化、规范化等问题。其中理论的关键点主要表现在以下几个方面。

1.网络信息组织与知识组织问题

所谓知识组织，是指对事物的本质和事物间的关系进行揭示的有结构与知识序化。网络信息组织的目的是向人们提供便于利用的、可以帮助解决问题的序化的知识，而不是大量无用的信息。因此组织网络信息时要严格控制网络信息的质量，对网络信息进行有效的评价和筛选，为用户提供有价值的信息。

另外，分类法和主题法是知识组织的主要工具，网络组织中要充分吸收传统分类法和主题法的优点，将其与网络信息资源组织的特点相结合，有效地进行网络信息的组织。

2.网络信息组织的标准化问题

在网络信息资源组织中，搜索引擎的分类体系不统一、类名的设置不规范、分类的层次不尽合理、搜索引擎标引方式也没有统一的规范。有的对网页全文进行标引，有的仅标引网页的标题、URL、关键段落的前几个单词和文本的前100个词。另外，生成关键词的技术也不一样。由于信息的组织与标引缺乏控制，使得信息的漏查率高，因此应该对网络信息进行规范化处理，现在最主要的方法就是采用元数据。组织Internet信息资源，促进网络信息资源的发现是元数据的基本功能。

3.充分合理地揭示网络信息资源主题

组织与揭示网络信息资源要通过多层次、多方位的描述和分析，从而促进网络信息资源的合理利用。网络信息组织的对象不要仅停留在对信息特征的描述上，应该深入到知识单元，扩大标引广度，增加数据库的标引深度，提高信息的增值过程。

4.自动化技术在网络信息组织中的应用问题

由于网络信息的种类繁多、数量庞大，以手工方式对网络信息进行处理已不能满足网络信息组织的需要，而是急需采用自动化的信息组织手段。在网络信息组织中应该发展和利用自动分类、自动标引、自动编制分类表、自动编制目录、索引、文摘等技术。

5.词表在网络信息组织中的应用问题

以自然语言组织和检索信息方便易行，但是同义词和近义词时得不到控制，词语相互关系得不到揭示，最终会影响信息的检索和利用；单纯采用自然语言还会造成查全率极低。解决这些问题最好的办法就是采用词表。词表是自然语言与规范语言结合的理想形式，应积极研究它在网络信息组织中的应用。

二、网络环境中信息资源检索的焦点—智能化搜索引擎

（一）搜索引擎的基本理论

搜索引擎是一种浏览和检索数据集的工具。传统搜索的范围基本上限于企业数据库、增至网络服务（VAN）和桌面文件。但Internet的迅猛发展使得搜索范围扩大到整个网络。面向Internet的搜索引擎是从各种网络资源中浏览和检索信息的工具。这些网络资源包括Web、FTP文档、新闻组、Gopher、Email和多媒体信息等。

按照搜索引擎提供的功能和使用的技术来分，目前Internet上的搜索引擎大致可以分成三类。

1.一般搜索引擎

利用网络蜘蛛对Internet资源进行索引，一般无须人工干预。所谓的网络蜘蛛是一个程序，通过自动读取一篇文档遍历Web的超链接结构，从而递归获得被引用的所有文档。不同的搜索引擎搜索的内容不尽相同：有些着重于站点搜索，有些搜索包括Gopher、新闻组、Email等。搜索引擎的性能主要取决于索引数据库的容量、存放内容、更新速度、搜索速度、用户界面的友好程度和是否易用等。这类引擎的代表有谷歌（http：//www.google.com）、百度（http: //www.baidu.com）、雅虎（http：//www.yahoo.com）和Altaista（http: //www.altavista.com）等。

2.元搜索引擎

接收一个搜索请求，然后将该请求转交给其他若干个搜索引擎同时处理，最后对多个引擎的搜索结果进行整合处理后返回给查询者。整合处理包括消除重复、对多个引擎的结果进行排序等。

3.专用引擎

譬如人物搜索、旅行路线搜索和产品搜索等。这些搜索都依赖于具体的数据库。

搜索引擎的其他分类方法还有：按照自动化程度分为人工与自动引擎；按照是否具有智能功能分为智能与非智能引擎；按照搜索内容分为文本搜索引擎、语音搜索引擎、图形搜索引擎、视频搜索引擎等。

一般来说，无论上述哪一种搜索引擎都是通过某种界面与用户交互，接受用户查询特定信息的请求，然后对用户查询请求进行分析。譬如，将查询请求分解成若干关键字，在分析用户请求之后，在索引数据库中不断进行匹配，挑出符合条件的信息，同时按照匹配程度的高低对结果进行排序，最后将排序后的结果返回给用户。因为网络信息时刻变动，所以搜索引擎在后台通过所谓的网络蜘蛛漫游Internet，它们负责采集网络信息，自动对采集到的信息进行分析，并按照一定的格式将采集到的信息保存到本地索引数据库中。

搜索引擎要想完成搜索任务，必须解决两个关键问题：一是如何建立索引数据库；二是如何分析、匹配用户的查询。建立索引数据库要用到网络蜘蛛。初始化时，网络纸质一般指向一个URL（Uniform Resource Locator，统一资源定位符）池。在遍及Internet的过程中，按照深度优先或广度优先或其他启发式算法从URL池中取出若干URL进行处理，同时将访问的URL放入URL池中，这样处理直到URL清空为止。对Web文档的索引则根据文档的标题、首段落甚至整个页面内容进行，这取决于搜索服务的数据采集策略。网络蜘蛛在漫游的过程中，根据页面的标题、头、链接等生成摘要放在索引数据库中。如果是全文搜索，还需要将整个页面的内容保存到本地数据库。

用户最关心的是搜索结果是否能够满足自己的需要，尤其是当搜索引擎可以获得的信息资源非常多的情况下。目前，搜索引擎仍不能很好地理解人的查询请求。因此目前采取的一种常见的策略是将用户查询的请求分解成若干关键字，根据这些关键字计算Web文档与用户请求的匹配程度，从而挑出若干匹配的文档。匹配程度的衡量准则很多，但主要的有以下情况：

一种是根据关键词在文档中出现的频率确定它对用户请求的匹配程度，另一种是计算关键词出现次数和页面总次数之比。不同的搜索引擎采取的匹配策略是不同的。Google是一个表现出色的搜索引擎，在匹配用户请求的过程中，它考虑到了关键词的频率、位置甚至格式等信息以衡量文档对用户请求的匹配程度。

但是基于关键词匹配的搜索技术有较大的局限性。首先，它不能区分同形异义。其次，不能联想到关键词的同义词。目前一种有生命力的搜索引擎技术是基于内容的搜索引擎。基于内容的搜索不是根据字形，而是试图理解用户的请求，同时根据文档的内容选出符合用户要求的文档。这里所谓的理解包括用户查询的理解和文档内容的理解，它允许用户以非常自然的形式提出查询请求，采取语义网络、汉语分词技术等分析用户的请求，了解用户真正的需求。

（二）当前搜索引擎发展面临的主要问题

当前搜索引擎发展面临的主要问题包括以下几个方面。

1.信息的量化

网络信息迅猛增加，人工无法对它们进行有效的分类、索引和利用。Internet为实现多种交互、交易提供了电子通信平台。对企业而言，它们需要处理比以往更多的信息，传统处理方式已经不能承受如此重负而使得决策缓慢、效率低下。对普通用户而言，简单的关键词搜索，返回的信息数量之大，往往让用户无法承受。

2.工作效率降低

Internet用户面对的是非常多的随机的未组织的信息，从如此庞杂的信息海洋中取出对用户最有用的信息是搜索引擎面临的一项挑战，而信息的有序化组织也是搜索引擎高效工作的前提。

3.干扰信息增加

一些站点在网页中大量重复某些关键字，使其容易被某些著名的搜索引擎选中，以其借此提高站点的地位，但事实上却没有提供任何对用户有价值的信息。这些情况更加加深了评价信息有用性的难度。

4.速度与效率的权衡

人们总是期望挑出最新的信息，然而网络信息时刻变动，实时搜索几乎不可能。就是刚刚浏览过的网页，也随时都有更新、过期、删除的可能。好的搜索引擎必须在速度和效率上进行仔细的权衡。

5.搜索对象的选择

迄今为止，搜索对象主要是文本。多媒体技术的发展对搜索因为提出了更多的要求。人们期望因为不仅能挑出自己需要的文章，还能挑出自己所关心的图片、电影、音乐等。

6.网络速度

搜索引擎的关键问题之一是如何采集与整理网络信息，也就是如何将网络信息有序化。为此，搜索引擎需要定期不断地访问网络资源。然而，编辑如此庞杂的网络本身就是一件非常困难的事情。目前网络带宽不足，网络速度不够理想，使得搜索引擎搜索网络资源的速度较慢。

（三）新一代智能搜索引擎研发方向

智能搜索引擎设计追求的目标是：根据用户的请求，从可以获得的网络资源中检索出对用户最有价值的信息。目前的理论研究认为智能搜索引擎有三个主要的特征。

1.网络蜘蛛智能化

网络蜘蛛通过启发式学习采取最有效的搜索策略，选择最佳时机获取从Internet上自动采集、整理的信息。众所周知，信息动态更替无时无刻不在进行之中，即使在搜索过程中，文档也会被添加、删除、改变。因此，智能引擎需有一个设计网络蜘蛛，自动完成在线信息的标引。

搜索引擎能在Internet或内联网的任何地方工作，尽可能地挖掘和获得信息。网络蜘蛛既可采集特定站点的信息，又能遍历整个Internet进行标引。为了提高搜索速度，智能搜索引擎可以同时启动多个引擎并行工作，将各个引擎的搜索结果整合，作为一个整体存放到数据库中。

智能搜索引擎具有跨平台工作和处理多种混合文档结构的能力。例如，既要处理信息资源管理HTML，又能处理SGML和XML文档以及其他类型的文档，譬如Word、WPS等。

智能搜索引擎应具有高的召回率和准确率。所谓召回率是指一次搜索结果集中符合用户要求的数目与用户查询相关的总数之比。所谓准确率是指一次搜索结果集中符合用户要求的数目与该次搜索结果总数之比。

智能搜索引擎应该可以支持多语言搜索，允许用户可以用中文输入查询英文或其他语言的信息。

2.能为特定用户提供相关信息

智能搜索引擎能通过观察用户的行为，了解用户的兴趣爱好，通过不断的训练学习增长智能。每次用户都要对引擎返回的信息进行评价，并使智能引擎根据用户的评价调整自己的行为。智能搜索引擎还能对搜索结果进行合理的解释。智能搜索引擎具有主动性，可以在任何特定的时候（如用户最关心的信息发生了某种变化的时候）用各种方法与用户取得联系，这些方法包括电子函件、电话、传真、寻呼机、移动电话等。智能搜索引擎还可根据用户特定时刻的位置信息，选择恰当的方法与用户通信。

3.搜索引擎人机接口智能化

智能搜索引擎可以通过自然语言和用户交互。它采取诸如语义网络等智能技术，通过汉语分词、句法分析和统计理论有效地理解用户的请求，甚至能体会出用户的弦外之音，最大限度地了解用户的需求。

三、网络环境中信息资源管理面临的挑战

从总体来看，由于在网络环境中，信息资源在数量、结构、分布和传播范围、类型、媒体形态、内涵、控制机制、传递手段等方面都与传统的信息资源有显著的差异，呈现出新的特点，对传统的信息资源管理的方法和技术带来了很大的影响，具体体现在以下方面。

（一）网络信息复杂性

网络信息资源具有大数量、多类型、多媒体、非规范、跨时间、跨地域、跨行业、多语种等特点，举凡文本、数据、图形、声频和视频等均位列其中，信息资源管理对象的复杂性和多样性空前增加。

（二）缺乏管理机制

Internet的价值来自使用者的知识和创造力，在很大程度上网络的增长和网上信息资源的动态快速增加是由用户驱动的，但缺乏有效的统一管理机制，信息安全和信息质量都不免令人忧虑。

（三）资源管理难度

信息分布和构成缺乏结构和组织，信息源不仅分散无序，而且其更迭和消亡也往往无法预测，因此增大了信息资源管理的难度。

（四）信息鱼龙混杂

信息发布具有很大的自由性和任意性，隐形信息进入了公告信息传播渠道。由于缺乏必要的过滤、质量控制和管理机制，不仅学术信息、商业信息、政府信息、个人信息混为一体，而且诸如大量种族歧视、不健康的信息也得以扩散，引发了许多方面的问题。

（五）打破交流链

正式出版物和非正式信息交流交织在一起，使传统的人类信息交流链的格局被打破，各方在网络上既可以是信息的生产者、发布者，也可以是传播者和使用者，对学术交流环境产生了深刻的影响。

（六）信息跨度大

信息流动跨越了国境和疆界，既极大地促进了人类信息资源的共享，又带来了一些意想不到的问题，如文化冲突、信息侵略、信息威慑等。这当然对信息资源管理的人文层面提出了新的要求。

因此，在网络环境中，信息资源管理所面临的新挑战不仅源自于技术方面，正如在前图书馆学基础面指出信息系统管理和信息资源管理之间的差别时所说的那样，信息资源管理早已是一个单纯的技术性问题，它的经济层面和人文层面已经越来越为人关注。在网络环境中，这两个层面的意义和作用将会更加突出，因为信息资源管理更多地涉及经济（如网络经济、信息检索经济学）、政治（如国家竞争、政治宣传、信息自立、信息侵略）、法律（如网络安全与犯罪、盗窃与欺诈、利用网络散步恐怖主义、知识产权保护、信息骚扰等）、文化（如文化冲突、文化渗透等）、伦理（如道德自律、行为守则）等多方面的问题。解决网络环境中信息资源管理面临的问题，无疑需要从技术、经济和人文这三个层面展开多学科、多视点的综合性研究。

第六章

对图书馆学的研究

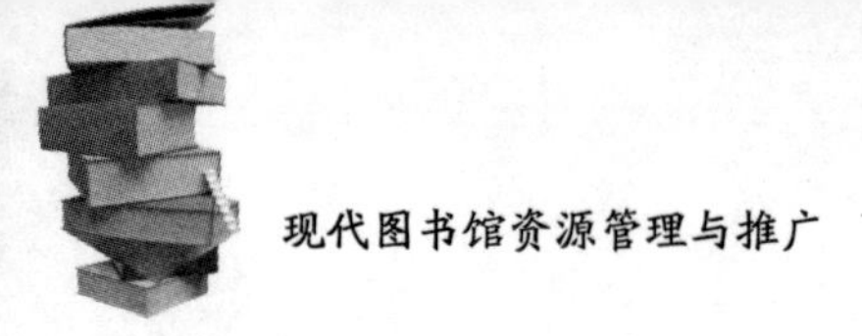

第一节 中国图书馆发展历程

一、古代藏书楼

我国古代藏书事业的发祥要追溯到很远的历史。奴隶社会的殷商时代，距今约三千五百多年前，已有了甲骨文字。据《尚书·多士》记载：“惟殷先人，有册有典。”这里所指的典、册，就是殷代的史料。据文献记载，周朝已有藏书机构“藏室”。而老子就是“守藏室之史”（《史记·老子韩非列传》）。春秋时代，诸子百家各立学说，私人著述逐渐增多；秦统一中国后，秦始皇在咸阳阿房宫曾设立藏书机构，并设有固定的职官——御史。这说明周、秦代已有主管藏书的机构和官员。

汉初，萧何“收秦丞相御史律令图书藏之”（《汉书·萧何曹参传》）。萧何建造石渠阁，收藏得自秦国的典籍。可见，汉初也注意图书的搜集工作。汉武帝、成帝时，“建藏书之策，置写书之官，下及诸子传说，皆充秘府”（《隋书·经籍志》）。求遗书于天下，又命刘向、刘歆整理藏书，编成了一部我国最早的藏书目录——《七略》，它记录了从上古到汉代的图书。这是我国第一次大规模地汇集和整理图书。《七略》奠定了我国目录学的基础，对后世图书分类、编目工作有很大影响。

魏、晋时期社会动乱，但图书的收集、整理工作仍有进步。魏秘书郎郑默曾对皇家藏书进行了整理、校定，并编制了国家藏书目录《中经》，开创了图书分类上的“四分法”。

晋武帝时，秘书监荀勖在《中经》的基础上，重新编制了《中经新簿》，分书籍为甲、乙、丙、丁四部，从此四分法得到确立。晋元帝时，

《四部目录》确立了经、史、子、集四分法的体系，一直沿用了一千多年。

隋文帝统一中国后，曾下诏征求遗书，并派专使到各地搜访异本，散佚在民间的稀见图籍逐渐汇集。隋炀帝曾命秘书监，将秘阁藏书进行过一次校勘和整理。又大力从事抄书工作，使东都的观文殿积聚了丰富的藏书。

唐代，随着经济的发展，图书数量大增，为唐代藏书事业的发展提供了物质基础。唐代管理图书的机构和官职日趋完善，藏书机关兼具校书的职能。设有秘书省总管其事，秘书监为主官，下设完整的机构和人员编制，以掌管图书，并大规模地进行校书工作。唐贞观时所修的《隋书·经籍志》是我国现存的、在《汉书·艺文志》以后的第二部重要的图书目录。它记载了我国的上古和中古时期的书籍发展情况，这是我国历史上又一次大规模地整理书籍。

唐以后，书院藏书得到发展。开元年间设立的丽正书院、集贤书院，不仅是教育人才的机构，也是藏书、校书的地方。因而藏书的使用范围扩大了。隋、唐以来，私家藏书也有较大的发展。

宋代不仅是雕版印刷的重要发展时代，而且发明了活字印刷术。刻书事业的兴盛，进一步推动藏书事业的发展。宋初的国家藏书机构有：史馆、昭文馆、集贤馆。太平兴国三年（978年），用三馆的藏书建立了崇文院。宋代官家藏书目录主要有《崇文总目》《中兴馆阁书目》。这是中国目录学史上较有影响的两部目录。

宋代私家藏书有较大的发展，在藏书与目录的编制上也为后代留下了宝贵经验。著名的有尤袤的《遂初堂书目》、晁公武的《郡斋读书志》、陈振孙的《直斋书录解题》等。而程俱在《麟台故事》中，系统地研究了藏书事业。郑樵所著的《校雠略》则是著名的目录学著作。

明初，国家除将接收的元朝全部藏书运回南京外，又下诏求书。明朝国家藏书机构是文渊阁。明代私人藏书很盛。据叶昌炽所著的《藏书纪事诗》记载，明代著名的藏书家有427人。在这些藏书家中，有很多人不仅藏书，而且校书、刻书，在古代的藏书事业中占有一定地位。如江苏毛晋的汲古阁，藏书8万4千余册，他开设的刻书作坊，刻印了很多书籍。浙江范钦的天一阁，藏书7万余卷，对图书的保管极为重视，管理非常严密，其楼阁建筑亦颇有创造。明代的私人藏书目录以黄虞稷编的《千顷堂书目》较著名。祁承㸁所著的《澹生堂藏书约》，系统地总结了图书的收集、鉴别、整理、利用等各方面的经验。

清代的图书事业更加兴盛。康熙、乾隆年间，都曾下令求书。乾隆帝为编纂《四库全书》，从全国各地搜罗图书。这是我国图书又一次大汇集。《四库全书》收书3 461种、7 9309卷，存目中的有6 793种、9 355l卷。《四库全书》汇集的书籍基本上包括了乾隆以前中国古代的重要著作（尤以元代一以前的书籍收辑更为完备）。共抄写了7部，分藏在文渊阁（北京的紫禁城）、文津阁（热河避暑山庄）、文渊阁（北京圆明园）、文溯阁（辽宁行宫）、文宗阁（江苏镇江金山寺）、文汇阁（扬州大观堂）、文澜阁（浙江杭州西湖行宫）。同时还编制了《四库全书总目提要》200卷。

清代私人藏书极为盛行，据《藏书纪事诗》的不完全统计，清代著名的私人藏书家有497人。清代藏书家还有关于图书的保管、整理和流通的著述，如江苏常熟藏书家的《藏书记要》，这是我国全面论述藏书技术的第一本专著。浙江秀水藏书家《流通古书约》是论述图书流通问题的著述。

总之，藏书楼从仅供帝王、大臣、公卿享用，发展到兼供社会上的学者、知识分子阅读，这期间经历了几千年的发展变化。在封建社会，平民大众不能利用藏书楼的图书。藏书楼是将图书严加禁锢，不向百姓开放的。这是它落后的面。然而，我国古代藏书事业为后世保存了大量文化典籍。在一定历史条件下藏书楼对于推动当时的学术发展，促进古代文化繁荣，也起了一定的积极作用。

二、近现代图书馆

（一）图书馆从萌芽到成熟

鸦片战争以后，外国资本主义侵入，我国资本主义经济逐渐发展，封建文化日趋没落。清朝末年，沿袭了几千年的封建藏书楼已不适应新兴资产阶级的需要，逐渐趋于没落和解体。中日甲午战争后，在维新派康有为、梁启超等人的大力倡导下，开始设立公共藏书楼，公开借阅，名称上虽沿用旧时的称谓，但孕育着近代图书馆的萌芽。

1902年，浙江绍兴的徐树兰仿照西方图书馆模式，个人出资兴建了古越藏书楼。1904年，一批官办的新型图书馆建成，如湖南省图书馆、湖北省图书馆、福建省图书馆等。清朝末年，由于西方资产阶级民主主义文化的传人和影响，清朝政府在废科举、办学堂的同时，1910年颁布“京师及各省图书馆通行章程”，并宣布成立京师图书馆（国家图书馆），1912年京师图书馆在北京落成开放。各省也逐渐设立了省立图书馆，开始采用“图书馆”的名称，并公开开放。但这时图书馆的阅览对象限制很严，一般平民享受不到利用图书馆的权利。

资产阶级民主派在革命进程中，利用图书馆进行政治斗争。如1905年同盟会成立时，武昌创办了“圣公会阅览室”，它成了组织与发动革命力量的宣传阵地。

辛亥革命后，蔡元培、鲁迅等在北京教育部工作期间曾致力于推进近代国家图书馆和通俗图书馆的建设工作。

五四新文化运动后。图书馆得到较大发展，改革了一些旧式图书馆，建立了许多新式图书馆。1925年成立了图书馆界的联合组织中华图书馆协会。据1930年统计，全国有各种图书馆2935所。

民族资产阶级创办的一些近代图书馆，如上海商务印书馆的东方图书馆、申报流通图书馆等等，虽然有一定的局限性，但在促进图书馆为群众服务，传播科学文化知识。提高文化教育水平方面，起了良好的作用。

随着资产阶级学校教育的发展，学校图书馆、特别是高等学校图书馆的数量增长很快。藏书比较丰富的，有国立北京大学、清华大学、中山大学等图书馆。在办馆方式上，高校图书馆受西方资产阶级图书馆的影响较深。

这一时期，对图书馆理论和技术的研究也有相当的进展。出现了许多论著和译文。主张把封建的藏书楼改造成为西方式的图书馆。同时编制了一些仿杜威的分类法，打破了传统的四部分类法的体系。帝国主义入侵中国，也在我国开办了一些图书馆，有教会图书馆、学校图书馆等。如上海徐家汇天主堂藏书楼、南京金陵大学图书馆、燕京大学图书馆、美国新闻处图书馆以及日本在东北办的满铁图书馆等。

抗日战争期间，由于战争的破坏，国民党统治区的图书馆数量急剧下降。如1936年全国图书馆共有5196所，抗战期间的1938年下降到1178所，至1943年全国图书馆仅有940所。

（二）图书馆在争取国家独立、民族解放斗争中的作用

在中国共产党革命斗争的历史上，图书馆是用来作为团结人民、教育人民、鼓舞人民为争取国家独立、民族解放和人民革命事业的胜利而斗争的武器。

五四运动以后，中国的马克思主义者开始建立图书馆，促进图书馆事业的发展，为新民主主义革命各个时期的斗争服务。

第二节　图书馆现象与本质

一、图书馆现象

纵观图书馆事业发展史，它始终与经济的发展相联系。经济繁荣，图书馆就兴旺；经济萧条，图书馆就冷落。图书馆现象是否也是一种经济现象呢？

从图书馆的功能看，它保存知识、传递信息、促进科技发展。而科学技

术与经济发展密不可分，相互依存。图书馆通过科学技术与经济发生联系。

但是从图书馆的发展看。它并不按经济规律运行。首先它没有直接经济效益，不属于产生经济效益的任何经济部门；其次被世人认可的主要是它的社会效益，它的经济效益是潜在的，必须通过经济部门才能转化为显在效益；20世纪90年代，在市场经济迅速发展时期，图书馆却步入低谷，这是由于上层建筑的文化观点政策与经济体制转轨的不适应造成的。也从反面说明图书馆不是经济现象。

在图书馆产生之前，知识是口耳相传的，那是知识传播的低级阶段，以此种方式传播的知识不完整也不系统；图书馆产生后，知识才能较为完整、系统地传授给后人。所以说，文化科学发展到一定阶段才有了可供储备的内容，而经济发展到一定阶段，才为知识传播创造了物质条件。而经济的发展使人们有了知识需求，知识通过传播对经济的发展起到推动作用。

图书馆与社会经济紧密相连，但图书馆现象绝不是经济现象，或者说这种经济现象仅是一种假象。如果仅从图书馆与经济发展相联系的角度便认为图书馆现象是经济现象，是脱离了社会这个大系统，是片面的。图书馆是文化、科学发展到一定阶段的产物，它是文化、科学、技术的集散地。又是新文化、新科学、新技术的发祥地，它是一种文化现象，也是一种科学现象。

二、图书馆现象与本质

确定了图书馆是文化现象、科学现象后，再透过这些现象来观察它的本质。在文化、科学发展到一定阶段时，图书馆之所以会产生，就是因为社会对它的保存、传递功能的需求，这应是图书馆的本质所在。辩证唯物主义认为现象生动、易变，而本质深刻、稳定。由此看出，准确迅速地满足读者对文献的需求，从图书馆产生至今不但没有改变而且越来越清晰、明确。这一性质，应是图书馆的本质属性。

就图书馆本质而言，自它产生至今，都是一种信息资源体系，是信息市场中的信息供给方。图书馆有其自身的运行和发展规律，这些规律多数不受社会制度性质的制约，也不因经济体制的不同而不同，譬如，图书馆信息资源的选择方法、组织规则、保存技术、传递方式、用户的阅读规律及其他方面就不会受计划经济或市场经济的根本影响。当然，图书馆毕竟是社会结构中的有机组成部分，它的产生、存在、发展与变化不可能脱离社会环境，要受统治阶级的政策制约。作为一种精神活动，它必须受物质生产的生产方式的制约。即受生产力发展水平、生产关系所构成的经济制度的制约。物质生产的发展决定着图书馆的发展水平（程度、规模、速度），决定着图书馆的整体结构（类型结构、层次结构、地区布局结构）。决定着图书馆的社会性质（公益性、学术性、教育性、服务性）。总而言之，一定的社会生产方式，决定着图书馆整体的状态。而经济制度中经济体制与图书馆的关系仅是其中的一种关系。所以，我们不能把市场经济与图书馆的关系，看作是与经济的全部关系，我们必须看到图书馆与整个社会的多种关系，切忌将其片面化，否则就不能全面理解图书馆的实践。

尽管20世纪80年代末，我国经济体制转轨后，图书馆步入困境。出现了诸如经费不足、设备陈旧、服务手段落后、馆员队伍不稳、读者减少等现象，再加上信息高速公路的开通、计算机的普及。有人认为图书馆无法产生经济效益，只有死路一条，图书馆界出现了“图书馆末日论”的说法，其实这是杞人忧天。因为图书馆不是经济现象，经济因素对图书馆的发展虽有一定影响，但不会改变它的根本属性。事实上，各地信启、咨询机构的出现以及租书屋的存在，说明社会对图书、对文献的需求没变。只要读者对图书馆的需求没变，图书馆的性质就不会改变，而图书馆就有存在的必要。

有的图书馆曾为解决经济拮据问题，出租馆舍，办商店、工厂、农场、幼儿园等，虽使资金短缺的现象得以缓解，但图书馆的办馆机制与市场经济体制之间的矛盾并未解决，而且图书馆的服务环境更差，以这种违背图书馆发展规律的方式如何能解决现实中存在的问题？图书馆即使要开办产业，也只能是信息产业、文化产业，只有产业的属性符合图书馆本质，才能使图书馆生存、发展下去，图书馆要求生存、求发展，解决矛盾就要从图书馆本质出发。

目前我国市场经济体制已得到确定，成为社会经济发展的主调，它不可避免地要给图书馆的发展带来这样或那样的影响。客观地分析，市场经济给图书馆带来很多问题。这些问题主要包括：图书馆能否进入市场，图书馆能否完全按照市场经济规律运行，图书馆能否实行“一馆两制”等等。对于这些问题。只有从兼顾市场经济的基本规则以及图书馆自身的运行规律进行分析，才能得出合理的结论，才能最大限度地促进图书馆自身的发展。

第三节 图书馆作用的中介性

当代技术浪潮冲击面的深广，关系到每个国家，每个人。作为图书馆，在这个浪潮面前，有两层意义。一面是以新技术武装自己，以适应新技术引起的形势，一面是以新技术为我国的四个现代化服务好。我们今天面临的技术浪潮，完全不是添一台静电复印机或者条码自动检索显微阅读机之类不引起大波动的个别活动。由于新技术浪潮导致的社会信息量猛增，电子计算机进入我国图书馆已经是不容置疑的事，并且将引起一系列的变化。在即将到来的变动前夕，要思索许多问题。

一、图书馆工作的实质

新技术浪潮面前有着众多的事亟待去做，但从现在的情况，我觉得应先在基本理论上做些研究图书资料工作的性质和任务究竟是什么，图书馆在社会生活中的地位究竟处在一个什么层次上。对此要有一个客观的、实事求是的冷静估计，而不宜停留在描述上。展开更深入的讨论。

科学认识的一般规律往往先是对事物进行定性的研究和描述，而后进入的研究。只有进行研究，才能更深入地认识事物的本质，图书馆学的研究也离不开的方法。

北大、武大两系合编的《图书馆学基础》，提出了图书馆的社会性、科学性、教育性和服务性。以社会性代替了不切实际的阶级性的提法，在当时是要一些理论勇气的。科学性和教育性两者的次序，以及对教育性内容的描述，都打破了多年来左的影响。从定性的研究，图书馆显然有教育作用。但如果把数的分析引入，无论从图书馆的活动场所、经费、馆员的人数和知识结构、藏书、读者人次以及实效看，都无法否认图书馆的教育作用特别是思想教育作用方面的服务，都远比为科学研究工作、为文化工作的服务水平要低。

图书馆以它的藏书为手段在社会生活中起作用，为教育服务，为科学研究服务，为政治服务，为经济、生产等等各方面服务，是这些方面或领域不可缺少的部分。但显而易见，并不宜以教育、科学、政治、理论等等概括图书馆工作的性质。否则图书馆因为它藏书内容的无所不包，服务对象的极端广泛性，不是要成为什么都是的“全能冠军”了？图书馆应该以图书馆的工作内容和自身规律性，即本身所具有的特殊性来概括自己的工作性质。不宜以书籍所能起的作用或服务的对象，或内容所涉学科说成是图书馆的工作性质。

二、图书馆的性质

图书馆的性质是什么呢？它属于文化范畴。属于通常所说的文教类。这是同行们都承认的，从各家分类表看都把图书馆列入文化教育这个类组里。它特有的性质是什么呢？我认为我们在研究读者工作时常说的一句话：“图书馆服务工作的实质是为书找人”和“为人找书”，足以说明图书馆的本质。还应把“服务”这个修饰词去掉，图书馆的整个工作应该是围绕读者工作，为读者工作的。有些同志提出了图书馆工作的文献传递性。是不是还可以称为“知识的中介人”？比“为人找书”、“为书找人”更简洁些。也许还可以有更确切的。就已有的几个讲法，他们都是同义语。表述上或许有文野之分、有侧重之点，但都认为图书馆是书籍和读者之间的一个中介环节，是个媒介。有了这个媒介，图书文献能更好地在科学、教育、政治、经济等等各方面发挥更大的作用。因为图书馆的收集和发掘性的整理，读者使用图书文献更加齐全和有效。图书馆对科研、理论、文教、文化、政治、经济、外交等等工作就能起协助作用。

中介（或曰媒介活动）只是在社会发展到一定阶段才产生（比如作为联系生产和消费的纽带的商业），而随着社会的日益发展而发展，深入到更广泛的领域，起着催化作用。图书馆作为图书文献和读者之间的媒介，在信息量迅速增加的今天，这样的收集、处理、供人利用信息的中介组织在社会生活中是十分重要的。

（一）图书馆对于文献的作用

关于图书馆性质，在详细表述的时候，还应该着种强调它对图书文献资源的开发利用。

现代图书馆似乎应该是个积极为人找书、为书找人的知识中介。积极一词是有别于古代藏书楼的重要标志。

刘向父子校书的时候，宫廷藏书只供少数人利用。这样的历史延续了一千多年到清代，《四库全书》编纂完成，南三阁开放，北方士子可向翰林院借读底本。清代周永年倡办借书园。到清末近代图书馆出现。近百年来，特别是新中国成立后图书馆行业得到了飞速发展。二千年来是一个藏书逐渐开放利用的过程，尽管时代不一样。今天我们应该有意识地把工作中心放在图书文献资源的开发利用上，包括服务面和深度，起好中介作用。

“知识”是个高雅的词，“中介”，在有抑商传统的我国，还有点“铜臭”。这儿将两者捏合在一起，表达我们工作的性质，有点不恭的味道，但我觉得十分贴切地表达了我们的工作，当然还可以找一个文雅的词。“中介”，在经济活动中就是商业，它对经济发展起着积极的作用。党的三中全会以来，一些大中城市的技术服务队、人才开发公司，就是知识的中介组织。他们为有多余时间的科技人员找到了发挥其才智潜力的场地，为需要科技力量解决某项工程技术难题的单位找到了可利用的力量，开发了人才的潜力。我国有抑商的传统历史，“中介”的名声不好，现在是给“中介”恢复和提高声誉的时候。

我国图书馆总藏书量，根据《中国图书馆名录》等材料推算，不计军事系统，约在七亿册左右（公共：高校、科研各二亿，其他一亿），数量并不多。这就是我们现有服务水平，服务面比较窄，深度不够，图书文献资源的开发利用率比较低。比如在当前已经进行了几年的经济体制改革中，在广大农村提供科技信息和商品信息的文献资料方面，服务数量极少的，至少还没见到很多具体报道。在农村，这方面我们的工作比书店还不如。图书馆社会地位的提高，恐怕主要不是用呼吁，等别人来重视，而是靠我们实干，靠我们深入到各方面的服务，“打出去”，开发我们掌握的图书文献资源，在各个部门各项工作中发挥图书馆的作用，使社会上更多的人感到图书馆确是不可或缺的一个部门。高校图书馆无论在馆舍、人员结构、经费等方面较之其他系统图书馆都要好得多，这些方面应该走在前面。

当然，在当前的经济改革中我们很少向中小工厂和广大农村提供图书文献资料。也因为我国的大部分中小型单位对图书文献资料的收集利用是极不重视的，农村更甚。加以多年来我们比较偏重于教育性的宣传和实践，很多人对于利用图书馆是非常陌生的。这种认识水平完全不适应当前的新技术浪潮的到来，所以我们还应该把教学和图书馆的知识作为开发的一项重要工作。

三、图书馆的中介作用

文献记载了人类科学文化成果，图书馆是文献的收藏地。创造是在前人的知识经验的基础上进行的，科学的创新离不开知识，即离不开知识的集散地。图书馆在知识的再创造，即科学发明的过程中起了中介的作用，这个中介作用世人皆知。

而图书馆作用的另一个方面却尚未被人了解，即使是图书馆界也未能充分认识。科学发明的成果只有转化为生产力，才有实际价值，在科研成果成为生产力的过程中，图书馆仍然可以也应该起着中介作用。

图书馆的发展受到很大冲击，关系到了事业走向、存亡的大问题。从社会环境看，我国由计划经济向市场经济转轨，从科技环境看，信息技术的发展在某种程度上淡化了图书的保存、传递职能。读者对图书馆的依赖性有所下降，图书馆中介作用的第一个方面变得不太明显。在科研成果由实验室转化为生产力的过程中，图书馆中介作用的第二个方面又未能发挥，因而图书馆在市场经济中变得不受欢迎了。一方面许多先进的科研成果耽于实验室。另一方面生产力却仍处于落后水平。可以说，在科研成果转变为生产力的过程中。缺少了中介环节。而这一“中介”本应由图书馆充当。

网络环境的形成，给用户服务带来了巨变，读者已无须再走进图书馆，从一排排书架上获取信息。因而。出现了对图书馆作用的中介性质疑的文章，认为“图书馆的中介作用正在削弱，中介性作为图书馆基本属性的理论正面临着严重挑战”。

四、图书馆的中介作用不会改变

“中介”是黑格尔哲学中的一个重要概念。以前，人们一般是把“中介”理解为使两个事物连接起来的中间环节。黑格尔给它增添了新的含义。在他那里。“中介”不仅仅指两个事物相互联结的中间环节，同时还指事物和事物之间的联系。因比，“中介”也就意味着由此及彼，相互联系，相互转化。在《哲学笔记》中，列宁就是在这种含义上说：“一切都是经过中介连成一体，通过转化而联系的”。如果把图书馆放入社会大系统中，便不会出现对图书馆中介作用的质疑。

首先网上信息种类繁多，其中既包括有序化的信息，也包括无序化的信息。读者（用户）要在浩如烟海的信息中查找出自己所需内容，犹如大海捞针。而图书馆则可按照某种模式和方法，通过上网搜寻、挖掘、发现一些专业学科的信息资源，通过分类、标引、建立索引动态连接等，为读者提供查询服务。图书馆的这种劳动，虽然不是直接地、面对面地为读者服务，但却是间接的服务。犹如传统的图书馆，将流动的、无序的文献信息进行搜集、加工、整理并提供给读者一样，起到了中介作用。

其次，由于数字化信息的脆弱性和局限性，使数字化信息存贮方式具有一些新的小安全因素。例如，病毒问题、文件的保密问题。以数字化方式存贮起来的信息，往往是不能直接阅读的。必须借助于机器，必须有电源。虚拟馆藏中的文字、图像等作品通常在转换成数字化形式后，并通过计算机网络进行传递、利用，这不仅使各类作品之间界限模糊、相互渗透，而且使得作品复制的容易程度和速度、复制品的质量、处理和修改作品的能力、复制品向公众传播的速度都会大为改观，给侵权行为打开了方便之门。信息安全成为数字图书馆的一个新的课题，图书馆充当了信息与安全的中介。

仅从“中介”的内涵便可获知“对立面的双方通过中介互相转化”，图书馆中介作用不仅是指在文献与读者之间具有的传播作用。

从广义上理解，图书馆对文化科技的传承作用没有改变.对社会文明发展的支撑作用也没有改变，图书馆的中介作用当然就不会改变。过去所说的中介性，一是过于狭隘，二是脱离社会的时间、空间系统，没有把图书馆放入社会这个大系统中考察，仅是一厢情愿地妄自尊大，当社会的变革对图书馆产生强烈冲击时便无所适从。列宁说：“一切互为中介”，这反映出事物彼此的联系。从图书馆的产生、发展看，图书馆不能孤立存在，研究图书馆问题时应以全面、联系、发展的眼光看问题。

在网络时代，图书馆员的社会角色多种多样，他们将是信息资源管理者、信息分析组织者、信息提供与传播者、信息利用的导航者、信息知识的教育者。而且至今还不能肯定计算机是否能真正取代图书馆员作为图书馆与读者之间的中介，因为计算机毕竟要靠人去管理、掌握。

第七章

图书馆阅读推广的理论与实践

第一节 研究综述

阅读是人类社会中的一项重要活动，对于个人来说，阅读可以获取知识和信息；对于一个民族来说，阅读能提高国民的整体素质。美国阅读推广活动早在1977年就得到了立法支持，经过多年的发展，其服务对象已经覆盖了各个年龄层的读者，推广阅读的同时，美国国会图书馆还积极拓展阅读推广伙伴，开发与之相关的主题和项目，并组织和鼓励大家交流经验，一些阅读推广主题甚至可以持续利用很多年。例如1979年升发的“读多一点点”，到今天还被阅读中心及其合作伙伴所采用。

我国香港、澳门特区政府也都非常重视全民阅读。香港特区政府职能部门近年陆续推行了“阅读城建设工程”“自在人生自学计划”“儿童及青少年阅读计划”等阅读推广计划，努力创造良好的阅读环境；澳门特区政府辖属的政府部门每年也都会定期举办“书香文化节”“图书馆周”“终身学习周”等阅读推广活动，来引导市民阅读。

我国的阅读推广活动是从20世纪80年开始的，但力度比较小，影响面也窄。直到90年代后，特别是1997年才真正开始了阅读社会的建设。近些年来，我国政府积极响应联合国教科文组织向全世界发出的“走向阅读社会”的号召，图书馆、出版社等各界也都在大力推动阅读社会的建设。从2000年起，全国知识工程领导小组把每年的12月定为“全民读书月”，积极倡导全民阅读，举办读书活动。

一、图书馆在全民阅读中应发挥的作用

（一）图书馆性质和职能

图书馆是文化服务中心，也是社会精神文明建设的重要阵地，它以其丰富的文献信息资源，引领着传统文化及文明的发展潮流，这是其他社会机构所不能代替的。同时，它也因其良好的阅读环境和氛围而成为民众阅读的重要场所。公共图书馆的公益性决定了它的社会取能，即要服务社会各个阶层、各个年龄层、不同文化程度、不同民族的读者，要深入社会的方方面面，贴近社会生活、贴近百姓生活。

（二）图书馆应树立全民阅读的理念

阅读不仅是一种个人行为，而且是一种社会风气，全民阅读是构建和谐社会的重要组成部分。作为公益性服务机构，图书馆应树立全民阅读的理念，不断创新服务，拓展自身的阅读指导方式，跟随社会的发展，提供各种丰富多彩的阅读活动，努力营造良好的读书氛围，让更多的人认识到阅读是其生活中不可缺少的一部分，并走进图书馆，利用图书馆。

（三）重视青少年的阅读活动

青少年是祖国的未来和希望。从小养成良好的阅读习惯，不仅会使个人受益无穷，对一个国家来说也具有深远意义。美国、英国等国家，对于青少年早期的阅读政府都提供了大力的政策支持和公共服务。很多父母经常带着自己的孩子去图书馆，从小就开始培养他们的读书兴趣，并教会他们如何利用图书馆来获取自己所需要的信息和知识。我国的图书馆也应积极与学校联合，开展如专家讲座、组织读书会、征文比赛等活动，引导青少年走进图书馆，从小养成阅读的习惯。

二、国外公共图书馆阅读推广研究综述

（一）国外阅读推广的早期研究

世界范围内，关于阅读推广的研究最早可追溯至19世纪前期。1823年，安东尼（Anthony）在《少年宗教指导》上发表了文章《少年阅读小组》，介绍了一个由一群9～15岁之间的少年自发组成的图书阅读讨论小组，小组成员每周一次聚集在他们的“小图书馆”，共同阅读他们的藏书或者交流读书的感受，每个成员会捐赠1分钱给他们的“小图书馆”用以购买图书等支出。安东尼赞扬了这些少年热爱读书的精神，并鼓励其他家长引导他们的孩子进行模仿学习，进而通过阅读提升少儿的知识、素养和品格。1858年，美国圣经协会（American Bible Society）在《圣经协会记录》上发表关于“推广圣经阅读”的文章，号召信徒每日进行家庭阅读以及参与教会阅读交流活动。这一时期的阅读推广的主要阵地和力量是宗教教会，他们认为阅读是教徒坚定宗教信仰、培养美好品德、提高个人素养的重要手段，阅读推广内容以宗教图书教义、品格培养类书籍，以及历史、哲学、艺术类文献为主。阅读推广研究主要以实践案例介绍和模仿学习指导为主，尚未出现系统的理论和策略研究。

（二）国外当代阅读推广研究

第二次世界大战之后，随着阅读和阅读推广在英美等西方发达国家的逐渐发展，20世纪70年代开始，逐渐出现了针对阅读推广的专门性研究著述。1975年，理查德·班伯格出版了图书《推广阅读习惯》，这是当代第一本关于阅读推广的专门性著作。班伯格教授是维也纳国际儿童文学月阅读研究中心的主管，本书是他应联合国教科文组织邀约，对当时国际阅读推广研究和阅读推广实践工作的一个整理和总结。全书共分十个章节，讨论阅读对于个人和社会的重要意义、世界阅读现状、阅读教育、读者的阅读动机、影响读者阅读兴趣的因素以及如何提高阅读兴趣、如何推广阅读习惯等问题，为后来的阅读推广研究提供了重要基础和指导。

乔治·苏利文（George Sulliivan）编辑出版图书《阅读的理由：阅读习惯推广国际专题讨论会报告》，收录了数十位与会学者和相关研究机构的会议论文和报告，进一步讨论了为什么要阅读、阅读推广的实践工作、阅读动机与书目推荐等问题。同时，一些关于阅读推广实践工作的探讨、推广和经验分享也以新闻、论文的形式出现在各大报纸杂志上。1975年，尼古拉斯（Nicholas P.criscuolo）在《Peabody教育期刊》上发表文章《发展有活力的阅读项目策略》，描述了通过有效地联系动员家长、学校领导和社区城市公共阅读项目主管，加强各个环节在少儿阅读教育方面的合作，以15个阅读兴趣中心为核心，为本市少儿构建一个便捷和充满活力的阅读环境。

西方阅读推广的研究热点转移到了发展中国家和地区。从1977年到1983年之间，先后出版了《东南亚图书推广》《非洲图书推广和资源共享》《南非文学推广：八十年代初的多方面调查》。

阅读推广在西方社会逐渐发展成为一项长期的、有规律的政府和社会活动。一方面，针对阅读推广活动、阅读推广研讨会的案例介绍、活动总结、会议讨论等大量以论文或集结成书的形式公开发表出版，例如联合国教科文组织年发表的《卡拉奇国家阅读推广创新大赛》，卡迪发表的文章《未来的图书：便携式图书计划报告》。另一方面，针对阅读和阅读推广的研究从初期的宏观层面逐渐深入到不同层次不同细节的专门性研究。其中，少儿阅读推广、家庭阅读推广和终生阅读成为研究的热点。莱斯利·曼德尔·莫柔出版图书《推广在学校和家庭中的自觉性阅读》讨论了儿童与书籍和阅读的关系，如何鼓励儿童自主自觉阅读，家庭藏书与学校图书馆等问题。这是当代第一本专门针对少儿的阅读推广图书，第一次较为系统地探讨了少儿在阅读特点和阅读需求中与成人的不同，提出以少儿接触最多的家庭和学校为依托点，开展能吸引少儿自主阅读的阅读推广活动。艾莉森·R.贝拉克与卡琳·K.何因发表文章《商业、家庭和学校：合作发展终身读者》从佛罗里达半夏乡村学校举办的一个“阅读与语言艺术活动”出发，探讨了以培养读者终生阅读习惯为目标，父母、学校以及书商、咖啡厅等商业机构共同合作的可能性。

（三）国外公共图书馆阅读推广研究

图书馆逐渐在西方国家中成为阅读推广的主力军。三本关于图书馆阅读推广的图书同时出版：迈克尔·汤普森（Michael Thompson）的《发展终生读者：1991年美国国会图书馆“终身读者年”活动报告》介绍了美国国会图书馆图书中心“终生读者年”活动发展以及学校、图书馆、书商和其他相关机构的自主努力配合协作。作者高度评价了“终生读者年”活动对阅读推广起到的积极作用，并且在书中讨论了如何在未来更好地开展此类活动。由于此书的广泛影响，美国国会图书馆图书中心举办了“图书改变生活”的后续活动。玛萨·塞夫·辛普森（Martha Serf Simpson）编写的《夏日阅读俱乐部：五十个图书馆主题活动完整计划》（Summer Reading Clubs：Complete Plans for 50 Theme.based Library Programs），介绍了针对七年级少儿的50个成功的图书馆夏日阅读项目，这些阅读项目都拥有一个特定的主题，例如艺术、棒球、地理、动物园等，用以吸引少儿；同时，作者在书中还提供了15种相关的活动方式，例如公告板、阅读刺激游戏等，以及一份活动材料需求表，方便图书馆模仿执行。罗宾·沃克斯·戴维斯（Robin Works Davis）编写的《通过阅读项目进行阅读推广：一本教你如何做的手册》（Promoting Reading with Reading Programs：a How to do it Manual），本书针对少儿图书馆、学校图书馆等不同类型的图书馆，提供了适应不同年级少儿的不同主题阅读活动计划，全书共提供了43个计划，并且提供了与这些活动相配合的书单和影像资料。

在图书馆阅读推广研究中，少儿阅读推广和终身阅读推广仍然是最重要的两个话题。随着图书馆阅读推广研究的逐步深入，一些由于图书馆自身特征而产生的图书馆阅读推广的独特挑战和机遇也开始引起人们的关注。安妮·勒美（Anne Lemay）出版图书《三伏天和冬天：通过幽默小品进行全年阅读推广》（Dog Days&Winter Days：Skits to Promote Reading All Year），本书介绍了一种图书馆提高读者阅读兴趣、吸引读者全年到馆阅读的阅读推广策略——幽默小品。该书作者认为，图书馆可以在自己的阅读俱乐部中策划幽默小品的演出，鼓励读者将自己阅读过的故事编排成小品，在图书馆内提供排练和演出场地，邀请专业人员对读者进行指导和帮助，并邀请社区居民共同观看演出。这样一方面能够提高图书馆在居民中的认知度，起到广告宣传的目的；另一方面能够增加阅读俱乐部成员的黏性，由于小品策划排练的需求，保证他们经常性到馆阅读。凯西・伊斯特（Kathy East）在她的书中则提出学校和公共图书馆可以利用自己的人脉资源优势，邀请儿童作家或者杰出人物到馆举办讲座、讲故事，或者同读者一起参与阅读活动，以提升图书馆形象与知名度，吸引读者到馆阅读。由克伦・霍索恩（Karen Hawt home）编写，简・E.吉布森（Jane E.Gibson）插图的图书《公告板的力量：终身阅读的桥梁》出版。图书通过大量图书馆公告板示例，指导帮助图书馆员制作富有图书馆特色、色彩绚丽的、能引起读者共鸣和阅读兴趣的公告板，优秀的公告能够成为连接读者精神渴望与阅读的桥梁，能够使读者爱上图书，从而创造终生读者。

图书馆在阅读推广过程中，对不同的读者类型进行了进一步细分，根据读者的不同特点，提出针对性更强的阅读推广活动，以期得到更好的效果。

三、全民阅读存在的问题

2009年9月27日，中国图书馆学会阅读推广委员会成立大会及第一次工作会议在苏州图书馆隆重召升，极大地提升了阅读文化和阅读服务的研究，并推进了阅读活动的开展。我国全民阅读活动虽呈上升趋势，但是国民图书阅读率却在逐年下降，同时网络阅读开始盛行，功利性阅读及浅阅读所占比率也逐年攀升。更令人担忧的是，在经济发达地区的青少年有书不愿去读，而在落后地区或是贫困家庭的子女却存在“无书读”或“读不起书”的现象。

（一）图书馆界在推广全民阅读活动中存在的问题

目前，我国图书馆界在阅读推广活动中的作用还不是很大，主要是因为有关这方面的研究还比较少，也没能提出政策性的建议并实施有效地行动。主要存在以下几个问题：对更深层次的阅读推广服务，图书馆所做的研究还比较零散，缺乏系统性和完整性。图书馆如何与其他一些机构如出版商和书店、传媒机构等更好地合作，共同推进全民阅读，也需加大研究力度。对于如何引导全民进行“深阅读”方面的研究也较欠缺。

（二）国民在阅读推广活动中存在的问题

民众对阅读的重要性缺乏足够的认识。在我国，受社会环境、教育体制等因素的影响，全社会总体的阅读水平不高，并且全社会参与阅读活动的积极性不高，对阅读的评价也不高，总体来说对阅读不够重视。国民图书阅读率持续走低。从中国出版科学研究所近来数次公布的全国国民阅读调查来看，我国国民图书阅读率正在逐年下降。这主要是因为现阶段数字产品及网络等产生的影响，导致图书阅读率的下降。浅阅读、功利化阅读、粉丝化阅读越来越多，一些明星的作品、快餐式的图书，以及各种考证、考级类图书占到了消费者的大部分消费。这种现象已经引起许多教育专家和学者的不安。

四、推广全民阅读的建议与对策

（一）与社会各界共同营造阅读氛围

良好的阅读氛围是社会各界共同营造的，美国的阅读推广活动是在政府、图书馆和各种教育民政、商业等公私营机构的合作下共同进行的，宣传大使有专家学者，也有第一夫人、演艺明星、体育明星等，策划和组织者有图书馆、学校、书店、出版商、电台电视和网络等，资金来源也有多种渠道，包括基金、个人和公司的免税资助及一些联邦机构的定向拨款等。鉴于美国的经验，我国的阅读推广运动可以利用电视电台及网络媒体作为公益广告来加强宣传，并邀请当代政要和影视体育明星等参与宣传或担任形象大使，名人效应影响力大，不仅能树立图书馆在公众心中的公益形象，同时也能调动大家阅读的积极性。

（二）深入研究读者的阅读心理和阅读行为

为了能更好地应对读者对知识和阅读的需求，我们必须长期地研究读者的阅读心理和阅读行为，这样才能更加深入地推广阅读服务。一方面要营造良好的阅读环境和氛围。作为公共的文化空间，图书馆的阅读环境非常重要。良好的阅读环境使人身心愉悦，能够刺激人们的阅读激情，所以应加大社会、学校等图书馆的建设力度，创造良好的环境氛围。另一方面，图书馆还应通过推荐图书目录等方法推广阅读服务，以培养读者的阅读能力，同时增强其识别文献好坏的能力。

（三）加大基层图书馆的建设，满足读者需要

相对于省、市级图书馆来说，各社区、城镇、乡村中的图书馆数量比较少，而且规模也普遍较小，馆藏文献资源短缺，经费不足，这种情况下，极难满足人们的阅读需求，图书馆的利用价值也大打折扣。因此，我们要积极争取各级政府对社区、城镇、乡村图书馆的支持力度，拓宽经费投入渠遥，增加社区、城镇、乡村公共图书馆的数量及建设，同时提高其服务质量，最大限度地满足读者的需要。

（四）加强少年儿童阅读习惯的培养

青少年是养成阅读习惯的关键时期。第六次全国国民阅读调查结果显示，2008年成年人图书阅读率为49.3%，而18周岁以下未成年人图书阅读率高达81.4%，这说明我国的阅读主体为青少年。因此，公共图书馆要注重利用其丰富的馆藏为少年儿童服务，有条件的城市还可以为青少年建设专门的图书馆，更好地促进青少年的阅读。例如，广州少年儿童图书馆在这方面就做得很好，一年为读者服务数十万次，取得了良好的社会效益。

（五）开展阅读经典活动

在知识经济和电子时代，我们尤其要提倡阅读传统阅读经典，引导国民进行深层次的阅读。在人类文明发展史上，每个时代都会有代表民族灵魂的经典之作，它们影响着一代又一代人的人生。阅读传统经典可以开启智慧之门，陶冶人的情操，净化人的心灵，现代社会人们生活节奏加快，很多人心情浮躁，浅阅读日益盛行，越是这个时候越应该推崇经典，沉淀心灵，加强人文素质的培养。目前不少图书馆都在举办类似活动。

目前有研究者开始关注图书馆阅读推广的其他研究领域：《图书馆建设》上发表论文《图书馆建筑空间与阅读环境》，讨论了不同图书馆空间结构对读者的阅读影响。文章认为，单一围合的空间能使读者沉静下来，而有机复合的空间则能使读者思维活跃。提出了将古典园林建筑结构引入图书馆，将这动静环境相结合，为读者提供“静亦动，动亦静”的良好阅读环境。汤先生在《图书馆情报论坛》上发表文章《倡导全民读书建设阅读社会——湖北省第十一届图书馆服务宣传周小结》，总结记录了湖北省第十一届图书馆服务宣传周期间全省各类型图书馆联合政府和其他相关组织机构，从电视、报纸等媒体宣传，到购物广场、市民公园的主题活动，再到“书与社会”“知识工程”等省市范围内的读书征文、捐书送书活动，全面展示了湖北省图书馆丰富多彩的阅读推广活动。

第二节　中国公共图书馆阅读推广

一、基本条件分析

图书馆读者服务是指图书馆利用馆藏和设施直接向读者提供文献和情报的一系列活动，有时也称图书馆读者工作。现代图书馆不仅通过阅览和外借的方式向读者提供印刷型书刊资料，还提供文献缩微复制、参考咨询、编译报道、情报检索、情报服务、定题情报检索以及宣传文献情报知识的专题讲座、展览等服务。图书馆开展图书馆读者服务依赖于图书馆的基本条件作为基础和支持，同时图书馆读者服务的类型内容、深度广度、理念成效也受到这些基本条件的影响和制约。与图书馆读者服务关系最紧密的图书馆基本条件包括图书馆资源、图书馆馆舍、图书馆馆员和图书馆管理。中国公共图书馆阅读推广是当下中国公共图书馆读者服务的重要组成部分之一，笔者将尝试从中国公共图书馆的馆藏资源、馆舍建设、馆员素养和图书馆管理四项基本条件出发，分析它们对中国公共图书馆阅读推广的支持、促进、影响和制约。

（一）馆藏资源与阅读推广

丰富的馆藏资源是中国公共图书馆阅读推广的重要条件和独特优势。馆藏资源为公共图书馆阅读推广提供了重要的内容保障，同时，推动读者对馆藏资源的充分开发和利用也是公共图书馆阅读推广的最直接目标之一。进入21世纪以来，中国公共图书馆的馆藏资源结构进一步调整完善，为公共图书馆阅读推广的迅速发展提供了重要的基本条件。

（二）收藏范围扩大，资源普及性增强

馆藏建设一直都是中国公共图书馆工作的重中之重。由于受到当时公共图书馆定位和服务理念的影响，我国公共图书馆的馆藏建设主要围绕“经典”和“专业”两个主题展开。这里的“经典”并不只是指文学文化意义上那些具有重要影响力的、经久不衰的著作，其更重要的是指那些符合当时主流价值取向和思想观点，甚至是政治风向的文献资源。公共图书馆试图通过建设这样的“经典”馆藏，来为读者提供“正确”“健康”的阅读选择，这也就催生了以阅读辅导为主要内容的公共图书馆阅读推广活动。重视收藏专业文献、服务专业研究者是当时公共图书馆馆藏建设的一大特点，公共图书馆围绕这些“专业”馆藏的开发和利用而组织的阅读推广活动，主要服务对象是专业研究者和工作者，对普通读者的适用性较差。

随着公共图书馆读者服务定位和理念的转变，我国公共图书馆馆藏资源建设逐步从“经典”走向“广泛”，从“专业”走向“普及”。

一方面图书文献的收藏范围逐步扩大，内容不断丰富，对不同思想观点、不同形式类型的图书文献采取兼容并包的态度：既有孔子思想、西方经典著作，也有都市武侠小说，有的图书馆甚至开辟了日本漫画借阅专区，深

受当地青少年读者的欢迎。因而自然地，公共图书馆阅读推广活动在内容上也呈现丰富化、多样化的发展，阅读推广活动的主要目的也逐渐从“辅导读者正确阅读”转变为“帮助读者爱上阅读”，“引导读者找到他们想要读的书”。

另一方面，公共图书馆对专业文献的收藏比例逐渐减少，开始更多地重视普及性图书文献的收藏建设，公共图书馆在加强针对普及性图书文献阅读推广的同时，尝试转型原有的专业阅读推广服务，扩大专业阅读推广服务受众范围，使对该专业内容有兴趣或业余爱好的普通读者，也能享受和使用这些专业阅读推广服务。

（三）更新速度加快，资源类型丰富化

21世纪公共图书馆馆藏建设的另一大特点是馆藏资源更新速度不断加快，资源类型不断丰富。一方面，随着我国出版事业的发展，每年出版的图书、文献、期刊种类不断增加；另一方面，随着国家对公共图书馆的重视，我国公共图书馆的馆藏资源建设经费逐步得到保障，我国公共图书馆图书文献更新不断加快要求公共图书馆的阅读推广活动要将新书推介作为其重要内容之一，及时有效地将最新的馆藏资源推荐给需要的读者，同时也要求公共图书馆的阅读推广活动内容、形式紧跟资源步伐，不断推陈出新。21世纪，纸本资源独霸天下的图书馆资源结构逐渐被纸本资源、电子资源、网络资源、多媒体资源等多类型综合资源结构所取代。我国公共图书馆为了迎合我国读者不断上涨的电子阅读需求，不断加大电子图书资源建设，但令人尴尬的是公共图书馆在大部分读者心中仍然仅仅只是一排又一排的大部头纸本书形象。因此，多类型资源为公共图书馆阅读推广提供了更加灵活的资源基础，为阅读推广、扩大读者群体数量和丰富读者阅读方式提供了条件，也向阅读推广如何改变图书馆在读者心中的固有形象，培养读者使用图书馆的新方式、新习惯提出了挑战。

（四）重视读者需求，馆藏建设特色化

21世纪公共图书馆在建设馆藏资源时，更加重视本馆读者的阅读需求，而阅读推广则是公共图书馆获取本馆读者需求信息的重要渠道之一。有的公共图书馆开设专门的阅读推广活动，征求读者对图书馆图书采购、期刊订阅、数据库购买的需求和意见，而更多的公共图书馆则是通过对不同类型、不同内容阅读推广活动读者的参与情况或是现场读者访谈、问卷等形式，统计分析读者的阅读需求。不少公共图书馆在面对图书文献获取日益简便化、无差异化的现状下，选择建设特色化馆藏和专长馆藏，以此增强图书馆价值，加大图书馆对读者的吸引力。为了扩大特色馆藏的影响力、价值和意义，针对特色馆藏的多层次、多角度阅读推广也成为各公共图书馆阅读推广的重要特点和独特标志。特色馆藏使得各公共图书馆的阅读推广活动呈现内容和形式的差异化和个性化发展，能够更好地吸引不同类型群体的读者，但也因为特色可循经验前例较少，为阅读推广的策划和实施提出了更大的挑战。

二、馆舍建设与阅读推广

中国公共图书馆的大部分阅读推广活动都在图书馆馆舍内举办，因此图书馆馆舍的建设和发展是中国公共图书馆阅读推广发展的基本条件之一。我国使用中的图书馆大都建成于20世纪80年代到90年代初期的图书馆建设高潮之中。这一时期的图书馆馆舍设计“重藏而轻用”“重书而轻人”，书库面积占据图书馆总使用面积的一半甚至一半以上，读者可以使用的活动场所比较有限。以80年代建设的两个图书馆为例，北京图书馆馆舍总面积14万平方米，书库8万平方米，占总面积的57.1%，读者活动场所仅4.464万平方米，占总面积的31.9%；甘肃省图书馆馆舍总面积1.9万平方米，书库1.05万平方米，占总面积的55%，读者活动场所面积仅0.71万平方米，占总面积37.2%。同时，这一时期的图书馆，强调在有限的预算下，满足功能上的要求，大都采用“固定功能型”（书库、阅览室和办公用房位置固定，降低设计和建设费用，缺乏灵活性）为主，结合“模矩型”（将图书馆的部分区域分成等份的长方形，灯光、空气、地板等设计完全一致）的封闭式设计。这样的图书馆馆舍设计，虽然能够比较经济顺利地满足图书馆为读者提供基本的图书阅览和出借归还服务的需求，但无论是在空间规模还是灵活性、适应性上，都大大限制了图书馆阅读推广活动的发展。在这一时期的图书馆阅读推广活动中，较少见大规模的展览、讲座和演出就很可能与此有关。

我国的图书馆新馆建设进入了新一轮的高潮。在这些新馆的建设中，“以人为本，服务第一”的理念成为图书馆设计的核心。首先在图书馆馆址选择上，新馆大都选址在人口集中、交通便利的城市中心地区，附近具有一定的文化氛围。例如，南京图书馆坐落在城市中心地标“总统府”对面；苏州图书馆选址在城市中心商业区，毗邻众多初高中学校以及文化市场、工人活动中心。这样的选址，极大程度上方便了读者前往图书馆，提高了图书馆人气，为图书馆阅读推广活动的读者参与提供了基础。其次是图书馆建筑。21世纪的新馆在建设过程中比较起20世纪的图书馆拥有更加充沛的资金。据统计，图书馆新馆的建设费用大致都是原有旧馆建设费用的两倍以上，这一方面是由于国家政府对图书馆事业的日益重视支持，政府投入仍然是图书馆建设资金的主要来源，另一方面是图书馆管理更加灵活积极，通过开展与本地地产集团以及企业的融资合作，保证建设资金、资源的及时到位。资金的保障使图书馆新馆可以在保证功能性的同时兼顾图书馆的建筑美观性与人文环境性。

就功能性来说：首先，图书馆总面积增加，读者可活动场所面积显著增加，图书馆日均接待读者能力提高。例如，2008年国家图书馆新馆落成，总面积达25万平方米，日均接待读者能力提高8000人次，成为世界第三大国家图书馆。其次，图书馆内部多采用大开间、大层高设计，大部分馆舍设有专门的展览厅、学术报告厅、多功能厅以及读者活动室。读者可使用空间的面积增加以及多样性的增强，使得图书馆可以更便利地利用馆舍资源，开展不同类型、不同规模的馆内阅读推广活动。同时，越来越多设计独特美观的图书馆新馆正逐渐成为城市的新地标新景点。沈阳市图书馆新馆外部采用生态建筑的设计理念，斜坡绿化屋顶、椭圆形采光天窗与延伸至西侧的绿化广场上的椭圆形灯光，衬托了象征着引导城市文明的知识灯塔的图书馆办公塔楼，构成了一幅美轮美奂的人文景观，成为沈阳市民假日休闲的好去处。沈阳图书馆的馆员称，很多进入图书馆的读者一开始都是抱着“游客”的心态来的，但是很多时候都被大厅的展览吸引，或者刚好发现了一个自己感兴趣的讲座正在进行，停下了脚步。有的读者说，因为眼前的阳光和草地，他不自然地就拿起一本书，静静地坐了一个下午。这些图书馆建筑，不仅提高了图书馆在市民中的知晓度，为图书馆的宣传阅读推广提供了便利，同时本身也成为吸引读者回归图书馆、重拾阅读的重要阅读推广方式。

21世纪，我国图书馆馆舍发展和建设的另一个突出重点是分馆的建设。近年来，图书馆分馆的设立大致可以分为以下四类：第一类是少年儿童分馆的建立。随着图书馆儿童阅读服务的发展，一些省、市级公共图书馆在新馆建成后，基本把旧馆改造为少儿分馆，如山东省图书馆、陕西省图书馆等。第二类是城市社区分馆。主要是大中型城市图书馆，为了适应城市面积不断扩大、城市读者人数不断增加的需求，在离图书馆本馆较远的新型发展区域或者人口集中区域设立分馆，例如上海图书馆浦东分馆。第三类是农村与偏远地区分馆。例如郑州市图书馆南阳寨村分馆、广东流动图书馆饶平分馆等。第四类是特殊人群、机构分馆。例如首都图书馆北京公安收容教育所分馆、杭州图书馆盲文分馆、温州市图书馆老年分馆等。一方面，这些分馆扩大了图书馆总馆阅读推广活动的受众总量，使得图书馆的阅读推广活动能够真正做到就在读者身边；另一方面，各个分馆根据自身优势以及读者特点，能够设计推出更加亲近本馆读者生活、满足本馆读者特殊需求的人性化、个性化阅读推广活动，例如盲文图书馆的志愿者图书朗读活动、老年图书馆的养生讲座活动，使得阅读推广活动在读者中取得更好的效果和反馈。

三、馆员素养与阅读推广

中国公共图书馆馆员是图书馆阅读推广的规划者、设计者和执行者，中国公共图书馆馆员的素质与水平直接决定和影响图书馆阅读推广的能力。截至2016年12月，一份对我国116个图书馆的调查显示，我国图书馆工作者中，拥有大学本科及以上学历的约占50.7%，其中：拥有博士学位的馆员约占总人数的0.6%；在本科以上学历的人员中，有图书馆学科背景的约占22.1%，而非图书馆专业毕业的占77.9%。其中2012～2016年新增馆员中，有图书馆学科背景的仅占新增拥有本科学历人数的15.8%。从以上数据可以看到，比较我国其他公共服务行业，图书馆员普遍拥有较高的学历水平，并且随着图书馆对新进馆员学历要求的不断提高，以及图书馆员在职教育的发展完善，当下图书馆阅读推广的主力馆员大都拥有本科及以上学历水平。

同时，图书馆员知识背景的多样化，既为图书馆阅读推广工作模式提供了多样化的灵感和思考方式，又为图书馆针对特征读者人群进行阅读推广提供了支持和保障。我国公共图书馆馆员作为阅读推广者一个不可忽视的优势是他们丰富的图书馆工作以及与读者交互的经验。我国的很多公共图书馆工作者将图书馆员作为他们的终生职业，他们在几十年的工作中，熟悉图书馆的众多环节以及他们所面对的读者，他们能够更好地利用图书馆的特长优势，设计出适应本馆读者的阅读推广活动，他们通过长期服务在读者群体中建立的友谊与声望也能使他们的阅读推广服务更具影响力和说服力。

（一）其他素质与素养

除了专业素质以外，以下素质与素养也是一个好的阅读推广馆员所必需的。

1.人际交往能力

阅读推广的过程其实就是图书馆通过与读者的交互，影响和改变读者的阅读习惯，提高读者阅读能力的过程。因此，与读者之间良好的人际交往能力对阅读推广馆员尤其重要。馆员与读者之间的人际交往能力主要包括以下几个方面。

（1）表达理解能力。即意味着馆员能否将想要推广的阅读理念和阅读方法准确清楚地表达出来，让读者理解，以及馆员能否理解读者的阅读需求以及对阅读推广的反映和反馈。

（2）人际融合能力。即馆员能否在与读者的交流中互相尊重、平等待人、谈吐得体，使读者觉得既亲切又可信可靠。

（3）解决问题能力。即当阅读推广活动中出现问题，或者当读者提出疑问、寻求帮助时，馆员能否及时、独立、有效地处理解决问题。同时，良好的人际交往能力还有助于阅读推广馆员与其他馆员、领导，以及合作进行阅读推广项目的其他单位组织，保持友好、高效的协作关系，使阅读推广项目能更顺利地进行。

2.项目管理能力

不同于借阅、咨询等流程化的图书馆服务，图书馆阅读推广活动更多地采用项目管理模式。阅读推广馆员作为项目主管，需要拥有领导、组织、用人、计划以及控制五项主要的项目管理能力。在阅读推广项目管理过程中，阅读推广馆员会发现其中的一些管理过程和理念与传统图书馆的工作模式有较大的不同，却对阅读推广项目的顺利进行有着至关重要的作用。

（1）时间管理。图书馆作为一个文化服务机构，长期形成了比较宽松和缓和的工作节奏，然而阅读推广作为一个项目，有计划的开始时间和结束时间。因此，如何合理地安排阅读推广项目各个环节时间流程，协调和督促图书馆各个职能部门，按时、保质地完成阅读推广项目，是阅读推广馆员项目管理的重点。

（2）成本管理。每项阅读推广活动作为一个独立的项目，都有图书馆计划划拨的预算。阅读推广馆员使阅读推广活动的成本控制在计划预算之内所做的预测、计划、控制、调整、核算、分析和考核等管理工作就是阅读推广的成本管理。小部分馆员由于之前长时间从事文化研究性工作，对项目的资源投入和产出效果比缺乏一定的敏感性，成为阅读推广馆员后，略有些“锱铢必较”的项目成本管理模式会带给他们较大的挑战。

（3）压力管理。不同于传统图书馆借阅、咨询服务的重复性工作性质，每一个阅读推广活动对图书馆和阅读推广馆员都是一次全新的挑战。时间的紧迫性、资源的有限性、工作模式的改变，以及与图书馆其他馆员、部门在沟通合作中可能产生的冲突，都会成为阅读推广馆员压力的来源。阅读推广馆员必须掌握有效的压力管理方法，应对压力情况下的生理、心理反应。

（4）危机管理。大型阅读推广活动不仅需要图书馆多个职能部门的协作，如果涉及众多参与读者，还受交通、天气、环境等诸多其他因素的影响。这些要素中的任何一个出现意外，都会为阅读推广活动带来突发的危机状况，例如大型广场活动日突然出现雷阵雨天气，讲座活动意外爆满，很多读者无法入场等。提前针对各种可能发生的危机情境做出防范和预案，在应对突发危机时果断决策、动态调整，化解处理危机，尽量使伤害损失降至最低点，是阅读推广馆员保证阅读推广活动能安全顺利进行的重要管理能力。

3.创新能力

阅读推广活动的丰富、新颖和多样性是吸引读者进入图书馆参与阅读推广活动的重要因素。一个全新的阅读推广活动类型当然能够极大程度地吸引读者的眼球，但是策划、组织一个完全没有前人经验和规律可循的活动，不仅要求组织者能力高超、经验丰富，而且会耗费较长的时间和较多的资源。并且这类活动是否能被读者接受，是否能到达阅读推广的效果也难以预估，一些阅读推广馆员因此抵触创新，笔者也认为这种类型的创新能力并不是所有阅读推广馆员都必须具备的。但是，阅读推广的创新并不只有这一种。首都图书馆第一次将社交网络融入传统图书交换活动中，就是利用微博与微信宣传、组织和展示“图书交换大集”活动，引起读者的热烈讨论和支持，活动当天1000多名读者来到图书馆，共交换图书4000余本。这一利用新技术，支持改良传统阅读推广活动的创新，不仅使这一次阅读推广活动取得巨大成功，提高了首都图书馆的声望和人气，还被其他图书馆和阅读组织学习改进后，使社交网络成为我国图书交换的重要新平台。

浙江图书馆与香港宝丽眼镜合作，创新性地在图书馆的13个阅览室摆上了200副免费的老花镜供读者借戴。此举受到了到馆看书读报的大批中老年读者的热烈支持，《都市快报》对图书馆的这一活动作了连续报道，很多读者也纷纷告知自己的中老年亲朋这一消息，来浙江图书馆的中老年读者人次明显增加。有的老年人告诉馆员说，“要不是看到报纸，已经很久没有想起还有图书馆这一个去处了。”“倒也不是自己没有老花镜，不过看到图书馆这么为我们老年人着想，怎么也得多来看看书，不枉费图书馆的一片用心啊。”浙江图书馆这一小小的创新之举，不仅为读者带来了方便，更大大拉近了图书馆与读者的距离。

四、图书馆管理与阅读推广

（一）政策与法规

作为我国公共图书馆的义务投资主体，我国国家的意见、政策和法规对我国公共图书馆的管理起着主导性和决定性的影响，从而也就对我国公共图书馆的阅读推广的发展起着导向性和决定性的重要作用。近年来，我国颁布的与图书馆阅读推广相关的意见、政策和法规大致涉及以下几个方面。

1.《全民阅读条例》

全国人大和全国政协会议期间115位政协委员联名签署并提交的《关于制定实施国家全民阅读战略的提案》。在提案中，明确提出了“由全国人大制定《全民阅读法》、国务院制定《全民阅读条例》”的建议。提案认为，世界主要发达国家都将其视为国家综合实力的核心要素之一，以国家战略的高度推进国民阅读，其推进阅读的方式，主要为政府立法保障阅读、设立专门机构推动阅读、国家元首亲自倡导阅读等三个方面。提案建议制定实施国家全民阅读战略，并提出五项具体建议。

（1）成立国家全民阅读指导委员会，以加强领导，统筹协调各地各部门资源，形成合力；建立长效机制，形成国家长远战略；解决全民阅读工作中的重点难点问题。

（2）设立国家全民阅读节，可把孔子诞辰日9月28日确定为“全国阅读节”。

（3）进行全民阅读立法，由全国人大制定《全民阅读法》、国务院制定《全民阅读条例》，以法律法规的形式将推动全民阅读工作纳入法制化轨道。

（4）制定全民阅读规划，作为开展全民阅读的指导性文件。

（5）建立国家阅读基金，建设全民阅读重点工程。

全民阅读是一个系统工程，专门针对全民阅读和阅读推广的立法工作，对规范和保障各类阅读活动的进行、推动和促进阅读推广的全面健康发展意义重大。公共图书馆一方面作为全民阅读与阅读推广立法的积极推动者和参与者，通过丰富的阅读与阅读推广理论基础和实践经验，全面支持和完善立法工作；另一方面，公共图书馆作为全民阅读和阅读推广法律法规的最直接影响者之一，应该积极调整和完善图书馆阅读推广服务，为即将到来的全民阅读与阅读推广法律法规的正式颁布与实施做好准备。

2.图书馆免费开放

国家文化部与财政部联合发布了《关于推进全国美术馆、公共图书馆、文化馆（站）免费开放工作的意见》（下面简称《免费开放工作意见》）。落实了提出的“进一步推进美术馆、图书馆、文化馆、博物馆免费开放，丰富人民群众的精神文化生活”的要求，提出为了充分发挥美术馆、公共图书馆、文化馆（站）保障公民基本文化权益、提高公民鉴赏能力的重要作用，加强公共文化服务体系建设和公民思想道德建设，到2011年底，全国所有公共图书馆、文化馆（站）实现无障碍、零门槛进入，公共空间设施场地全部免费开放，所提供的基本服务项目全部免费。

同年，江苏省、浙江省、广东省、安徽省、北京市等多个省市相继发布了关于美术馆、公共图书馆、文化馆（站）免费开放的具体工作方案、促进条例和服务规范。公共图书馆免费开放的根本目的是让更多的人民群众更方便地走进图书馆，利用图书馆资源，参与图书馆文化活动。这一《免费开放工作意见》显而易见地为图书馆阅读推广活动带来了更多的参与读者，特别是对价格比较敏感的老年读者、城市中低收入读者以及农村及边缘地区读者。因此，2012年图书馆纷纷乘势扩大对其阅读推广活动的宣传，树立品牌活动形象，吸引读者到图书馆参与活动。同时针对快速增长的特定读者群体，图书馆还推出了相适应的阅读推广内容，例如老年读者养生讲座、农民工夜读辅导等。《免费开放工作意见》无疑还是我国政府对近年图书馆界的热门话题“我国图书馆是应该加强公益性质还是尝试产业化发展”的一个明确回答，指出图书馆必须“坚持公益，保障基本”，图书馆、文化馆（站）组织举办的公益性讲座、展览、群众文化活动，以及普及性的文化艺术辅导培训、时政法制科普教育、群众文艺作品创作指导等基本公共服务应全部免费，因此如何在有限的预算下组织低成本、高效率的免费阅读推广活动也成为图书馆阅读推广发展的新方向。

3.数字图书馆建设

文化部、财政部发布《关于进一步加强公共数字文化建设的指导意见》，指出数字图书馆推广工程是公共数字文化建设的核心内容之一。作为公共文化服务体系建设的重要组成部分，数字图书馆是数字化、信息化、网络化环境下文化建设的新平台、新阵地，是利用信息技术拓展公共文化服务能力和传播范围的重要途径，对于消除数字鸿沟、满足人民群众不断增长的精神文化需求、提高全民族文明素质、构建社会主义核心价值体系具有重要意义。各省市也相继颁布了关于图书馆电子阅览室建设、图书馆数字资源建设、文化共享建设等方针意见。从对图书馆阅读推广的影响来看，一方面，为了帮助读者更好地知晓、了解和使用数字图书馆资源，图书馆推出了一系列与数字图书馆相关的宣传讲座，开设数字图书馆使用辅导课程，开设或增设了基础电脑网络使用课程；另一方面，以数字图书馆平台为依托的阅读推广活动也正在逐渐兴起，例如网页设计比赛、视频展播等。

4.少年儿童阅读推广

文化部发布《关于进一步加强少年儿童图书馆建设工作的意见》，指出少年儿童图书馆是我国图书馆事业的重要组成部分，图书馆应提高认识，切实加强少年儿童图书馆建设；加大投入，积极构建覆盖城乡的少年儿童图书馆服务体系；丰富文献信息资源，逐步建立资源共建共享体系；发挥教育职能，深入开展阅读指导和服务工作；推进公共电子阅览室建设，努力为未成年人提供安全、绿色的公益性上网服务；加强人才培养，不断提高队伍的专业化水平；扩大宣传，为少年儿童图书馆事业发展营造良好的社会氛围。浙江、江苏、宁夏等省市也颁布相关未成年人保护条例，要求图书馆对未成年人免费开放，为未成年人设置专门的阅读场所，开展丰富的适合未成年人的阅读活动，保护未成年人在图书馆的安全，保障未成年人在图书馆的权益。就图书馆阅读推广而言，少年儿童图书馆、公共图书馆要大力开展各种阅读指导活动，把思想道德建设内容融于读书之中，充分发挥图书馆的教育职能。要区分不同年龄段未成年人的特点，创新服务理念，引入新媒体等现代信息技术，积极开展图书推介、讲座、展览等活动，精心设计和组织内容鲜活、形式新颖、吸引力强的读书活动，吸引未成年人走进图书馆、利用图书馆。要积极与中小学校开展合作，共同开展阅读指导、信息素养教育。要始终把社会效益放在首位，对未成年人实行免费开放，双休日、节假日要对未成年人开放。少年儿童图书馆、公共图书馆要配置流动图书车及有关设备，开设盲文阅览室，坚持阵地服务与流动服务相结合，组织面向残障儿童、城市流动儿童、农村留守儿童等特殊群体的服务活动，切实保障特殊未成年人群体的文化权益。

5.农民读书活动

文化部在《关于进一步加强农村文化建设的意见》中提出：要搞好县级图书馆、文化馆，乡镇文化站及村文化室建设；进一步推动“万村书库”建设，动员社会力量，帮助农村建立图书室；积极开展农民读书活动，倡导农民读书，传播科学知识，大力发展流动性的汽车图书馆，在农村开设书刊流动服务点，发动社会各界捐书助农。支持农民自发成立群众性读书组织，开展读书活动，组织引导农民读书致富奔小康。多个地级市积极响应，展开了农村图书室、农家书屋、党员远程教育、文化信息共享四位一体的农村综合信息服务体系建设工作。图书馆与此同时积极推动针对农村的阅读推广建设：县镇图书馆组织专家选定适合当地农家书屋的出版物目录；组织馆员、志愿者深入村户，对村民进行图书馆与阅读的普及推广；利用省市级图书馆经验和资源，开展小规模的讲座、展览、比赛等阅读推广活动；省市级图书馆组织社会集资赠书，开展送书下乡和流动图书馆活动；组织大型阅读推广活动时在乡镇设立分站点，扩大阅读推广辐射范围。

6.特殊人群的图书馆权益

《中华人民共和国残疾人保障法》规定，“根据盲人的实际需要，在公共图书馆设立盲文读物、盲人有声读物图书室”“组织和扶持残疾人开展群众性文化、体育、娱乐活动”“文化、体育、娱乐和其他公共活动场所，为残疾人提供方便和照顾”。国家民委、国家发展改革委员会等发布《关于印发扶持人口较少民族发展规划2011—2015年的通知》中指出，“繁荣发展民族文化工程”“建立健全文化设施网络”，完成“村级综合文化活动场所建设，包括文化室和农家书屋”“71个民族乡镇综合文化站达到‘四有’标准”“人口较少民族的2个自治州所辖9县（市）及16个自治县文化馆、图书馆达标改造”。人民政府发布《关于印发江西省老龄事业发展“十二五”规划的通知》，指出老年文化教育是老龄事业发展的主要任务之一，“各级政府要加大对基层文化室、社区文化活动中心（室）的经费投入，完成全省县级图书馆、文化馆维修改造项目和乡镇综合文化站建设。积极组织老年文艺会演、老年才艺展示、老年书画摄影展等活动”“认真推进博物馆（纪念馆）、图书馆、文化馆（站）、美术馆等免费开放工作，使老年人享受更多的文化发展成果”。随着我国政府对特殊人群文化事业发展的关注，图书馆除了从硬件设施上不断完善满足对特殊人群的阅读需要，例如盲文图书室、老年人阅览室、少数民族专藏外，在图书馆阅读服务和阅读推广中也给予这些特殊群体额外的关注和关怀，例如组织专门的志愿者为盲人和老年人进行书报朗读，阅读活动开设少数民族语言专场或者安排少数民族语言翻译，设置专门针对特殊人群的读书会等。在阅读推广理念越来越普及以及成熟的今天，关注阅读推广的平等性，正逐渐成为图书馆阅读推广的一个新方向。

7.组织与领导

公共图书馆阅读推广作为一项涉及公共图书馆多个环节的，具有一定整体性和复杂性的图书馆读者服务，其能否顺利开展和健康发展与公共图书馆的组织结构和领导方式有着直接的关系。

（1）馆长的选择。进入21世纪，我国公共图书馆对馆长的选择有了新的要求。在经历了20世纪末关于图书馆馆长更需要图书馆学专业背景还是学者背景的讨论之后，21世纪我国图书馆在选择馆长时，更多地学习了美国等西方发达国家的模式。图书馆希望馆长有较高的学历，最好是硕士以上学位，并且同时拥有图书馆学和理、工、文、管等学科中的一门的专业背景；馆长最好能够既拥有在图书馆实践岗位的工作经验，又有一定的组织领导经验。越来越多这样的馆长的出现，显然对图书馆的阅读推广起着巨大的推动作用。由于拥有图书馆学知识和图书馆实践经验，这样的馆长能够更好地理解阅读推广的意义和重要性，支持图书馆阅读推广的举办和发展；馆长可以利用本身另一门专业学科的特长、背景和人际网络，有方向有侧重地鼓励和帮助图书馆相关阅读推广的发展；馆长较强的组织领导能力也能更合理有效地调配图书馆资源，保证阅读推广活动顺利、有效地实施。

（2）从“收藏研究”到“阅读服务”。图书馆对自身的定位决定了图书馆发展的方向。近年来，我国越来越多的公共图书馆逐渐将自身的定位从“收藏研究”的“学术性机构”转换为“阅读服务”的“文化性服务机构”。阅读推广作为图书馆大众文化服务的重要方面得到图书馆前所未有的重视，阅读推广活动无论是活动经费还是项目数量规模都有了大幅提升，与图书馆其他部门乃至与学校、社区等其他相关单位的合作也发展迅速。

（3）图书馆的扁平化发展。我国公共图书馆学习美国图书馆的发展经验，组织结构正逐渐从传统的“金字塔型”向扁平化发展。图书馆组织扁平化的优势已经在我国一些中小型私人和企业图书馆中有较突出的体现，虽然由于公共图书馆受本身体制限制，组织结构转型较慢，但“分馆长责任制”“项目负责制”等扁平化管理的雏形逐渐出现。图书馆阅读推广作为一个以项目为主体的图书馆活动，在扁平化的图书馆结构和管理中，能够得到更多的控制权和主动权，更好更快地与上层进行沟通，有效地加快阅读推广活动从计划到实施的进程，也给予创新性阅读推广活动的开发更多的机会。

第三节 中国国家图书馆阅读推广研究

作为我国唯一的中央级图书馆，中国国家图书馆对全国图书馆的业务工作和读者服务起着指导和导向的作用。因此，中国国家图书馆的阅读推广，无论是形式还是规模，都在我国图书馆阅读推广活动中处于领先的地位，其阅读推广的经验教训和发展方向，指导和引导着我国各级各界图书馆阅读推广的展开和发展。

一、国家图书馆阅读推广发展历程

国家图书馆的阅读推广活动最早可以追溯到20世纪50年代。1952年，冯仲云出任当时的北京图书馆第一任馆长。一次，他中午吃完饭在图书馆院内散步时，看到很多小朋友露天坐在图书馆院子里的树荫下看书，当时他既感动于小朋友对图书的热爱，又为偌大一个图书馆却没有合适的地方给孩子们看书而惭愧。于是，他即刻筹划，第一次在图书馆内设立了一个专门的少年儿童阅览室，并且安排馆员为小朋友们组织朗诵会、故事会。这便是国家图书馆阅读推广的开端。1987年，国家图书馆白石桥新馆（现称总馆南区）建成，一批现代化的报告厅、教室及教学工具投入使用，并明文规定北京图书馆的十项具体工作任务之一便是“通过举办图书展览、学术讲座等方式，向人民群众宣传马列主义、毛泽东思想，交流科学研究经验，传播科学文化知识”。进入21世纪，国家图书馆阅读推广迅速发展。国家图书馆成立社会教育部，下设讲座组、教育培训组、摄编组、展览组，专门负责国家图书馆阅读推广工作的组织、筹划和实施。2000年，国家图书馆共举办各类阅读推广活动47起，参与读者3 000余人次；至2011年，国家图书馆一年内共举办各类阅读推广活动250余起，参与人数超过45万人次。阅读推广逐渐成为国家图书馆继图书借阅、信息咨询之后的第三大社会服务工作重点。

二、国家图书馆在阅读推广中的定位与特点

作为我国唯一的中央级图书馆，中国国家图书馆的阅读推广在我国公共图书馆阅读推广体系中的地位和意义都是显著、独特且不可替代的。首先，作为我国公共图书馆体系的领路人，国家图书馆的阅读推广引领了我国公共图书馆阅读推广的发展方向。中国国家图书馆是我国公共图书馆阅读推广宏观策略规划的主要制定参与者和首要实践者；国家图书馆在我国公共图书馆阅读推广发展规划制定中，作为公共图书馆的主要代言人，与相关政府部门、专家学者合作，探讨适合我国公共图书馆的阅读推广整体发展策略和宏观发展规划；同时，在我国公共图书馆阅读推广发展规划的实施中，国家图书馆又身先士卒，首先积极调整图书馆阅读推广模式，响应阅读推广发展规划。其次，作为我国公共图书馆体系的总指导，国家图书馆的阅读推广为我国公共图书馆阅读推广提供了丰富的经验和成熟的模板。

三、中国国家图书馆概况

中国国家图书馆前身是筹建于1909年的京师图书馆，1928年更名为国立北平图书馆，1951年更名为北京图书馆，1998年12月12日，经国务院批准，更名为国家图书馆，正式成为我国唯一的中央级图书馆。中国国家图书馆是国家总书库、国家书目中心、国家古籍保护中心、国家典籍博物馆。履行国内外图书文献收藏和保护的职责，指导协调全国文献保护工作；为中央和国家领导机关、社会各界及公众提供文献信息和参考咨询服务；开展图书馆学理论与图书馆事业发展研究，指导全国图书馆业务工作；对外履行有关文化交流职能，参加国际图联及相关国际组织，开展与国内外图书馆的交流与合作。

根据《中国图书馆年鉴（2012）》，2011年国家图书馆共有馆舍面积25.37万平方米。其中，书库面积为4.85万平方米，阅览室等读者活动空间6.63万平方米，拥有座席4 392个。总藏量3137.01万册，其中图书987.77万册，古籍193.75万册，报刊1381.6万册，电子图书142.7万册。雇员1573人，其中，专业技术人才1 214人，高级职称32人，副高级职称173人，中级职称753人。持有有效图书证的读者1 326 672人，总到馆人次447.67万人，书刊文献外借49.01万册次。拥有电子阅览室终端236台，图书馆网站的年访问量242234000页次。年度财政拨款66 424万元，总收入750256万元，总支出74179.4万元，其中购书经费16 500万元，基本支出23959万元，项目支出55056.5万元。

可以看到，国家图书馆由于新馆的建成投入使用，馆舍面积有了大幅的增加，特别是读者可使用面积，从原来的2.1万平方米提升了三倍多至6.63万平方米，为举办大规模阅读推广活动、对场地有特殊需求的阅读推广活动，或同时举办多项阅读推广活动提供了条件。国家图书馆拥有其他图书馆无法匹敌的丰富的藏书、人员、经费、读者以及社会资源，这为国家图书馆全年、全面开展不同类型、不同主题、不同规模、不同对象的各类阅读推广活动提供了支持和保障。

四、讲座与论坛

国家图书馆讲座起源于1952年，由群众工作组负责具体的策划组织工作，并很快成为国家图书馆最受群众欢迎的活动；1987年国家图书馆成立学术活动服务部，安排其中两名官员专门负责讲座工作；21世纪初，国家图书馆再次进行机构调整，成立社会教育部门。国家图书馆的讲座与论坛根据主题和周期性可以分为两大类。一类是国家图书馆的品牌讲座与论坛。这类讲坛一般有一个比较广泛的、贴近读者大众的主题，自开坛起，按每周、每月、每季度或者每年为周期，比较有规律地举办围绕该主题的讲座与论坛。这类讲坛主要面向读者大众，内容围绕大众感兴趣的话题，讲解力求由浅入深，满足不同偏好和层次的读者需求，例如文津讲坛、艺术家讲坛、科学家讲坛等。另一类是国家图书馆的专题系列讲座与论坛。这类讲座主题往往结合国家图书馆现阶段的文献收藏重点或者学术研究热点，内容有更强的专业性和学术性，但同时也兼顾普通读者爱好者的需求，主要面向这一专题领域的学者、研究者，以及对这一专题感兴趣的读者、爱好者，例如“百年辛亥专题研究系列讲座”“敦煌与丝路文化学术讲座”等。

五、展览与会展

早在国家图书馆前身“国立北平图书馆”时期，文献展览就作为一种重要的图书宣传方式在图书馆出现了。《图书馆百科全书》中这样定义文献展览：图书馆宣传文献的一种方式，也是馆藏报道的一种形式。图书馆将馆藏中有特色的文献、珍本或者有关某一主题的文献集中起来，在一定时期内公开展示和陈列，以便向读者宣传、推荐文献，促进文献的利用。国立北平图书馆在1929到1936年间，共举办不同类型展览14场，展出内容围绕古籍、珍本、善本和新型印刷科技两大主题，以文献展览为主，辅以实物、模型等展出形式。20世纪末，国家图书馆展览中心建成投入使用。作为国内第一个图书馆附属的大型综合性展览服务设施，占地1300平方米的展览中心拥有完善的配套设施、灯光和安防系统，并配有会议室、贵宾室、报告厅等，为国家图书馆举办各种类型的展览、会展提供了理想的场所。2008年建成开放的国家图书馆新馆，在扩大读者活动空间的基础上，同时规划、设计了新的展览空间，吸引了读者到馆参观展览。对比《中国图书馆年鉴》2008年与2011年的数据可以看到，国家图书馆当年举办展览的总次数相对稳定（2008年64次，2011年60次），而到馆参观展览的读者人数则明显增加（2008年14.4万人次，2011年41.18万人次）。这一方面是由于国家图书馆在近年来不断努力扩大展览的规模、提高展览质量、加强展览宣传，吸引了更多读者前来观展；另一方面是国家图书馆通过积极地与地方图书馆、学校以及其他机构展开合作，将原来固定场地的展览模式发展为全国巡展模式。2016年国家图书馆春节活动“同筑中国梦，共度书香年”活动全国共有29个省、自治区、直辖市近700家图书馆参加到活动中来。参加活动创人数创历史新高。

六、演出与电影

国图音乐厅的演出放送和电影展播是国家图书馆阅读推广的一大特色。国图音乐厅位于风景宜人的紫竹院公园北侧，国家图书馆院内，拥有1150座大厅、106座紫竹电影厅和187座文会堂三间主要厅室。国图音乐厅既是国家图书馆举办大型内部活动或者读者活动的重要场所，在场馆空闲之时，也为读者组织丰富的演出放送和电影展播。不同于其他文艺演出场所和电影院，国图音乐厅由于其机构属性和地理位置，决定了它所组织的演出与电影活动，主要是为了服务读者大众，扩大国家图书馆知晓度和影响力；吸引读者大众走近图书馆，鼓励读者大众走近阅读；进一步丰富读者的精神文化生活，为到馆读书、学习的读者提供一个休闲、放松的场所。

七、读者俱乐部与读者培训

图书馆的读者俱乐部一般是指图书馆将其读者根据他们的地理位置、阅读习惯、兴趣爱好或者其他属性组织成相对固定的阅读伙伴小组，图书馆鼓励小组内的读者互相交换图书、交流读书心得体会，提高小组内读者的读书热情和阅读水平。国家图书馆的中央图书馆属性，以及由此产生的庞大的读者群体，决定了国家图书馆的读者俱乐部无论是在组织形式还是读者活动上，都与一般图书馆的读者俱乐部有着较大区别。现在，国家图书馆最重要的读者俱乐部形式是“国家图书馆文津读书沙龙”。也许大家注意到前文“国家图书馆品牌讲座与论坛”已经提到过“文津读书沙龙”，在笔者的访谈中，大部分的国家图书馆读者也认为“文津读书沙龙”就是一个讲座品牌，甚至在国家图书馆的官方网站上，也把“文津读书沙龙”活动分列在学术讲座栏目下。但是，在2004年“文津读者沙龙”成立时，国家图书馆办公室宣传科是这样公开定义它的：“‘国家图书馆文津读书沙龙’是公益性的读者俱乐部，它以作者、专家和读者之间互动的方式，以历史文化题材为主，优先选择当今在社会上引起强烈关注和热烈讨论的书籍和相关话题，力求从现象入手，深入探讨其文化底蕴。读书沙龙每月举办一次，每次两小时。”读书沙龙面向国家图书馆所有的读者免费开放，并没有俱乐部会员登记、选拔或者收费等制度，而其主要俱乐部读者活动又采用类似“讲座”的形式，这是它经常被当作国家图书馆的一个品牌讲座的主要原因。但是长期参加读书沙龙的读者会发现，比较起一般的讲座，沙龙更强调读者的主动性，其本质目的是形成以一位或者几位专家为核心讨论组，积极鼓励与会读者自由参与讨论，创建普通读者与作者、专家之间的沟通渠道，从而提高读者的阅读热情和阅读水平，构筑学习型的阅读和社会空间。但是，随着读书沙龙的影响力逐渐扩大，参与读者日益增多；虽然国家图书馆将读书沙龙的举办频率增加到了每月两到三次，但是每次仍然有大量读者踊跃参加。

一方面，读书沙龙作为一项读者阅读推广活动，国家图书馆希望能有更多的读者参与进来，从中受益；但是另一方面，众多的读者为原先这种以读者参与讨论为主的活动形式带来了巨大的挑战。两个小时的活动中，除去背景介绍、专家作者发言的时间，通常仅能允许十几名读者发言，每人发言时间也平均不到两分钟，有些时候读者为了争夺发言权和发言时间容易产生争执，例如某位发言读者持续发言时间过长，或者发言表达不是特别清晰有序，甚至会有读者在下面起哄要求其停止发言。因此国家图书馆不得已之下，索性增加了作者、专家的发言时间限制，虽然仍在活动最后给予读者发言提问的机会，却不再特别强调读者参与讨论这一点，这也是导致近年来读书沙龙在读者心中正逐渐失去其读者俱乐部的属性，成为一个普通品牌讲坛的重要原因。笔者认为，在协调大规模读者参与讨论这一点上，国家图书馆倒是可以尝试向国内的一些综艺节目学习。在举办一场读书沙龙前，首先，国家图书馆可以在它的网站上，微博、豆瓣等社交网络主页上，或者微信、QQ等即时聊天平台上发布开辟针对该场沙龙的讨论专题，邀请专家、作者，以及广大读者参与讨论，讨论内容既可以是对该专题背景知识的普及介绍，也可以向读者征集他们感兴趣的问题，专家、作者选择热点和重点问题在沙龙活动现场进行回答和讲解。其次，在沙龙举办过程中，国家图书馆鼓励参与沙龙的读者继续利用这些平台进行互动。国家图书馆可以在沙龙现场，用电脑现场投影的方式将读者的发言实时地显示在沙龙场地中的大型投影屏幕上，同时安排工作人员对这些发言进行收集整理。

不少读者认为图书馆数字资源就是电子化形式的图书而已。这一方面显示国家图书馆应该加强读者培训活动宣传、扩展读者培训活动主题，开发读者喜欢、需要和关注的培训活动；另一方面也显示国家图书馆在数字资源的读者阅读推广利用方面尚需努力和加强。不过值得推荐的一点是，国家图书馆在读者培训活动中，特别重点关注和收集了读者对该活动意见、需求和反馈。反馈内容包括读者的年龄、学历和职业，读者对现有培训的需求程度和满意程度，读者希望的培训主题、时间和方式，读者获取培训信息的主要途径等，这些信息将能有效地帮助图书馆提升和完善其读者培训服务。

八、图书评选与推荐书目

我国读者也经历了从“找不到书读”到“书太多不知道读什么”。近年来，无论是图书馆、出版社还是书店，都举办了各种各样的优秀图书评选和推荐书目活动，希望能够帮助读者解决“图书选择困难症”。但是国家图书馆作为公共中央图书馆，其举办的评选无论是在选书规模范围、书目权威性和影响力，还是其为全国广大读者服务的公益公正性上，都有着其他图书评选和推荐书目无法比拟的突出特点和优势。

“国家图书馆文津图书奖”首次在国家图书馆厅启动。“文津”二字源于国家图书馆收藏的《文津阁四库全书》，是国家图书馆前身老北图的象征。“文津”津梁之意，与国家图书馆的图书评选目的不谋而合。国家图书馆文津图书奖的定位是评选普及图书，评选范围包括人文社会科学和自然科学类的大众读物，尤其侧重于能够传播知识、陶冶情操，提高公众的人文素养和科学素养的普及图书。在“国家图书馆文津图书奖”设立之初，国家图书馆就公开向社会承诺，该奖项将完全不拉赞助、不接受利益方的资助，只为读者选好书，尽最大努力保证评选的公正性和公益性。文津图书奖的获奖图书主题内容广泛，既包括人文社会历史，也包括科学普及著作；既有针对现实热点问题的思考与探索，也有充满想象力的艺术创作。文津图书奖坚信，好书的美丽，来自于书中无差别的美丽思想，而文津图书奖的价值就在于纯粹、干净地甄别挑选出这些有价值的思想，将它们作为精神食粮推荐给广大的普通读者，让读者能够真正找到值得一读的好书。

配合国家图书馆文津图书奖，国家图书馆还组织了一系列的图书宣传和读者阅读推广活动，充分开发和利用国家图书馆文津图书奖品牌资源，加大文津图书奖阅读推广效果。

宣传不仅带来了文津图书奖的介绍和获奖图书、书评展览，还举办了“热爱读书就是走向文明”的阅读讲座，受到了读者的热烈欢迎。类似的宣传和推广活动在文津图书奖评选期间在全国各地的重要图书馆巡回举办，扩大了文津图书奖在全国读者中的影响力，使更多的读者了解、关注和参与文津图书奖，拉近读者与精品图书的距离，引导读者正确的文化消费，共享精品阅读的乐趣。

第四节　中国基层图书馆阅读推广研究

我国并没有关于基层图书馆的明确定义，但通常来说，基层图书馆是指更贴近民众生活，生长在广大民众身边的图书馆。本书中的基层图书馆主要是指市级以下的区县、街道、社区、乡镇以及村级图书馆。这些基层图书馆，大都规模较小，其各项图书馆资源和服务的读者群体也相对较小，因此它们的阅读推广也呈现出独特的优势、特点和局限。

一、基层图书馆阅读推广现状

《中国图书馆年鉴》统计，我国共有区县级图书馆2570所，是省市级图书馆和中央级图书馆数量总和的6.73倍。根据2012年中国统计年鉴，截至2011年底，我国共有镇、乡、街道40466个，乡镇文化站34139个，虽然没有关于乡镇、街道图书馆的确切数据统计，但是由于我国乡镇图书馆大多依附于我国乡镇文化站存在，因此笔者认为我国乡镇、街道图书馆数量恐怕也是数以万计的。

《全国“知识工程”实施方案》规划，我国要把每年发展1000个标准社区图书馆纳入逐渐实现总体目标的一项重要内容。按此推算，截至2011年，我国建设的社区图书馆总数已超过14000个。2012年8月，新闻出版总署宣布，农家书屋工程全面竣工，共建成农家书屋60万家，覆盖了全国有基本条件的行政村。可以看到，我国基层图书馆数量庞大，基本形成了由上至下的网络，为我国基层图书馆阅读推广的发展提供了必备的条件和基础。但是比起如火如荼的基层图书馆建设，我国基层图书馆的社会阅读推广发展却并不尽如人意。

（一）阅读推广总体发展缓慢

调查中发现，我国基层图书馆在一定程度上普遍存在着重视图书馆馆舍、资源建设，轻视图书馆读者服务，阅读推广发展缓慢的现状。总体来说造成这一现象的原因可以分为两类。

1.被动原因

近年来，我国基层图书馆数量飞速增长，一方面是图书馆遍地开花的喜人景象，另一方面则是学界在公共图书馆财政拨款僧多粥少现状下，对基层图书馆生存和发展的深深担忧。大多数基层图书馆都存在着资金奇缺、名存实亡的问题。大部分基层图书馆不同程度存在馆舍破旧、藏书少旧、设备紧缺的问题。在这样的现状下，用仅有的资金和资源加强图书馆基础设施、馆藏建设，满足读者的基本图书借阅需求，而放弃阅读推广等其他读者服务，也只能说是无可奈何的。

2.主动原因

也有一些基层图书馆，例如较发达城市的社区图书馆、本地经济发展良好的县级图书馆，其资金和资源相对充沛；有的社区图书馆，其馆舍、设备和藏书水平甚至可以与西方发达国家社区图书馆相媲美；但其阅读推广的发展却仍然驻足不前。笔者认为造成这种现状的重要原因首先在于基层图书馆指导政策和评估标准的不完善。比较起中央和省市级图书馆而言，基层图书馆的宏观视野和长期视野较弱，其建设发展更加倚仗于图书馆政策的指导和图书馆评估标准的规范。

3.农村以县级为中心。城市网络化发展

我国基层图书馆发展城乡不平衡，而作为很多人眼中“非传统”图书馆服务——图书馆阅读推广服务，其城乡发展差异则更为明显。我国基层图书馆的阅读推广，在农村主要呈现为县级图书馆的单层次、单中心形式，而在不少大中型城市则已经逐步形成区、街道、社区的多层次、立体化图书馆阅读推广网络。我国基层图书馆阅读推广活动最主要的组织力量是区县级图书馆。在继续往下层级的图书馆中，我国不少的大中型城市的街道、社区图书馆，也已经成为我国城市基层图书馆阅读推广的重要阵地。他们或与上级图书馆合作举办读者活动，或作为大型图书馆阅读推广活动分站点，或独立组织小规模阅读推广活动，为城市图书馆阅读推广真正深入群众中间，随时随地出现在每一位读者身边做出了巨大的努力和贡献。

4.图书馆知晓度与阅读推广活动参与度较低

我国基层图书馆的读者普及度和知晓度普遍偏低，在这样的现状下，我国基层图书馆的大众读者阅读活动，也存在着影响范围有限和读者参与度较低的困境。

二、基层图书馆主要阅读推广策略

（一）传统阅读推广

我国基层图书馆的传统读者阅读推广活动仍然以读者讲座、展览展出、影视展播、读者培训、竞赛表演、推荐书目、读者俱乐部等形式为主，但是比较起省市图书馆，基层图书馆的阅读推广活动无论是在形式还是规模等方面都呈现出一些鲜明的特点。

1.小巧玲珑，贴近生活

基层图书馆由于经费、场地、读者等资源的限制，其阅读推广活动总体上来说，在规模上要比省市图书馆的阅读推广活动小很多。但是规模小，并不意味着阅读推广效果差。相反，不少基层图书馆正是利用其阅读推广活动小巧玲珑的特点，拉近了读者与图书馆以及阅读的距离，使阅读推广活动起到了意想不到的好效果。上海静安区图书馆讲座开办初期，由于组织、人员、知名度等原因，讲座规模较小，参与人数不过十几人。图书馆将读者听众的座位围绕主讲者的讲台成一个半圆，主讲者也不站在讲台上，而是走到读者中间，每当主讲者讲到读者感兴趣的话题或是有读者有疑问的环节，读者听众们就纷纷举手发言，如果言之有据、言之有理，主讲人还会对发言进行点评或是与读者辩上几句，虽然静安区图书馆讲座规模越办越大，但是一些老听众仍然很怀念当时规模虽小却热闹非凡的场景。

由于基层图书馆面向的读者对象主要是普通的居民读者，特别是县级以及乡镇图书馆，其主要的服务对象是农村居民，这些读者的平均文化水平不高，对专业性、文艺性过强的主题兴趣不高，理解力不强，接受度也不大，因此，基层图书馆阅读推广活动的主题大都贴近大众日常生活，以丰富读者精神生活，普及日常科学知识，解答读者关心关注的热点问题为主。

2.形式多变，不拘一格

不少基层图书馆的阅读推广活动都存在着影响范围有限和读者参与度低的问题，而这个问题在主要面向农村读者的县级图书馆和乡镇级图书馆尤为突出。除了“舍新还土”外，还有不少基层图书馆用自己的方式体现了图书馆阅读推广不能一味地用自己的模式去拔高要求读者，而更应该改变自己，甚至在必要的时候放低自己，去迎合读者的需求。不少县级图书馆的阅读推广活动形式丰富有趣，受到很多村民群众的欢迎。

3.“守馆待兔”不如“走出去”

比起省市图书馆，基层图书馆的阅读推广活动有更多“走出去”的理由，也更加适合走出图书馆。首先，知晓度低与到图书馆读者少，几乎是基层图书馆的通病，由于基层图书馆经费有限，大规模地采用媒体等渠道宣传图书馆又不现实，因此，基层图书馆带着自己的阅读推广活动走出图书馆，一方面能够为自己的阅读推广活动提高影响力，吸引更多的参与读者，另一方面也能够提高图书馆本身的知晓度，为图书馆做宣传，一举两得。其次，不少基层图书馆不仅知道的读者少，能便捷地到馆的读者更少。城市基层图书馆，特别是社区图书馆，通常坐落在街道或者居民小区内，很多图书馆并没有自己的独立建筑，而是在一座公共社区办公楼甚至是居民楼内，城市基层图书馆确实都存在着地址难找，离公共交通站点较远，读者自驾车无法进入小区到达图书馆等问题。而对于农村基层图书馆来说，读者到图书馆难的问题则更为严重。县级图书馆一般坐落于县城，而村落到县城的距离一般坐车也都需要几个小时，有的村落由于交通条件落后，来一趟县城甚至要花上几天，为了借书看书，或是去图书馆而去县城在很多村民看来是根本不可能的。因此，基层图书馆的阅读推广活动想要真正惠及大部分读者，起到有效地促进阅读，提高阅读的普及率，只有走出图书馆，走到读者群众中间去。

4.社区名人与乡土情怀

制约基层图书馆阅读推广活动发展最重要的因素之一是缺乏社会资源。这一方面是由于基层图书馆知名度较低、影响力较小，社会组织和知名专家合作意愿较低，通俗点说也就是有点“看不上”基层图书馆，因而基层图书馆想要邀请专家进行阅读推广活动时，就需要付出更加高昂的代价，例如高额的讲座费、出场费，而这又恰好是基层图书馆欠缺的另一个方面。不少基层图书馆阅读推广活动通过在逆境中求生存，学会了变劣势为优势，反而使社会资源成为基层图书馆阅读推广的有力助推器。不少基层图书馆发现，“缺乏社会资源”其实只是他们“看得太远”。

（二）阅读推广大有可为

阅读是公民最基本的文化权利之一。公共图书馆是公民阅读最主要的文化基地。开展阅读推广是图书馆义不容辞的责任。在阅读已上升为国家文化战略的今天，阅读推广是基层图书馆走出生存困境的突破口，也是服务创新的着力点。

基层图书馆是图书馆事业网络的基石，是构建公共图书馆服务网络不可或缺的一部分。但长期以来，由于种种原因，基层图书馆的生存状况很不理想。图书馆虽然面临种种困境。但是同时也促进的图书馆的进一步发展。

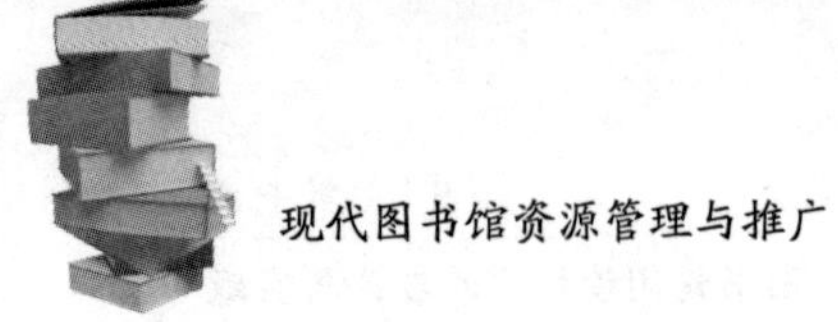

1.认真调研了解需求

阅读推广活动能否收到实际效果，很重要的一点在于能否吸引读者的“眼球”，激发读者参与的热情。这就需要了解辖区读者的阅读需求。为此图书馆在策划各种活动前，需要专门走访辖区内的学校、社区、企业、部队等相关服务单位，就开展阅读推广活动的形式和内容进行认真的调查和探讨，了解需求，听取意见，并让社会各界人士积极参与活动策划，出主意，出创意。各项活动贴近民民众、贴近生活、取得实效。在走访辖区企业的过程中，了解到企业员工特别是广大的外来建设者喜欢看书，但由于经常加班，离图书馆又远，想借又怕还书麻烦，建议我们能为他们提供送书上门服务。

开启送书上门的流动服务，包括办理借书证、借还书业务咨询、新书展等现场服务。流动服务不但解决了外来工读书难的问题，使外来建设者平等车受到公共文化资源和服务，激发了他们的阅读兴趣，满足了他们的阅读需求，还提高了书刊借阅量，从而获得好评和欢迎。另外，图书馆还应积极与本地企业合作，举办“打工作家面对面”“我的阅生活征文比赛”等读书励志活动，并邀请他们中的读书积极分子参加读书会、各类推广活动。

2.区分群体设计活动

基层图书馆由于人力与财力有限，读者活动不可能面面俱到。结合地域与人口的特点，图书馆应以服务社区老年人、少年儿童以及部队为重点，并根据不同群体的阅读兴趣和需求，设针特定的推广活动。

积极开展青少年阅读活动。内容主要包括阅读积分行动、手工制作培训、参观军营等社会实践活动。目的是锻炼孩子们的动手动脑能力，丰富辖区儿童的假期生活，成立小学读书骨干组成，定期组织开展读书交流、读书分车等推广活动；制订专门针对小学生的阅读推广计划等。

内容丰富、形式多样的阅读推广活动极大地提高了图书馆的社会知晓度，促进来馆读者日渐增多，不仅解决了图书馆服务定位与工作重点的问题，也可以得到社会各界的充分肯定。

实践出真知，阅读推广实践不仅解决了事业生存与发展问题；同时也充分证明，在倡导全民读书，建设学习型社会中，街道图书馆同样大有可为，馆小也能办大事。

3.制订计划努力践行

世界各国都很重视阅读工作，阅读已上升为国家计划。俄罗斯为了激起国民阅读的更大热情，陆续推出一系列阅读计划。2006 年11月，在时任总统普京的支持下，俄罗斯出版、大众传媒署与俄罗斯图书联盟共同制定并发布了《国家支持与发展阅读纲要》；2008年1月，英国首相布朗会同部分儿童作家，共同启动“2008全国读书年”活动，并投入3700万英镑用于全年的阅读推广活动。

为了促进权门的阅读积极性我国图书馆也制订了不少阅读计划。例如：2015年，我国启动“2015全国少年儿童阅读年”和“阅读伴我行，共筑中国梦”系列活动。

学习与借鉴先进的理念与经验，为全面推进少年儿童的阅读工作，使少儿阅读推广工作能有序进行，避免活动的临时性与盲目性。

4.多方联动共办共享

阅读推广是个系统的工程。要在全社会营造“读书好、好读书、读好书”的良好社会氛围，让热爱读书的习惯蔚然成风。不仅图书馆应切实履行改善全民阅读条件、引导全民阅读风尚的职责，同时应积极联合社会方方面面把全民阅读工程引向深入。

《公共图书馆服务发展指南》明确指出：“一个成功的公共图书馆是充满活力的机构，能够与其他机构和个人合作，向用户提供一系列的图书信息服务，满足本社区多样化和不断变化的需求。”基层图书馆要成为成功的图书馆，必须要善于吸纳、利用社会资源，通过联办、协办等形式，形成常态化的合作关系，寻求更高的合作平台和更广的活动空间。

总之，基层图书馆升展阅读推广活动，一要坚持，必须经常性地开展阅读推广活动；二要创新，活动内容与形式必须与时俱进，年年有新意。即常抓不懈，常抓常新，创出品牌。只有这样，基层图书馆阅读推广活动才能充满生机和活力。

三、基层图书馆阅读推广的定位与优势

中国有960万平方公里的土地，超过13亿的人口，而我国中央及省市级公共图书馆仅共有382所，因此，仅仅依靠大型的中央或是省市公共图书馆阅读推广，至多也只能达到一个试点、示范的作用。而与此相比，我国拥有超过60万所基层公共图书馆，平均不到16平方公里就有一所基层公共图书馆，平均2000名左右读者就拥有一所基层公共图书馆。因此，想要真正将公共图书馆阅读推广作为一项普遍的、长期的读者服务，帮助大部分的读者切实地提高阅读水平，就必须仰仗于基层公共图书馆阅读推广的发展。在美国等西方发达国家，基层图书馆一直都是国民阅读推广的主要力量。我国基层公共图书馆虽然由于资源、环境等原因，当下阅读推广发展总体较为落后缓慢，但是，只要我国的基层公共图书馆摆正定位、寻找契机、坚持努力，在未来的公共图书馆阅读推广中，基层图书馆的作用将会越来越凸显。

正确的定位不仅能为基层公共图书馆阅读推广提供一个明确的目标，更能使基层公共图书馆在有限的条件下，充分挖掘发挥自己的优势，为自身的阅读推广寻求读者市场和发展道路。虽然刚刚提到过在美国等西方发达国家，对基层图书馆的定位是阅读推广的主要力量，但是在当下的中国，由于条件、环境的不同，我国的基层图书馆并不应该一味地模仿西方发达国家阅读推广的定位，以防出现求大求全、眼高手低等现象，而可以考虑在现阶段将自己的阅读推广定位为生活化的、补充性的和需求型的。

生活化可以体现在基层图书馆阅读推广的内容和形式两个方面。就内容来说，基层图书馆的在文献馆藏和专家学者资源上很难与大型公共图书馆竞争，因此，与其花大功夫大价钱追求阅读推广内容的专业性、权威性，不如选择一些贴近读者生活的主题，例如老年养生、家庭阅读等，凭借基层图书馆对当地社区文化和周边环境的了解，努力营造亲切、温馨的阅读推广氛围。就形式上来说，基层图书馆的阅读推广在场地选择和布置时，比起设备先进的大型报告厅，也许社区公园的凉亭，加上几把椅子既方便读者前往，也显得轻松随意，还节省了场地费用。而在阅读推广宣传时，动员馆员和图书馆热心读者在日常生活中多耳相传，或者再配上几张馆员亲手制作的宣传海报或是亲手送上的宣传单，显得用心而且诚意十足。在邀请阅读推广主持人或者嘉宾时，基层图书馆则可以多从馆内人员着眼，发掘基层图书馆工作人员阅读推广兴趣，开发培养馆员阅读推广专长，或是关注发现热心读者中的“专家”“能手”，邀请他们前来分享阅读经验、交换阅读感悟，既能增进读者对阅读的积极性，还能拉近图书馆与读者的距离。

补充性定位是指基层图书馆的阅读推广可以是对大型图书馆阅读推广的一种补充。这种补充包括内容上的补充，例如当地省市图书馆举办敦煌艺术尝试展，受到市民读者的关注和热议，基层图书馆就可以适时地推出关于敦煌艺术的科普讲座或是背景介绍，帮助读者更好更容易地欣赏和理解大型图书馆的展览。这种补充也可以是功能上的补充，例如省市图书馆由于读者数量众多，无法为读者提供一对一的详细的阅读咨询服务，而基层图书馆则可以设计为它的每一位读者建立阅读档案，制订个性化的阅读计划，提供定期的专业一对一阅读咨询和阅读辅导。这种补充还可以是时间上的补充，例如省市图书馆的阅读推广活动大都集中在周末举行，基层图书馆可以尝试在工作日或是晚上组织阅读推广活动，适应不同类型读者需要。这种补充同样可以是地点上的补充，例如作为省市图书馆阅读推广的分站点，分流省市图书馆读者压力，为读者节省了前往较远的省市图书馆的时间和精力。

需求型是指基层图书馆的阅读推广应该以本馆读者的需求为出发点。基层图书馆的资源非常有限，如果想要全面地涉足阅读推广的方方面面，往往容易导致阅读推广徒有形式、浮于表面，很难做到真正有效的阅读推广。笔者认为，基层图书馆的阅读推广应该紧盯读者需求，抓住本馆读者最重要最迫切的阅读需求点，深度挖掘开发；集中用力，汇集资源，策划组织相应的数个经典、亮点阅读推广活动；用点睛之笔，吸引读者，建立基层图书馆阅读推广声望和影响力。同时，基层图书馆要不断关注读者阅读需求的变化，利用自身小巧灵活的优势，一旦发现大规模的读者需求转变，要果断调整阅读推广策略和资源分配，以最快速度开发出适应新需求的阅读推广活动。

第五节　中国公共图书馆推广策略研究

我国公共图书馆阅读推广正在经历快速发展的关键时期，拥有着前所未有的机遇，同时也面临着前所未有的挑战。面对中国复杂而独特的政策体制、社会环境和读者群体，我国的公共图书馆在借鉴和摸索中，探寻适合自己的阅读推广策略。在本节中，尝试通过前文对我国公共图书馆阅读推广现状的调查和分析，总结和提出了中国公共图书馆阅读推广发展的七条可行策略。

一、阅读推广的个性化发展策略研究

个性，在心理学上指的是一个人区别于他人的语言和行为方式，是一种个人特质。

个性化阅读推广就是指针对和利用不同读者的不同个人特质，为他们量身定制或者改造适合他们的阅读推广活动，使得阅读推广活动取得更好的效果。我国公共图书馆个性化阅读推广的发展方向包括：

（一）记忆型

在图书馆系统中建立专门的读者用户档案记录、管理、追踪和利用功能模块，当每一个读者首次来到图书馆时，就为其建立属于他的独立的终身阅读档案，登记读者的年龄、性别、学历、职业、爱好等基本信息，并持续记录读者到馆、借阅、参与活动等所有的图书馆相关信息。利用这些信息，一方面当读者下次到馆时，图书馆可以为他量身定制适合他的阅读计划和图书馆服务；另一方面，图书馆也可以根据读者的阅读兴趣爱好和习惯，随时向读者推送他可能感兴趣的阅读推广活动或者图书，吸引读者前来图书馆阅读。将来图书馆还可以通过与其他图书馆或是组织结构共享共建读者档案，在获取更加全面翔实的读者信息的同时，为读者提供更加多方位、随时随地的个性化服务。

（二）引导型

在传统的图书馆服务模式中，无论是馆藏资源还是阅读推广活动，都是静态平面地罗列在读者面前，被动地供读者选择。很多读者一方面对图书馆了解不多，另一方面由于当局者迷，对自身的阅读兴趣和水平认识不清，从而为他们选择利用图书馆资源和服务带来了困难。在图书馆个性化阅读推广的发展中，根据读者需求，更加主动地引导读者选择和使用图书馆资源，参加图书馆活动，将成为我国公共图书馆读者服务的新模式。将来，也许当读者走入图书馆时，就像走入高档酒店会所一样，一位热心的图书馆员将微笑着首先询问读者的姓名和来图书馆目的，然后将读者引导到相应的阅览室、借阅点、活动场馆或是深度咨询台前。在这些地方，读者会接受更进一步的个性化阅读或是活动引导，使得读者能够顺利、便捷、愉快地实现其阅读需求。当然，图书馆的这种引导应当是适度的，以尊重读者个性和选择为基础的，既不能使阅读推广成为从“引导”到“辅导”的倒退，也不能“步步紧逼”“过度服务”，影响了读者的阅读体验。同时，在数字图书馆服务中，图书馆系统和网站也可以通过提供替代的浏览选项，协助引导用户更快更容易地获取所寻求的信息。这种个性化服务不但能增加用户的忠诚度，还能减轻用户在大型网站所面临的数据超载和信息迷航问题。

（三）定制服务型

由于读者个性各不相同，因此图书馆的个性化阅读推广必然导致了读者对阅读推广活动类型、内容、时间、场地的不同需求，传统的集中式统一阅读推广活动无法适应这一需求，因此图书馆必将推出更加灵活、个性化的定制式阅读推广活动。当下图书馆比较容易实现的定制式阅读推广活动模式主要有两种：一种是网络电子阅读推广活动点播。图书馆在图书馆网站或是图书馆内提供事先制作好的阅读推广活动点播，读者可以根据自己的需要，随时点播观看自己感兴趣的阅读推广活动。现有的图书馆网络电子阅读推广活动点播主要是讲座、培训和展览类阅读推广活动的文字、照片和音频视频点播，随着人机交互技术的不断进步，这种点播将不仅能够以图像、声音，甚至气味、触感等多方位多感官，将阅读推广活动更加生动真实地呈现给读者，更加能够允许读者参与进来，实现互动式阅读推广活动的点播。第二种是分类阅读推广活动。图书馆根据读者的个性和需求按照某一标准将读者分为不同的类型，根据同一类型中读者相近相似的特点，制定组织开展适合这一类型读者的阅读推广活动。分类阅读推广活动是对完全个性化的个人定制阅读推广活动的一种过渡和近似。因为我国公共图书馆所要服务的读者数量众多，在相当一段时间内实现一对一的阅读推广活动定制尚不现实，因此采用分类阅读推广的形式，既能兼顾读者个性化阅读推广的需求，又能现实、有效地利用图书馆资源。

二、阅读推广的可持续性发展策略研究

目前国内图书馆阅读推广的基本特点是：行政指令启动，红头文件一发，自上而下层层动员、层层督促、层层检查，何时开展阅读推广活动，做多大规模，花多少钱，意图达到什么效果，全听行政指令。即便是相对固定的读书月活动，每年根据上级指令力度和投入力度的变化，也在规模和形式上不断发生变化。阅读推广通常定位为亮点工程、节日工程、形象工程、示好工程、惠民工程，而不是定位为常规的图书馆基础服务，图书馆往往临时抽调精干人员，举全馆之力，以突击应付的方式开展阅读推广活动，开幕式铺张浪费，短暂的活动期间服务过度，影响其他业务的开展，破坏图书馆幽静的环境，讨短期读者之欢心，却使长期读者反感。而美国等西方发达国家图书馆，则通常设有专门的阅读推广办公室，例如美国国会图书馆图书中心等。建立负责阅读推广的常设机构，表明是将阅读推广作为图书馆的基本业务来看待，有益于经验的积累、效率的提高、学识的增长、活动的衔接和连续，有益于培养图书馆自己的阅读专家和阅读推广活动策划专家，对于阅读推广的可持续发展是一个重要保障。

除了建立专门负责阅读推广的常设机构以外，加强图书馆阅读推广的制度化建设，也是保证图书馆阅读推广可持续性发展的关键要素之一。首先从国家层面来说，对阅读推广的推动和支持，应该改一时的行政指令为稳定的长期政策和法规；制定长期全面的全国公共图书馆阅读推广发展战略；建立完善的公共图书馆阅读推广评价体系，并将这一评价体系纳入公共图书馆总体评分和评级之中。其次从图书馆层面来说，各个公共图书馆首先将阅读推广作为同图书借阅等同样重要的读者服务列入图书馆章程之中，根据自身情况制定适合自己图书馆的阅读推广发展具体线路，调整图书馆组织结构和业务流程，保证阅读推广活动的顺利流畅进行和发展，将馆员的阅读推广能力作为图书馆招募馆员和评定考核馆员的重要标准之一。保证公共图书馆阅读推广服务长效性的另一个重要手段是进一步加强公共图书馆阅读推广的品牌建设。现有公共图书馆的阅读推广品牌主要集中在图书馆讲座、推荐书目评选和图书馆征文比赛等少数几个阅读推广类型中，这也是图书馆阅读推广持续性和周期性发展较好的几个类型，进一步扩大图书馆阅读推广品牌建设辐射类型，是帮助图书馆不断建设开发新的持续性阅读推广活动类型的重要力量。更进一步，公共图书馆应该在不断开发建设阅读推广活动品牌的过程中，发掘本图书馆阅读推广的独特风格和优势，逐步形成和建立一个能代表本馆的阅读推广品牌。这个品牌应该拥有自己明确的名称、标志、阅读推广

目标、阅读推广口号，甚至是吉祥物；统一的阅读推广品牌不仅能进一步保证图书馆阅读推广的持续性规律性发展，更能够增加图书馆阅读推广活动，乃至提升图书馆本身在读者中的知名度，增加图书馆阅读推广活动影响力和效果。

三、阅读推广的“悦读”发展策略研究

我国的公共图书馆阅读推广在经历了从“辅导”到“引导”的转变之后，在当下正在迎来其第二次重要转变，从阅读到“悦读”的转变。阅读和“悦读”只有一字之差，前者表示一般性的读和看，而后者却在此基础上带入了读者主体强烈的主观感情色彩，有着更加丰富的内涵。“悦”，《新华字典》的解释为“高兴、愉快”。通常来说，图书馆对“悦读”的理解可以有两种：一种是“因悦而读”，就是图书馆利用阅读推广活动使读者喜爱上读书，从而自愿自主地进行阅读活动；一种是“因读而悦”，就是图书馆利用阅读推广活动塑造良好的读书氛围和环境，让读者在读书的过程中，不仅获取了知识，更享受到快乐。

图书馆的“悦读”理念最早起源于西方发达国家。在美国，几年前一些图书馆工作者和研究学者就发起了一场关于“星巴克和图书馆”的讨论。他们发现美国的许多年轻人，经常在咖啡馆读书、学习、工作、聊天，甚至小组研讨，但是与这些咖啡馆一街之隔的免费图书馆却门可罗雀。在调查采访中，不少读者觉得咖啡馆能够一边聊天，一边享用茶点，一边阅读和学习工作，更加的自由、舒适和惬意。于是美国部分公共图书馆大胆地尝试将图书馆的某一层或者某一区域布置得更加随意和舒适，并在这一阅览区域摆放最新上架以及流行的图书和杂志，读者可以将咖啡、可乐等饮料，或者薯片、酸奶等零食，甚至是味道不太大的汉堡、三明治等食物带到这个阅览区，一边享用饮料、美食，一边看书，这个区域也允许读者进行小规模的小组讨论，或者接打电话等低音量的有声活动。一位馆员说：“图书馆的‘星巴克’区域总是聚集了很多的读者，而不小心打翻的饮料和撒落的零食对图书的损害并没有我们想象得那么严重，读者很喜欢也很珍惜这个机会。”随着我国公共图书馆在阅读推广过程中对美国等发达国家经验案例的不断学习借鉴，“悦读”理念也正逐渐成为我国公共图书馆的阅读推广发展的一个重要趋势。

（一）创造舒适、开放的图书馆阅读环境

“咖啡飘香、轻柔的音乐在耳畔响起。坐在舒适的沙发上，随手拿起身边的最新时尚杂志翻阅。”位于成都烟袋巷的锦江区图书馆新馆的家庭大书房式阅览室也许在不久的将来就会出现在我们身边的每一个公共图书馆之中。图书馆的部分阅览室和读者活动空间将打破传统的僵硬的封闭空间模式，成为敞开式的轻松舒适的休闲阅读空间；在阅读的同时，图书馆还为读者提供了咖啡、甜点等小食，供读者取用；无线网络将会覆盖图书馆的每一个角落，读者可以利用自带的移动设备随时随地地接入图书馆网络，利用图书馆电子资源；图书馆将实现365天×24小时的全年全天候免费开放，读者随时想要来图书馆读书，不需要任何证件，就可以随意地进入图书馆进行免证阅览；全省市甚至全国的图书馆可以实现“一卡通”形式的“通借通还”。

（二）从功利性阅读向休闲审美阅读的转变

中国的很大一部分读者，特别是少儿读者，虽然他们在读书，却体会不到读书的快乐。一些中学生略带无奈地说，我们从小都是在“为屁股读书”。为了满足社会的要求和期望，应对日益增大的升学和就业压力，避免被期待你的人“打屁股”责罚，这一代的很多中国读者从小就带着功利性的“枷锁”在读书，忽视了阅读本身的美丽和快乐。这样的读者，一旦“打屁股”的人或原因消失了，他们也就自然不会再读书了。因此，中国公共图书馆的阅读推广想要真正推动读者持续性、终身性阅读，必须改变读者阅读的根本目的，给予读者新的阅读动力，帮助读者从功利性阅读走向休闲的审美阅读。为此，这类图书馆的阅读推广活动首先要逐渐改变自己的活动目的和宗旨，从知识文化普及，转变为阅读兴趣培养；其次，这类阅读推广活动从

前期宣传到场地布置、活动形式、主持风格等各个方面都要改变传统阅读严肃刻板、冷清寂寞、压力竞争的风格，塑造温馨舒适、休闲放松、幸福愉悦的活动氛围。例如在美国的不少图书馆阅读推广活动中，馆员会亲手手工制作一些海报画板，作为活动场地布置，既亲切又可爱，在针对少儿的阅读推广活动中，尽量不用竞赛的形式，避免少儿读者间的竞争和压力。

四、低成本阅读推广发展策略研究

我国公共图书馆现在平均每举办一场阅读推广活动所花费的费用和资源要远远高于美国等西方发达国家的图书馆。笔者了解到，哪怕是区县图书馆的一场小型讲座的组织费用通常也在500元以上，而一般省市图书馆的阅读推广活动场均花费都在数千元。而美国大部分图书馆阅读推广活动经费都不超过100美金，折合成人民币也就是600元左右。近年来，不少图书馆更是提出了1美元阅读推广活动的理念，也就是组织一次阅读推广活动的图书馆额外花费仅需6元。由于公共图书馆作为非营利性的公益机构，其经费通常是有限的，当我国图书馆阅读推广活动频率逐渐增加时，有限的经费和资源必将成为制约其发展的重要因素之一。实际上，现在我国已经有不少公共图书馆出现因为经费问题而限制或取消了一部分阅读推广活动的现象。因此，有效地降低图书馆阅读推广成本，提高图书馆阅读推广活动投入效果比，将成为我国公共图书馆阅读推广未来发展的重要趋势之一。

（一）借鉴美国的图书推广

参考美国等西方发达国家低成本阅读推广的经验案例，我国公共图书馆发展低成本阅读推广的途径主要有以下几点。

1.大力开发利用志愿者资源

在美国等西方发达国家，人力资源是图书馆最稀缺也是最昂贵的阅读推广成本资源。通常一个普通劳动者的人力成本是10美金／每小时，折合成人民币也就是60元／每小时，而一个活动策划者或是主持人等专业工作者的人力成本则通常超过40美金／每小时，折合成人民币也就是240元／每小时。如果每一场阅读推广活动按10工作时普通劳动时间和3工作时劳动时间来算，光人力成本就需要220美金，折合成人民币也就是1320元。在这样的人力成本下，美国图书馆阅读推广活动的低成本就离不开其庞大完善的志愿者团队。美国图书馆的志愿者涉及图书馆服务的方方面面，从书刊上架，到读者咨询，处处都有志愿者的身影，而图书馆的几乎所有阅读推广活动都有志愿者的重要参与。

通常来说，美国图书馆的一个普通阅读推广活动只有一到两名图书馆正式员工进行主导和发起，其余的参与者和工作者都是志愿者。这些志愿者分为两类。一类是图书馆阅读推广的专业志愿者。这些志愿者在图书馆登记志愿服务后，定期前来图书馆接受图书馆阅读推广志愿服务指导和培训，图书馆会定期向他们发布志愿服务需求信息，志愿者们可以根据自己的时间、喜好和专长，选择志愿服务内容。这些志愿者有着丰富的图书馆阅读推广志愿服务理论和实践经验，是图书馆阅读推广的中坚力量。另一类是图书馆为了某一次阅读推广活动特别临时招募的专项志愿者。这些志愿者在接受短时间的针对此次阅读推广活动宣讲培训后。在阅读推广专业志愿者的指导下，共同完成此次阅读推广服务工作。

2.志愿者效果不理想的原因

在我国，公共图书馆阅读推广的单位人力成本虽然要低于美国，但是由于我国阅读推广通常规模较大，所占用的劳动工作时间较长，总体来说，人力成本也是图书馆阅读推广成本的一个重要组成部分。我国公共图书馆阅读推广需求的人力资源主要通过专职图书馆员、图书馆临时雇员，以及外聘专业人员团队来满足，前一种人力资源构成形成了阅读推广活动和原有图书馆服务对图书馆本已经很紧张的人力资源的竞争，后两种人力资源构成又给图书馆阅读推广经费造成了巨大的压力。我国也有些公共图书馆已经开始尝试利用志愿者来推动阅读推广服务，但是效果并不是非常理想，究其原因主要有三点。

（1）志愿者招募难度较大。

（2）志愿者素质参差不齐。

（3）志愿者责任感和持续性较差。

针对这些问题，我国公共图书馆在大力开发利用志愿者资源的同时，要加强志愿宣传，完善志愿者长期招募体系，提升志愿者和潜在志愿者对图书馆的归属感和认同感；建立健全志愿者培训、培养和管理体制，在提升志愿者服务水平和专业素养的同时，帮助志愿者实现自身的不断学习和进步，实现志愿者和图书馆的双赢局面。

（三）控制规模，拒绝面子工程，环保节俭办推广

降低图书馆阅读推广成本的另一个重要举措是控制阅读推广活动的规模。由于阅读推广的个性化发展趋势，将来同一个阅读推广活动所适用的读者对象必然会减少，因此，减小单场次阅读推广活动规模，有利于降低空间成本、人力成本、经费成本等多项图书馆成本，提高图书馆阅读推广活动的效率及效益。同时，现在我国部分公共图书馆的阅读推广活动还存在着过度铺张，追求面子工程的现象：活动的一大特点是开场即高潮，所有的“精彩”都聚集在开幕式，无论是隆重豪华的大型场地布置，还是邀请领导、名人、专家到场及致开幕词，都是“大戏”，花费了高额的费用却在短短两三个小时的开幕活动结束后消失一空。媒体报道宣传，也都围绕开幕式展开，而后续主体阅读推广活动安排、内容和效果反而被掩盖和忽视了。为了体现活动的盛况，图书馆还喜欢动员学生、驻军、护士等团体读者参加阅读推广活动，这样做的效果不能说不好，从征文情况看，的确对一些读者产生较大的积极影响，甚至培养其终生利用图书馆的习惯，但那些常来图书馆的熟客、散户，却往往因为此种应季性的活动而被边缘化或受到干扰，从而对图书馆颇有微词。作为旁观者的市民，也会出于对一切“盛大”作秀活动的习惯性逆反心理，而对阅读推广活动的效果抱以怀疑。因此，拒绝“嘉年华”式的面子工程，将阅读推广活动资源集中有效地利用于阅读推广活动本身，

也是我国公共图书馆降低阅读推广活动成本的重要措施之一。最后，美国图书馆低成本阅读推广活动的另一经验是充分发挥、发掘馆员和志愿者的创造能力和动手能力，重复循环利用阅读推广资源，环保节俭办推广。美国的图书馆通常会有一个专门的储藏室，里面收放着每次阅读推广活动结束后挑选回收的展板、装饰物、宣传材料等资源。每次图书馆要举办新的阅读推广活动时，馆员和志愿者会优先从这个储藏室里挑选可以被改造和重新利用的资源，既降低了图书馆重复采购的成本，又坚持了公益机构的环保理念。例如，有的图书馆会将上一次阅读推广活动剩下的宣传单单面擦除后，在背面印刷新的阅读推广宣传内容，有的图书馆则将上次活动啦啦队使用的彩条制作成花朵的形状，粘贴在图书馆墙壁上作为新活动的装饰。

五、阅读推广的平衡发展策略研究

我国的公共图书馆阅读推广普遍呈现东部沿海地区发展较快，中西部地区暂时落后，但步步紧跟的局势。首先，我国东部公共图书馆的阅读推广普遍来说起步要早于中西部公共图书馆：东部的北京、上海、江苏、浙江、广州等地的大型省市图书馆已经开始重视和发展全民阅读推广，而中西部地区的图书馆阅读推广的全面发展基本都集中在2006年之后。其次，我国东部公共图书馆举办阅读推广活动场次要多于中西部公共图书馆，无论是阅读推广活动的类型、规模还是内容，其丰富性和多样性都要高于中西部公共图书馆。最后，我国东部公共图书馆的阅读推广呈现立体式的网络化平衡发展：不同地理位置、不同层级、不同规模的公共图书馆根据自身的特点，成为东部公共图书馆阅读推广网络中或大或小的一个有机节点。各个节点之间互相联系、互通有无，在互助合作中协调发展。而中西部公共图书馆阅读推广的发展则主要依赖若干核心大中型省市图书馆的引导和带动；核心图书馆阅读推广发展较快，阅读推广水平基本持平于东部公共图书馆阅读推广平均水平；核心图书馆以外公共图书馆阅读推广发展较慢，特别是层级较低、规模较小的基层图书馆和位置偏远、经济较落后地区的公共图书馆，阅读推广发展迟缓，甚至基本停滞；各个图书馆间阅读推广交流合作有限。

我国东部公共图书馆阅读推广发展较快的主要原因首先是我国东部地区经济普遍比较发达，为图书馆阅读推广的发展提供了良好的资金基础和资源保障；其次，我国东部地区自古以来就是我国文化发展的核心区域，社会文化底蕴深厚，大众阅读氛围良好，为图书馆阅读推广的发展提供了文化支撑和读者基础；再次，我国东部沿海地区是我国最早与世界范围内其他国家开展贸易和文化交流的场所，这为东部地区公共图书馆学习美国等西方发达国家图书馆阅读推广理念和阅读推广实践提供了良好的条件；最后，我国唯一的中央级图书馆国家图书馆在东部地区，作为我国公共图书馆阅读推广的总向导和总指挥，其榜样作用和资源共享作用更好更快地辐射了东部公共图书馆。

公共图书馆带动周边图书馆。我国城乡公共图书馆阅读推广发展差距较大，城市图书馆全民阅读推广发展较快；农村和城市偏远地区图书馆全民阅读推广发展较慢，主要依靠城市图书馆的辐射作用，在临近城市图书馆带动下发展阅读推广。城市公共图书馆带动周边城市偏远地区和农村图书馆发展阅读推广的主要方式包括：

1.城市偏远地区和农村分馆建设

城市公共图书馆通过总分馆的形式，在城市偏远地区和农村统一建设和管理分馆。分馆作为城市公共图书馆的一个有机组成部分，共同参与和承担城市图书馆的阅读推广，使城市图书馆阅读推广的辐射读者和影响范围得以向城市边远地区及农村延伸。

2.阅读推广分站点的建设

城市公共图书馆在举办大型阅读推广活动时，积极联系和协同城市周边偏远地区和农村的图书馆，邀请和帮助他们在自己的图书馆建立阅读推广活动分站点，共同推动阅读推广发展。

3.建设地区性图书馆阅读推广联盟

城市图书馆带头，联合城市图书馆周边地区的各级、各类图书馆，特别是农村图书馆，共同组成地区性阅读推广联盟。在联盟内，各个图书馆实现阅读推广活动协调合作，和阅读推广资源共建共享。城市偏远地区和农村公共图书馆可以通过分享该地区其他图书馆，特别是城市图书馆的阅读推广资源、案例和经验教训，有效提升自身阅读推广水平，降低阅读推广活动的组织难度和成本。值得一提的是，无论是东、中、西部公共图书馆的阅读推广差距，还是城乡公共图书馆的阅读推广差距，在近两年中都呈现明显的缩小趋势，不少中西部图书馆和农村图书馆除了学习和借鉴发展较快地区图书馆阅读推广模式经验外，还根据自身特点，开发了不少新颖、独特的阅读推广活动，取得了良好的阅读推广效果。

六、弱势群体阅读推广发展策略研究

弱势群体也叫脆弱群体、弱者群体，是指由于某些障碍及缺乏经济、政治和社会机会而在社会性资源分配上具有经济利益的贫困性、生活质量的低层次性和承受力的脆弱性的特殊社会群体。目前，我国弱势群体数在1.4亿～1.8亿左右，占全国总人口的11%～14%，是一个庞大的社会群体。弱势群体主要由两类构成：生理性弱势群体和社会性弱势群体。前者有明显的生理原因，如未成年人、老人、残疾人。这些弱势群体读者由于其自身的特殊性，无法和其他读者一样正常有效地使用图书馆资源，参与图书馆阅读推广活动，接受图书馆读者服务，但是他们和其他读者一样有着对阅读、对知识和文化、对精神生活的需求，他们的这些需求甚至高于普通读者。公共图书馆作为公益性的社会文化教育机构，有责任和义务关心和关注这些弱势群体读者，为他们提供适应他们的阅读推广和阅读指导服务，满足弱势群体读者的阅读和文化需求，这是公共图书馆公益性和平等性的重要体现，也是帮助弱势群体切实享受社会文化福利，真正全面普及全民阅读推广，提高全民阅读水平的重要保障。

公共图书馆对弱势群体阅读推广的关注和重视首先体现在图书馆员服务于弱势群体的意识和素质的提高。图书馆员认识到，在为弱势群体开展阅读推广服务时，既不能因为爱心而显示出怜悯之情，也不能怀着“健全人”居高临下的态度，而要学会尊重和善待弱势群体，把自己正确地放在一个服务者的位置，而不是一个施舍者的角度，努力营造一个充满人文关怀而又温馨平等的文化阅读环境。其次，根据弱势群体本身的特殊性，图书馆为他们设计专门的阅读空间，设置便利的阅读辅助工具，规划特殊馆藏，在普通阅读推广活动中兼顾弱势群体的需求，并为弱势群体的特殊需求量身定制适合他们的专门的阅读推广活动。

例如图书馆在举办演出活动时，在活动现场为老年和少儿读者设计前排的专属区域，方便视力不佳的老人和个子较小的小朋友也可以同样享受演出；又如图书馆定期招募志愿者，为盲人读者读书念报，使盲人读者能够有更多的机会享受文字的魅力。

公共图书馆在重视弱势群体阅读推广的同时，又要注意不能重视“过头”，弱势群体读者和其他读者一样是普通读者，不能给予弱势群体“超一般读者待遇”，影响其他“正常人”读者对图书馆的正常使用。

结 语

现代信息技术的发展，对图书馆是一个新的发展机遇，同时也是一个严峻的挑战。以人为本，创新服务已成为新世纪图书馆发展的主旋律。因为，服务是图书馆最基本的职能，服务是图书馆存在的理由。而提高服务水平的关键，又在于完善服务管理，更新服务观念，创新服务模式。图书馆进行服务创新，必须从人——馆员入手，解决好馆员的认识、素质、态度，只有这样，才能为服务创新创造一个优良的环境，为图书馆开展情报服务打下良好的基础。

一、服务创新的必要性

社会网络化的日益普及，使人们的日常生活、工作方式等正在发生着变化。任何人只要拥有一台电脑，连通网络，就可以获取各种各样的信息，真正做到了“秀才不出门，便知天下事”。这种获取信息的方式，既简便又省时，这是图书馆所不及的。同时，围绕计算机信息网络技术的进步，服务于各种不同社会信息需求的各种信息机构也应运而生，同样呈现着急速发展的趋势。一句话，当今社会获得信息的渠道是多种多样的。以上情况充分说明，图书馆面临着严峻的挑战，或者说面临着多方面的威胁。因此，图书馆人员要有忧患意识和危机感，强化竞争意识。

更新观念，树立创新意识，并不是要求每个图书馆人员都刻意标新立异，另搞一套，而是以提高服务质量为标准的更新和创新。通过更新观念，使图书馆人员主动为社会为读者提供信息服务，在广阔的信息服务中走出自己的新路子。这是实施服务创新的“源头活水”。信息化时代，知识更新速度加快，为用户提供的信息内容只有具备了“快”“新”“精”“细”的要求时，才能称得上真正意义上的服务创新。因此，图书馆必须深化信息服务内容，充分挖掘馆藏实体资源和虚拟网络资源的内在价值。这是图书馆服务创新的实质内容。传统和现代互为促进，满足不同层次读者需求。

二、服务创新的理念

服务理念直接制约着图书馆的职能定位和服务标准，因此图书馆服务创新应从理念创新开始。

三、树立“以人为本”的办馆理念

传统的图书馆服务理念主要体现在“以书为本”，图书馆的业务活动围绕着书而展开，从采集到编目，从典藏到借阅，工作重心在“藏”上。现代图书馆的服务理念已经发生了质的变化，主要是“以人为本”，图书馆业务流程的每一个环节都围绕着人而展开。它主要反映在两个方面：以读者为本和以馆员为本，二者缺一不可。“以人为本”应当贯穿图书馆服务的全过程，其核心是“读者第一”，其终极目的是读者的需要，其实现的过程是尽最大可能地方便读者。尊重、平等地对待每一位读者，不因其经济、身份、个性、成绩的差异、身体的差异、感情的亲疏而厚此薄彼、区别对待。因为“人人生而自由，在尊严和权利上一律平等”，特别是对某些身心不健康者，决不能表现出轻视和反感的态度，相反，更应该提供周到、细致的服务，让其感到受尊重和被重视。

四、图书馆员角色的重新定位

多年来，不少图书馆热心于为读者找书、藏书的传统模式资源管理，图书馆充当的是把东西管好的“看摊儿”工作，藏书数量和现代化设备的多少往往作为考核图书馆业绩的一个重要标志，而相对的工作量考核得不到体现，图书馆管理人员队伍存在着很多问题，专业结构不合理、学历层次不平衡等。图书馆员应由“守门人”“中介人”，变为“知识领航员”。信息时代需要高素质的图书馆员，需要他们成为信息资源与用户之间的桥梁与纽带，成为高知识含量信息产品的设计者，操作者，成为捕捉信息资源方法的传授者。

五、增强“一切为了读者”的服务观念

网络环境下，图书馆的资源构成发生了明显的变化，用户概念也延伸为读者，网络用户和社会大众等共同构成的“大读者”群体。如何发挥馆员的主观能动性，馆员的知识结构，提供服务的能力，服务的意识都显得越来越重要。要做到以读者为中心，一切为了读者。具体应是，在服务方式上采取现实服务与虚拟服务相结合；提供信息与培养能力相结合。针对用户需求进行调查分析，明确服务方向和目标，彻底改变封闭被动的服务观念，对读者的个性化需求开展有针对性的主动和深层次的知识信息服务。在设施和环境的设置上，也要变方便馆员为方便读者。

六、建立打造服务品牌的意识

这些年来，国内图书馆界主要以“硬件”建设为主，思维模式还处在“有设备就有服务”的阶段，一味地追求铺摊子，而把“软件”建设放到了从属地位。对于服务就是产品，品牌就是生命这一被商界广泛推崇的思想认识不足，缺乏前瞻性和创新性。在知识经济时代，馆藏资源、用户资源、馆舍与设备资源固然重要，而把服务看作产品随时适应用户需求的变化而更新，并使其具有生命力则显得更为重要。

七、服务创新的策略

加强图书馆建设，充分发挥图书馆的社会职能，直接关系到和谐社会的构建。服务是图书馆的天职。面对激烈变化和竞争的市场环境，图书馆要在构建社会主义和谐社会的伟大实践中有所作为，在实现信息公平、推动社会进步、促进人的全面发展中充分发挥作用，就必须加快自身发展的步伐，在服务理念、服务内容、服务方式上积极探索图书馆服务创新的新思路，实现图书馆发展的新跨越。

八、拓宽服务领域

变馆藏资源为网上资源。图书馆作为一种社会基本设施和服务于广大公众的社会文化机构，积累了大量并且丰富的图书资料，这些资料的系统性、完整性是其他机构都无法比拟的。图书馆工作人员要勇于创新，建立自己的数据库，让这些丰富的资料成为网上资源，使之转换成新的知识产品，为广大读者服务。加强资源交流，资源共享。图书馆人要充分利用馆藏文献，开展信息资源交流，通过网络把开发出的信息产品介绍给广大读者，使它得到有效的利用，真正实现馆藏资源共享。

九、转变服务方式

随着图书馆馆藏文献载体的变化和现代应用技术在读者中的普及，以及读者对图书馆需求的不断提高，图书馆单一、被动、静态的服务方式已越来越难以满足读者多样化的信息需求。现实要求图书馆工作人员要转向新的服务方式中，专业化的概念非常浅显，因为是依文献类型来设置部门的，各部门工作人员只熟悉自己部门的文献类型，服务的专业化也仅停留在专业的单一文献类型上。读者要得到某一学科或某一专业的信息资料，需要跑几个部门，如借阅书籍要跑流通库、阅览室，查阅期刊要到期刊库，浏览光盘要到电子阅览室等等，非常麻烦。而专业化服务方式就是打破部门界限，设置若干以学科为核心的平行组织，减少管理环节，读者只需击点接触某专业窗口，便能得到与其专业相关的书籍、期刊、报纸，或网络、光盘等电子媒体资讯，省却了读者在各个部门来回奔波的麻烦，较好地满足读者的需求。由此可见，搞好专业化服务是转变服务方式的一个重要方面，是一种省时、简便、高效的服务方式。

进入21世纪，随着计算机技术、通信技术和多媒体技术的发展，尤其是网络技术为核心的现代信息技术的不断进步和在图书馆广泛的运用，图书馆的“馆藏”结构发生根本性的变化，改变了文献的载体形式和传递方式。一方面，图书馆应努力改变原有的服务方式；另一方面，充分利用新技术，开展新的服务项目，拓展服务范围，如预约服务、跟踪服务、电话咨询服务、远程服务等。

十、引进和培养复合型人才

信息时代图书馆的服务过程中知识和技术含量加大，对专业人才提出了较高的要求，要求图书馆员既要有扎实的传统图书馆学知识，又要具备计算机技术、网络技术、通信技术知识，还要通晓知识产权保护和网络安全维护知识，也就是要成为复合型的人才。此外，图书馆还需要中文、外语及各种学科的专业人才。因而，图书馆一方面要逐步加大这些人才的引进力度，另一方面要对现有工作人员进行培训，也可由内部专业人才对员工进行专业知识培训。

新时期的图书馆员应是充满智慧与激情的，自信自强的，善于学习、善于交流的，能够发光发热、温暖人心的一群人，这是图书馆事业兴旺发达的基础，也是图书馆进行服务创新的基本前提。不仅要求馆员具备相应的基本素养，更应具备相应的责任意识。

当前，图书馆正在由提供信息服务向提供知识服务转变，而知识服务是建立在图书馆服务功能和专门知识基础上的一种价值取向，是一种面向知识内容和解决方案的知识创新和增值的服务，它以用户为中心，以灵活的服务模式充分利用和调动知识工作者的智慧对问题进行分析、诊断和解决为标志，这就要求馆员必须具备相应的素养才能实现。知识馆员的素养具体体现在扎实的业务能力、娴熟的现代技术水平、复合的知识结构。

十一、服务创新一诺千金

一诺千金是一种作风，它的内涵涉及对社会和公众的态度。图书馆在开展服务时，更应该一诺千金，言必行，行必果。一味夸大图书馆服务功能和能力的直接恶果，就是用户对图书馆的不信任。在用户对图书馆服务持怀疑态度的氛围中进行服务创新，犹如建空中楼阁。同时，我们应该意识到，一个行业从业人员的社会定位，往往在很大程度上取决于社会的认同，而不取决于自己如何标榜。所以对所谓的“知识传播者”“知识管理者”“信息导航员”这些颇具鲜亮色彩的称谓的使用，需要慎重，需要进行强调，不能滞于口号，必须走向现实。

因此，在图书馆的宣传材料和网站建设中，对各项功能的宣传报道，应该实事求是，做不到的就不要承诺，承诺的就一定要做到。同时，图书馆要让服务承诺形成一种制度，明确服务内容，制定相应的服务要求和标准，完善服务的监督、处罚体制。

十二、服务创新莫忘细节

作为服务性、学术性机构，图书馆一直都在提倡服务，但图书馆的服务始终没能得到广大用户的认可。据笔者调查发现，各个图书馆的论坛里就有不少反映信息服务不力的帖子，反映图书馆员服务热情不够的帖子，反映信息服务不周的帖子。其实，提高用户的满意度和工作效率，从细节处入手，处处为用户着想，方便用户，也不失为一种符合实际、富有成效的创新。细节出口碑，细节出效益，图书馆信息服务各方面的提高和服务创新的实现，需要点点滴滴的细节作支撑。

同时，关于图书馆创新性建设也在朝着数字化方向发展，而数字化在对“馆藏”的发展与维护尤为重要。我们通过对数字图书馆“馆藏”发展与维护的研究，分析了传统图书馆和数字图书馆“馆藏”发展的现状，查找了影响“馆藏”发展的主要因素，提出了“馆藏”维护的主要内容和基本要求，为数字图书馆的“馆藏”发展和维护提供了借鉴依据。

目前我国各类图书馆虽然都在积极推广电子资源的利用，重视馆藏资源建设，但对“馆藏”发展观念和相关的政策支持似乎有些欠缺，以发展的眼光看待图书馆的馆藏不仅要重视馆藏资源的采购，更要关注读者的潜在需求，维护好“馆藏”，更好地为读者做好信息服务。

十三、“馆藏”的发展

（一）传统图书馆的“馆藏”发展

“馆藏发展”是一个相当广泛的概念，可是眼下国内文献中使用并不多，一般以“藏书建设”来代替，并且认为藏书建设是指符合图书馆任务与读者需求，系统的建立、发展、规划、组织藏书体系的全过程。其活动内容包括藏书基础模式的确立、藏书体系规划、藏书补充、藏书组织管理等。这些虽然涉及馆藏发展活动的大部分内容，但仍然显得过于狭窄。自20世纪70年代，美国就开始关注与图书馆藏书有关的各项活动之间的相互关系，特别是在20世纪70年代末美国就出版了以“馆藏发展”为题的图书和论文集。这一方面反映了图书馆员工接受了人们将目光从个别的新资料转向现代的馆藏全体的变化；另一方面也反映了图书馆员工强烈地意识到图书的馆藏不但是指图书，而且也应该是指任何形式的记录资料。美国曾有图书馆学家认为：“馆藏发展”是指弄清图书馆所服务的人员的情报需求，制定规划收集文献，克服藏书中的薄弱环节，保持藏书的活动，以保证用户使用信息资源的过程。有人也认为，馆藏发展将从根据读者的潜在需求收藏资料转变为根据读者的当前需求来提供信息。由于馆藏发展的目标和重点转移到尽可能地满足读者的信息需求，而不是努力建立一个不断发展壮大的馆藏，所以，馆藏发展不在偏重采购，而是要求馆员学会鉴别和检索用户所需信息。应当指出，在向数字图书馆转变过渡的阶段，不可过早选择抛弃选书这个环节，但这一事实将被逐步接受，也是将成为馆藏发展目标的重新定位，更重要的将会是整个图书馆在信息时代社会角色的再定位。

（二）数字图书馆的“馆藏”发展

数字图书馆也叫“电子图书馆”，相对传统图书馆而言，它管理和珍藏的不是纸质的图书，而是数字化的“电子图书”，所以数字图书馆是存储和管理大量数字图书，并为人们提供网络检索和阅读服务的计算机网络系统。数字图书馆是“虚拟图书馆”，不需要规模庞大的建筑群和一排排的书架，只需几台服务器和网络即可。

数字图书馆的馆藏发展目标与传统图书馆并无不同，但由于数字化信息资源的特征、网络存取与读者使用数字化信息资源的习惯与传统文献有所不同，所以数字图书馆必须重新审视“馆藏”发展目标。传统的馆藏发展政策是最高的指导原则，它必须适应于各种载体，包括数字化信息资源。对于数字信息化资源要建立一套收集各种资源的理论，满足读者的信息需求，提供有序的存取方法，并将其进行整合，确保数字化信息资源有其足够的优点被选择。数字化信息资源的收集要掌握好科学上的平衡、信息形式的平衡、指导工具与研究工具的平衡、读者不同需求的平衡。要及时做好信息资源的增值服务，要做到及时获取广泛的信息，信息之间能相互连接，达到无时间、空间的障碍，能便利、及时、快速存取，做到资源共享，便于存档、更新、保存。

（三）影响“馆藏”发展的主要因素

数字图书馆馆藏的发展对于我们来说还是一个比较新鲜的事物，对于数字化信息资源的馆藏发展，我们应根据数字图书馆的性质任务，发现、识别、评价、选择数字化信息资源，并将其融入数字图书馆的整体馆藏与服务当中，为了建立一个科学、合理、适用的数字化信息馆藏体系，在建立数字图书馆的馆藏发展中应考虑到以下影响因素。

一是用户的需求性和资源的权威性。目前大多数图书馆在推进馆藏建设时缺乏适当的馆藏发展政策，似乎也未能站在读者的角度来规划数字化信息资源的收藏和利用，有的图书馆虽然购置大量的数字化信息资源，但不是所有的信息资源都受到读者喜爱。因此图书馆在建立数字化信息资源的馆藏发展政策时，应当首先考虑到用户的需求。数字化信息资源的权威性主要应考虑信息机构的稳定性与可信赖程度，著者、出版者和权威性文章的审查方式等必须要全面考虑.

总的来说，未来图书馆的竞争是管理与服务的竞争，而这些竞争归根到底也是图书馆间图书馆员工整体素质和技能的竞争。如何加大图书馆创新力度，追求读者满意理念，是值得我们不断深入探讨的问题。

参考文献

[1] 郑伟青.基于Living Library的阅读推广新模式[J].图书馆工作与研究，2012（11）.

[2] 张艳，杨晶波.刍议新型服务模式Living Library[J].科技资讯，2012（31）.

[3] 张楠.基于虚拟Living Library的个性化学科信息服务模式探索[J].河北科技师范学院学报（社会科学版），2012（04）.

[4] 李凌.基于SNS的Living Library的发展新模式[J].科技情报开发与经济，2013（01）.

[5] 张蕾.LivingLibrary与高校图书馆学科化服务[J].中华医学图书情报杂志，2013（02）.

[6] 李旎.让Living Library走进少年儿童[J].图书馆工作与研究，2013（02）.

[7] 邹薇.Living Library让荒岛图书馆不再“荒”——基于我国荒岛图书馆开展Living Library的调查[J].图书馆建设，2013（02）.

[8] 谭巍.高校图书馆开展Living Library服务探究[J].科技广场，2013（02）.

[9] 谭巍.Living Library与图书馆信息服务创新[J].图书馆研究，2013（02）.

[10] 陆和建.祝淑君.Living Library发展前景探析[J].图书馆建设，2013（03）.

[11] 文怡，李静.基于Living Library的嵌入式用户信息素养教育研究[J].图书馆工作与研究，2013（04）.

[12] 陶文萍.图书馆学五定律与LivingLibrary的关系[J].现代情报，2013（03）.

[13] 于丹阳.基于living library:服务设计与系统构建[J].图书馆研究与工作，2013（01）.

[14] 刘军.基于Living Library的读者培训研究[J].情报探索，2013（04）.

[15] 王鹏.低密度奇偶校验码应用于存储系统的关键技术研究[D].华中科技大学，2013.

[16] 刁莹.用数学建模方法评价存储系统性能[D].哈尔滨工程大学，2013.

[17] 傅颖勋，罗圣美，舒继武.安全云存储系统与关键技术综述[J].计算机研究与发展.2013（01）.